Wer ist Jesus Christus?

Wer ist Jesus Christus?

Beiträge von

Hans Urs von Balthasar
Eugen Biser
Walter Kasper
Helmut Riedlinger
Anton Vögtle
Bernhard Welte

Herausgegeben von Joseph Sauer

Herder

Freiburg · Basel · Wien

Vorwort des Herausgebers

Es ist aktuell geworden, sich auf Jesus von Nazareth zu berufen und sich mit ihm zu befassen – nicht nur bei den Christen, sondern auch bei vielen Nichtchristen, bis hin zu Marxisten und Humanisten. Ein geradezu begeisterter Aufbruch wird bei der Pfingstbewegung und bei verschiedenen anderen Gruppen erkennbar und läßt aufhorchen.

Alle legen sich eine Deutung oder ein Bild von Jesus zurecht, oft in bemerkenswerter Unbekümmertheit. Für die einen bietet Jesus ganz allgemein ein Modell menschlichen Lebens an, das auch heute noch und erst recht wieder Beachtung verdient, für andere ist er aufgrund tieferer Reflexion insbesondere „der Mensch für andere", also der einzigartige und beispielhafte Mensch, der radikal von sich frei war und ganz für andere da sein konnte. Wieder andere schüren mit Berufung auf ihn ihre revolutionären Ideen, mit denen sie notfalls mit Gewalt die moderne Gesellschaft verändern wollen. Freilich, dieser Trend hat bereits wieder von seiner Aktualität eingebüßt.

In manchen Religionsbüchern und theologischen Werken innerhalb des Christentums gilt Jesus zwar als der einzige und endgültige Offenbarer und Vollstrecker des göttlichen geheimnisvollen Willens, dafür werden aber Maßstäbe der christlichen Tradition, insbesondere der christologischen Konzilien, außer Kurs gesetzt – natürlich im Interesse eines zeitgemäßen Jesusbildes, das man allein noch dem heutigen Menschen zumuten könne.

Diese Tatsachen waren für uns Anlaß, vom 23. bis 25. Januar 1976 in Freiburg eine großangelegte Akademie-Tagung über Jesus Christus zu veranstalten. Es ging uns dabei vor allem darum, den Hörern den unverkürzten Glauben an Jesus Christus darzustellen, also in theologischer Verantwortung zu fragen, was vom Neuen Testament wie auch von der Tradition her unaufgebbar und verpflichtend von Jesus als dem Christus festgehalten und bezeugt werden muß. Im Zusammenhang damit war es wichtig, den Teilnehmern der Tagung grundlegende Zugänge zu Jesus Christus, aber auch die Bedeutung des auferstandenen und erhöhten Herrn für die Zukunft der Welt aufzuzeigen. Zudem sollten sie mit den christologischen Ansätzen, die in jüngster Vergangenheit Beachtung gefunden haben, bekanntgemacht und konfrontiert werden. Schließlich sollte auch die grundsätzliche Frage erörtert werden, wieweit die herkömmlichen Denkformen das Geheimnis des Christus, des Sohnes Gottes, auszudrücken vermögen. Einem abschließenden Referat war die Aufgabe zugedacht, den Tagungsteilnehmern bewußtzumachen, was Hilfe und Heil aus Christus in unserer modernen Welt besagt.

Wir sind dankbar, daß uns für dieses zentrale Thema unseres Glaubens so viele hervorragende Theologen ihre Teilnahme mit einem Referat zugesagt haben. Das Echo war erwartungsgemäß groß. 650 und mehr Interessenten von nah und fern, Jugendliche und ältere Leute aus allen Schichten kamen und hielten trotz großer Anforderungen bis zum Schluß durch.

Allen Referaten war das eine Anliegen gemeinsam, aus je verschiedenen Perspektiven herauszustellen, nicht nur, wer Jesus Christus *war,* sondern wer er *ist:* für die Welt, für die Kirche, für alle suchenden und fragenden Menschen. Wir können letztlich nicht verantwortlich von ihm reden, ohne daß wir auch uns damit meinen.

Während und nach der Tagung ist immer wieder der Wunsch geäußert worden, wir möchten die Referate, die großen Anklang gefunden haben, veröffentlichen. Mit etwas Verzögerung legen wir nun die uns zur Verfügung gestellten und zum Teil erweiterten Beiträge vor. Wir danken den Herren Referenten für die Bereitstellung der Manuskripte und dem Verlag für die Drucklegung.

Im Frühjahr 1977   Joseph Sauer

Inhalt

I

Zugänge zu Jesus Christus

Von Hans Urs von Balthasar

Bald zweitausend Jahre trennen uns von dem Menschen, der an einer Ecke des Römerreichs unter Pontius Pilatus hingerichtet wurde, dessen Name doch nicht aufgehört hat, durch die Zeiten widerzuhallen. Und nicht allein der Name ist lebendig – wie zum Beispiel der Buddhas, dessen historische Persönlichkeit hinter seinem Namen verschwunden ist –, sondern der Träger des Namens wird gefragt: wer er war und ob er den Namen, den man ihm gibt, beanspruchte, und, wenn ja, ob er ihn zu Recht trug. Buddha war ein Weiser, der einen Weg zur Erlösung gefunden hat; der Weg ist wichtig und bleibt. Jesus aber nimmt für sich in Anspruch, selber der Weg zu sein. das ist ein ganz anders aufregender Fall, eine ständige Herausforderung an die Menschheit. So bricht der Streit zwischen den Parteien nicht ab: ,,Das kann er nicht gesagt, nicht gemeint haben, man muß aus dem ‚Fetisch‘, den man aus ihm gemacht hat, sein menschliches Antlitz befreien" – oder: ,,Sein Wort trägt alle Züge des Authentischen an sich, man muß ihm glauben."

Es geht also auch nicht bloß um eine Wirkungsgeschichte, die derjenigen anderer großer Männer vergleichbar wäre: Platons etwa, von dem man gesagt hat, die ganze spätere Philosophiegeschichte sei nur eine Sammlung von Anmerkungen zu seinem Werk, oder Michelangelos, dessen ‚Hand des David‘ man in der gesamten Plastik und Malerei der Spätrenaissance und des Barock Europas, dessen kostbare Fensterumrahmungen man an jedem ältern Haus einer Wiener Vorstadt wiederfindet, oder Goethes, der selber genau wußte, daß er die deutsche Sprache so geprägt hat, daß es nunmehr leicht sein wird, ein Jahrhundert lang in seinem Stil weiterzudichten (im Aufsatz über „Literarischen Sansculottismus"). Nicht nur ist ein Ende der Ära Michelangelos und Goethes bereits gekommen, sondern es geht – nochmals – bei ihnen nicht um die Person als solche, sondern das prägende Werk.

Jesus dagegen scheidet die Geister bis heute durch seine Person. Und er hat es gewußt: „Wer nicht mit mir ist, ist gegen mich" (Mt 12, 30). Um an der Wörtlichkeit des Gesagten keinen Zweifel zu lassen: „Ich bin nicht gekommen, den Frieden zu bringen, sondern das Schwert. Ich bin gekommen, den Sohn mit seinem Vater zu entzweien, die Tochter mit ihrer Mutter, die Schwiegertochter mit ihrer Schwiegermutter, eines jeden Hausgenossen sind seine Feinde. Wer Vater und Mutter mehr liebt als mich, ist meiner nicht wert" (Mt 10, 34–37). Das Zitat aus Micha (über die Entzweiung der Verwandten) ist bezogen auf die beiden Ich-Worte vorher und nachher. Von ihm her wollen wir uns die Zugänge aus unserer Gegenwart zur Person Jesu bahnen; es sind ihrer drei. Wir betrachten:

1. das Aussehen der gesamten Weltgeschichte nach dem Auftreten Jesu,
2. den Menschentypus, den er geprägt hat,
3. die Gestalt seines Selbstzeugnisses, das die Weltgeschichte verändert und den Typus des Christen geprägt hat.

Der Ausgangspunkt dieser drei „Zugänge" ist das historisch bezeugte Selbstbewußtsein Jesu, das schlechterdings feststeht, diesseits der endlosen subtilen Erörterungen der Exegeten über die einzelnen Formeln, in denen es sich ausdrückt, oder über die Titel, die Jesus sich selber zugelegt oder nicht zugelegt hat. Wir erinnern bloß an das im Streit der Exegeten so berühmt gewordene Wort im Markusevangelium: „Wer sich vor diesem ehebrecherischen und sündigen Geschlecht meiner und meiner Worte schämt, dessen wird auch der Menschensohn sich schämen, wenn er mit den heiligen Engeln in der Herrlichkeit seines Vaters kommt" (8, 38). Es ist hier geradezu gleichgültig, ob das redende

Ich und der endzeitliche Menschensohn zwei verschiedene Personen oder eine einzige sind (wie es dann Mattäus verdeutlichen wird); wichtig ist, daß am Verhältnis zum redenden Ich Jesu sich das endzeitliche Schicksal des ihm begegnenden Menschen entscheidet. Man versteht, daß ein solches Selbstbewußtsein – das ihn klar von dem der Propheten abhob und in Israel unerhört war – ihm den Tod eingebrockt hat. Es mußte um sich her wie ein Spaltpilz wirken („seinetwegen entstand eine Spaltung in der Menge" Joh 7, 43): einmalige Sendung oder Hybris? Jene, die seinen Anspruch gelten ließen, zögerten nicht, die Folgerungen aus seiner Absolutheit zu ziehen: schon vor Paulus gibt es im Gottesdienst der Christengemeinden jene Hymnen, die Jesus zum Maßstab der Weltgeschichte, ja der Schöpfung im ganzen erhoben: Phil 2, Kol 1, Eph 1. In ihm, durch ihn und für ihn ist alles geschaffen. Er ist Ursprung und Ziel, Alpha und Omega. Und wenn Gott früher auf vielerlei Art durch die Propheten sprach, so sagt er jetzt, am Ende, alles in dem einzigen, abschließenden Wort, seinem Sohn. Aber nicht das Verhältnis zwischen den Selbstaussagen Jesu und den nachösterlichen Schlußfolgerungen soll unser erster Einstieg sein, sondern, wie angekündigt, der Blick auf die gesamte Weltgeschichte nach Jesus.

1. Die Weltgeschichte nach Jesus

Die Weltgeschichte wird nach Jesus nie mehr aussehen wie vorher. Seine Worte, hinter denen seine Person steht, polarisieren sie heute genauso wie zur Zeit der Urkirche. Das Drohende, das im Wort vom trennenden Schwert lag, hat sich durch die Geschichte hindurch bewahrheitet, man kann sogar sagen: steigend bewahrheitet; die fürchterliche Tragweite des Inhaltes tritt ans Licht; unfaßlich ist die Verantwortung, die dieser eine damit auf sich lud! Man kann sagen: er hat, wie ein Magnet, allen Sinn des Daseins an sich gezogen und um seine Mitte geordnet, so daß außer ihm kein letzter Sinn mehr bleibt: weder des Einzellebens, noch der

Geschichte im ganzen. Das hat er zuwege gebracht, und dieses Faktum ist die erste weitoffene Tür zu ihm.

Vor ihm gab es in der Welt Heidentum und Judentum, nichts anderes. Beides war, christlich (paulinisch) gesehen, adventisch auf ihn hin, das erste ,,von fern'' das zweite ,,von nah'' (Eph 2, 13 ff). Beide Formen erlaubten der Menschheit eine gewisse Existenz auf Gott zu (die ,,Fernen'' lebten auf einen verhüllten, die ,,Nahen'' auf einen schon offenbaren Gott hin), also eine Existenz innerhalb eines Raumes von Sinn. Dieser Sinn konzentriert sich in der Kirche Christi, die eine ,,Kirche aus Juden und Heiden'' ist, im fleischgewordenen Wort und Sohn Gottes, so sehr, daß, was außerhalb dieser Synthese an Judentum und Heidentum übrigbleibt, Schale ohne Kern ist, unbrauchbar für die letzte Synthese. Wir sprechen dabei ausdrücklich von einem Judentum und Heidentum, das sich weigert, in die Synthese einzugehen, und nicht von den immer noch vorhandenen Resten an ,,adventistischem'' Judentum und Heidentum, die es geben kann. Wir müssen einen kurzen Blick auf beide Formen werfen.

Heidentum ist – bei aller Verkommenheit im einzelnen – der Ausdruck der allgemeinen natürlichen Religiosität des Menschen, dessen erstes Wissen ist: die Welt und wir in ihr sind nicht das Ursprüngliche, Absolute; die Welt und wir ,,kommen her von ...'' und haben uns einem Ursprung zu verdanken. Da man diesen nicht kennt, projiziert man menschenförmige Bilder auf ihn hin (,,Götter'', ,,Kräfte'' usf.), sie verdeutlichen die ehrfurchtsgebietende Sphäre des ,,Göttlichen'' (Theion). Mit dieser Sphäre in Beziehung zu sein ist für den Menschen lebenswichtig, sonst wäre er vom Sinngrund des Daseins abgeschnitten. Daher die Gebete, die religiösen Begehungen, die Opfer, die Feste zu Ehren der Götter, die Bündnisse und ,,Verträge'' mit ihnen, der Erwerb von Schutzgöttern für ein Land, einen König, eine Stadt, eine Sippe, einen Helden (Odysseus und Athene), schließlich einen jeden.

Gewiß wird die Philosophie, die das mythische Zeitalter ablöst, die Personalität der Götter in Frage stellen, aber doch nur, um uns das Theion desto klarer, von Widersprüchen gereinigt, vor

Augen zu stellen. Die Vorsehung mag darob namenloser werden, ein bloßes Schicksal, das ,,Gute", das über allem waltet, mag sich in ein unfaßbares ,,Eines" entrücken, Zweifel mögen am Wesen und an der Benennbarkeit des Göttlichen umgehn: die Welt und ihre Geschichte bleibt trotzdem auf eine absolute Sphäre bezogen. Sogar materialistische Philosophien behalten den religiösen Nimbus, und wenn es zu jeder Zeit Spötter und Zyniker gibt, so ist doch ein Aristophanes ein Hüter der überlieferten Ordnung, und die meisten Kyniker schlossen sich der seriösen Ethik der Stoa an. Wo die äußere Welt allzu sinnlos wird, nehmen die Mysterienreligionen überhand, die verschiedenen Formen der Gnosis, der Astrologie, der Zauberei: durch Einweihungen, Versenkungen, Praktiken aller Art sucht man Fühlung mit der göttlichen Welt. Man gibt nicht auf.

Das aufkommende Christentum hat zunächst das heidnische Römerreich durch seine moralische Überlegenheit überwunden, später hat es die andrängenden Heidenvölker teils assimiliert, teils mit Gewalt niedergerungen. Für das Mittelalter war nicht echtes Heidentum der religiöse Partner, sondern – neben dem Judentum – der Islam, der aufs stärkste von der Bibel mitbeeinflußt war. In der Zeit der großen Entdeckungen gibt die Christenheit das tragische und paradoxe Schauspiel, die heidnische Welt zugleich mit Waffen blutig niederzuschlagen und mit dem Kreuz in der Hand bekehren zu wollen. Die Versuche innerer friedlicher Assimilation – Peking, Paraguay – scheitern an kirchlicher und weltlicher Intransigenz der Christen.

Was ist Heidentum heute? Wesentlich zweierlei. Auf der einen Seite gibt es letzte Reste vorchristlicher Religiosität (vor allem in Afrika), die auf die Dauer schwerlich als geistige Gesprächspartner des Christentums in Frage kommen; sie stellen der christlichen Mission bestimmte Probleme (kann die biblische Offenbarung ohne den Umweg über europäische Theologie afrikanisiert werden?), sie könnten vielleicht dem Weltchristentum gewisse Impulse vermitteln, ihm verlorene Werte zeigen (Priestertum, sakramentale Existenz), mehr nicht. Wichtiger erscheint der große, von

Indien bis Japan reichende Komplex, in den Ursprungsländern durch westliche Überfremdung steigend bedroht (China), in Europa und Amerika als ernsthafte Alternative oder wenigstens Ergänzung zum Christlichen begrüßt: eine entschiedene Wendung zum Absoluten mittels einer vom suchenden Menschen entwickelten Aufstiegstechnik. Man wird aber, aufs Ganze gesehen, sagen müssen, daß dieses Absolute, verglichen mit seiner Idee bei Platon, Plotin, Proklos (von der sich Augustinus, Eckhart, Cusanus tief erbauen ließen) erschreckend leer bleibt: Endprodukt einer sich bis ins letzte radikalisierenden negativen Theologie, die weder für eine positive Bewertung der Endlichkeit noch für eine Personalität des Göttlichen Raum läßt.

Auf der andern Seite aber ist aus dem innern Zerfall des Christentums ein neues nachchristliches Heidentum aufgewachsen, das sich virulent atheistisch gibt, das heißt, keinerlei für die vorchristliche Religion kennzeichnendes Theion – außer dem Menschen mit seiner Transzendenzbewegung – mehr anerkennt. Die Philosophie, die (etwa im deutschen Idealismus) eine quasi-religiöse Zwischenstufe zwischen Theologie und diesem modernen Heidentum darstellte, wird immer entschiedener zugunsten einer reinen „wissenschaftlichen" Anthropologie abgelehnt. Je rationaler die anthropologischen Einzelwissenschaften aber betrieben werden und einzelne Sinnzusammenhänge aufdecken, desto penetranter wird die Sinnlosigkeit des Ganzen; die anarchisch-chaotischen Folgen sind in der westlichen Welt steigend spürbar, während sie in der östlichen einstweilen durch Gewaltmethoden niedergehalten werden.

Judentum vorchristlich ist die große Alternative zum Heidentum: anstelle einer im ganzen entwicklungslos kreisenden Geschichte der hoffende Ausblick auf ein messianisches Reich in der irdischen Zukunft (zunächst sogar vereinbar mit dem Verzicht auf persönliche Unsterblichkeit). Das irdische Endreich ist ein von Gott selbst verheißenes und, wenn es kommen wird, von ihm geschenktes, auch wenn – gemäß dem Bund zwischen Jahwe und dem Volk – der Mensch für seinen Durchbruch wird mitkämpfen müssen. Qumrân organisiert vorweg die endzeitliche Schlacht, in der ein geistlicher und ein weltlicher Messias mitstreiten und Israel zum Sieg über die Völker verhelfen werden.

Jesus hat in seine Synthese keinerlei politischen Messianismus mitaufnehmen wollen; dies war gewiß einer der Gründe, weshalb ihn der Hohe Rat zum Tode verurteilte. In ihm selber war das Reich Gottes nahegekommen, in seinem Sterben und Auferstehen ist es „mitten unter euch". Die zweifellos echte Weissagung von der Zerstörung des Tempels und Jerusalems, von der Zerstreuung des Volkes erfüllt sich und inauguriert die lange, von Blut und Tränen triefende Geschichte der Repression Israels zuerst durch die Römer, dann durch die Christen, und zuletzt durch die eigenen Stammesverwandten, die Araber.

Auch das heute überlebende Judentum präsentiert sich zweifach: einmal als der kleine, immer noch gläubige Rest eines vorchristlich-adventischen Volkes, das – nach Petrus (Apg 2 und 3) – rechtens auf den (wiederkehrenden) Messias wartet und auch (nach Paulus: Röm 11) einst in seiner Hoffnung erhört werden wird, jener gläubige Rest, aus dem immer neu das liberale, schließlich gänzlich säkularisierte Judentum hervorgeht, das der Träger der zentralen nachchristlichen Ideologie werden mußte. Ist diese doch bestimmt durch ein in der Weltgeschichte unausrottbares theologisches Prinzip der Verheißung und der Hoffnung, dessen Träger das erwählte Volk Israel ist und bleibt, dessen Gegenstand nach der Verwerfung der Synthese Jesu nunmehr ein atheistischer Messianismus sein muß, immer mit dem Paradox, daß ein einzelnes irdisches „Volk" das Heil der Gesamtheit bringt, sei es als „Rasse" („Blut und Boden" ist eine typisch jüdische Parole, vom heutigen Staat Israel genuin gelebt und bestätigt), sei es als „Partei", sofern diese als Vertreterin der Proletarier aller Länder die proleptische Gegenwart des endzeitlichen messianischen Reiches der Freiheit verkörpert.

Während nachchristliches Heidentum einen weltabgekehrten oder anarchischen Atheismus produziert, bildet nachchristliches Judentum einen – durch die moderne Technik und Futurologie

15

unterstützten – zielstrebigen und wohlorganisierten Atheismus; er behält dem ersteren gegenüber einen geheimen, im Theologischen begründeten Vorsprung. Das nachchristliche Israel besitzt eine gewisse theologische Genialität, die weniger dort zutage tritt, wo es das gedemütigte, im Dunkel harrende Volk, der gläubighoffende Rest ist, als vielmehr dort, wo es sein Hoffnungsprinzip titanisch und dämonisch verkehrt, indem es dieses aus seiner eigenen Macht des Entwerfens irdischer Heilsideale anpreist.

Deshalb ist es innerlich logisch, daß ein Christ, der aus der Synthese Christi – der „Kirche aus Juden und Heiden" – aussteigt, zunächst in den Bann dieser Überreste alttestamentlicher Hoffnungsideologie gerät, in Theologien der gesellschaftlichen Veränderung, der Revolution, der Emanzipation usf. Sofern aber die christliche Synthese als weltgeschichtlich bestimmender Faktor im Ganzen unwirksam wird, lautet die – in sich hoffnungslose – Alternative: nachchristliches Heidentum als Anarchismus oder Nihilismus (Nietzsche) oder nachchristliches Judentum als technisch organisierter Zwang (bzw. Terror) zum irdischen „Glück".

Wir mußten dies so ausführlich (immer noch viel zu kurz) entwickeln, damit einsichtig werde: Jesus hat durch seinen Anspruch die Weltgeschichte bis in ihre Fundamente unumkehrbar verändert. Er hat einerseits alle (heidnische) Religion in sich eingeborgen: „Niemand kommt zum Vater als durch mich." Wer nicht durch die Tür, die ich bin, eingeht, sondern anderswo, über die Mauer oder durchs Fenster einbricht, „ist ein Dieb und ein Räuber". Er hat anderseits allen (jüdischen) in die irdische Zukunft vorlaufenden Messianismus gestoppt: das Reich ist in ihm selbst nahegekommen und wird einzig in seiner Nachfolge – in der Herzensbekehrung, im täglichen Kreuztragen, im Halten des Liebesgebotes – fortlaufend der Welt und ihrer Geschichte vermittelt. Gewiß: er will nicht, daß ein weiterbestehendes adventisches Judentum und Heidentum von den Christen verurteilt werde: Gott allein steht das Gericht zu. Auch die Kirche (mit ihren wilden heidnischen Zweigen, aufgepfropft auf den heiligen Stamm Israels) soll ihr Werk in Furcht und Zittern auf die immer ausstehende

Parusie des Herrn hin verrichten. Aber ihr bleibt die Synthese, die Jesus am Kreuz geschaffen hat (Eph 2,11–18) anvertraut. Und wenn der positive Beweis für die Tat Christi im Aussehen seiner Kirche vielleicht nur wenig einleuchtend erscheint (weil die wahre, heilige Kirche so verborgen ist), so ist der negative Beweis desto offenbarer: der der Alternativen nämlich, wenn man die Synthese Christi nicht will.

2. *Der Menschentypus, den Jesus geprägt hat*

Der zweite Zugang knüpft unmittelbar bei dem zuletzt Gesagten an: Der positive Erweis der synthetischen Tat Christi ist der von ihm geprägte Mensch. Dieser Zugang ist nicht weniger wichtig als der erste, aber verborgener, weil der Menschentypus, der der eigentlichen Intention Jesu entspricht und von dieser geprägt wird, ein „Rest" aus dem „Rest" Israels ist (Röm 11,5), wesentlich und bleibend „kleine Herde"..., auch in der Kirche, die zu gewissen Zeiten die große Herde sein kann. Augustin kommentiert den Psalmvers: „Wir nahmen, Herr, deine Barmherzigkeit auf in der Mitte deines Volkes" (Ps 48,10): „Als wären die, die aufnahmen, andere als die, in deren Mitte sie aufnahmen. Ein großes Geheimnis, und doch ein bekanntes... Jetzt nämlich werden als Gottes Volk alle die erachtet, die seine Sakramente empfangen. Alle, die das Sakrament der Taufe Christi empfingen, werden Christen genannt, aber nicht alle leben würdig dieses Sakraments... In der Mitte deines Volkes, das deine Barmherzigkeit nicht aufnimmt, nahmen wir deine Barmherzigkeit auf" (En in Ps 47,8). Wir meinen die Heiligen in der katholischen Kirche, ob kanonisiert oder nicht. Das Schwierige an diesem Zugang ist, daß zur Ausbildung und Bewährung ihrer Heiligkeit die Form der katholischen Kirche, die sich auch als geformte, hierarchische von Jesus herleitet, erfordert ist, etwas also, was anderseits so sehr der Kritik ausgesetzt ist, weil es vom Durchschnitt der Sünder so leicht mißbraucht wird. Und selbst wenn das zugestanden wäre, wenn die Kirchlichkeit gleichsam die unentbehrliche, unscheinbare Wurzel wäre, aus der die offenbaren Blüten und Früchte der Heiligkeit erwachsen können, so bleibe noch immer die zweite Schwierigkeit, daß diese Blüten und Früchte nicht einfach neutral festgestellt und beurteilt und etwa mit andern weltlichen Blüten und Früchten verglichen werden können – Franz von Assisi als weltzugewandter Naturliebhaber! –, falls sie wirklich das sind, was sie sein müssen: Vergegenwärtigung des Meisters, der „sanft und demütig von Herzen" ist, der „nicht Lärm schlägt, dessen Stimme niemand auf den Gassen hört" (Mt 11,29; 12,19).

Die Kirche nimmt als sichtbarer Organismus („Institution") teil am Ärgernis der Partikularität bei der Menschwerdung des universalen Logos, sie nimmt aber tiefer teil am Ärgernis des „für die Vielen" gekreuzigten Logos: so ist es aufs ausdrücklichste vorausgesagt (Joh 15,20–25). Im ersten Aspekt ist sie vor allem ein Ärgernis für die Außenstehenden, und wird es mehr und mehr, je mehr die Welt auf eine universale (deshalb für alle Partikularitäten bestenfalls tolerante) Menschheitskultur hindrängt. Im zweiten Aspekt ist sie vor allem ein Ärgernis für die Christen selbst (ob diese nun aus den Juden oder aus den Heiden stammen: 1 Kor 1,22f), die in der „Institutionalität" der Kirche nicht die Gegenwart des blutenden – und verklärten Leibes Christi zu sehen vermögen. Nichts ist so leicht verkennbar und mißbrauchbar als die amtliche Struktur der Kirche, und dennoch nichts so unentbehrlich für die christliche Heiligkeit. Mißbrauchbar ist das Amt, indem es selbst seinen Anspruch auf geistliche Vollmacht in einen solchen auf weltliche verwandelt (vgl. 2 Kor 10,4), indem es aber auch von kleinlichen Christen für ihre Arrangements mit dem lieben Gott verwendet wird.

Dennoch: es gibt den gelingenden Christen, den „Heiligen", und dieser bietet der Welt so etwas wie einen Spiegel und ein Gleichnis der Christologie dar, hier und heute. Während die Exegeten sich um die Paradoxe der Psychologie Jesu mühen, werden sie ihnen schlicht gegenwärtig vorgelebt. Wie Christus einzig in der Sendung vom Vater lebt, so leben die Heiligen einzig in der

Sendung Christi (Joh 20,21). Deshalb können sie das, was nur Jesus gekonnt hat, was keine „Religion" und kein „Messianismus" zustande bringen: demütig sein bis zur Selbstauslöschung, und dennoch hochgemut mit ihrer ganzen Person ihren Auftrag durchsetzen; transparent sein auf Gott und den sie sendenden Herrn (also nicht „Persönlichkeiten": das sind die Heiligen nie!), und dennoch nicht ent-icht (in Richtung auf ein überpersonales Selbst im Sinn von Zen oder C. G. Jung). Und sie können, in einem reinen, schlackenlosen Licht brennend, sich gleichzeitig für Gott und für die Mitmenschen verzehren, also genau die Synthese von Horizontal (jüdisch) und Vertikal (heidnisch), christlich gesprochen: die schlichte Einheit von Gottes- und Nächstenliebe vollziehen, die das Wesen der Christologie ausmacht und damit auch das Wesen der von Jesus gestifteten Synthese aus Heidentum und Judentum, eben seine Kirche.

Die Heiligen aller Zeiten sind der Beweis für die Wahrheit der Kirche, die selbst wiederum nur der Verweis auf die Wahrheit der Christologie ist; denn Kirche hat nur Sinn, wenn sie die Präsenz des Herrn der Geschichte in jedem Zeitalter besagt: „Siehe, ich bin bei euch alle Tage bis ans Ende der Welt." Damit sind die Heiligen die lebendige, fleischgewordene Exegese Jesu, der selber in Menschengestalt die lebendige Exegese Gottes ist (Joh 1,18). Während die Exegeten darüber streiten, ob Jesus wirklich Wunder gewirkt hat oder zumindest, ob die Wundergeschichten der Evangelien nicht stark aufgebauscht sind, haben Heilige gemäß Jesu ausdrücklicher Voraussage Tausende von Wundern durch die Weltgeschichte hindurch gewirkt. Und viel wichtiger als ihre äußern Wunder ist ihre Darlebung der Wunder der Gnade, die es fertigbringt, Herzen umzuwenden – die „metanoia" des Evangeliums – und endgültig die gott-menschliche Liebe in ihnen herrschen zu lassen. Nochmals: wirklich die gott-menschliche Liebe, für die es kein Paradox und keine Schwierigkeit ist, den Mitmenschen in Gott und um Gottes willen zu lieben, weil ja auch Jesus die Menschen innerhalb seiner Sendung vom Vater geliebt und darin die Liebe des Vaters zur Menschheit kundgetan hat.

Manches an der Erscheinung einzelner Heiliger mag zeitbedingt sein, sie wären ja sonst gar nicht wirklich inkarniert. Aber fast immer behält auch das Zeitbedingte – falls es wirklich in der Sendung jenes Heiligen lag – einen allzeitlich gültigen Aspekt. Was uns an der Weltabgeschiedenheit der ägyptischen und syrischen Wüstenväter als zeitbedingt erscheint, lebt plötzlich aktuell in Charles de Foucauld wieder auf. Und wenn einzelne Heilige für bestimmte Ideale oder Teilaspekte der Kirche eintraten, die wir heute stärker integriert sehen (Bernhard, Bellarmin, Franz Xaver usf.), so wird man bei näherem Zusehen bei ihnen selbst ergänzende Aspekte finden. Natürlich bleiben sie Kinder ihrer Zeit, aber als Glieder der Catholica, die in jeder Zeit mehr ist als nur zeitbedingt. Sie wollten und wollen auch nicht mehr sein als Glieder, die wesensgemäß einen begrenzten, partikulären, durch andere zur Ganzheit aufgerundeten Auftrag im Leib Christi besitzen. Wir brauchen sie nicht erst zu relativieren, sie besorgen das schon selbst. Sie anerkennen die Kirche als ihre „Mutter" (wie die Kirchenväter diese mit Nachdruck nannten), weil sie ihr christliches Leben ihrer Vermittlung verdanken, sie kommen nicht in Gefahr, sich die Bibel und die Sakramente und damit auch ihre Sendung selber zu nehmen.

Ihre Existenz setzt nicht nur das abstrakte Evangelium, sondern immer auch dessen lebendige Präsenz in der Kirche, also auch dessen wesentliche dogmatische Auslegung durch die Kirche voraus. Zum Beispiel eine Trinitätslehre, eine Christologie und eine Ekklesiologie, wie sie durch die großen Konzilien als der rechte Ausdruck für das „Mysterion" ausformuliert worden ist. Sie sind der existentielle Beweis dafür, daß diese Auslegung des zentralen Faktums der Offenbarung, nämlich Jesu Christi, sachgemäß erfolgt ist. Wären namhafte Fehler vorgekommen, so müßten sich diese an Verbildungen in der Existenz der Heiligen anzeigen. Und wie die Heiligen ihre Beglaubigung durch die kirchliche Auslegung des Evangeliums erhalten, so erhält die Dogmatik der Kirche – in ihren großen Linien natürlich, nicht in den Einzelmeinungen der Theologen – in den Heiligen ihre Beglaubigung.

Beachten wir, daß die Heiligen die Auslegung nicht nur des „Christus des Glaubens", sondern eben darin auch des „historischen Jesus" bilden. Sie knüpfen dort an, wo der historische Jesus seine Jünger beruft, sie alles verlassen lehrt, sie in die Geheimnisse des Gottesreiches einweiht. Wie weit sie die Berichte des Lebens Jesu buchstäblich und wörtlich nehmen – wie zum Beispiel ein Ignatius in seinen Exerzitienbetrachtungen –, wieweit sie auch von Einsichten der Exegeten profitieren können, indem sie dann stärker mit den Augen des kirchlichen Glaubens auf den historischen Jesus blicken (was natürlich auch die ersteren schon taten): das braucht uns nicht zu beunruhigen. So wie wir den Schöpfungsbericht nicht buchstäblicher zu nehmen brauchen, als seine Verfasser es taten, so dürfen wir auch die Berichte vom vorösterlichen Leben Jesu in dem Geiste betrachten, in dem die urkirchlichen Hagiographen sie verfaßt haben: dieser Geist war immerhin Heiliger Geist, der somit dem Geist heutiger Heiliger nicht abträglich sein wird.

Die Heiligen der Kirche sind der wichtigste Kommentar zum Evangelium, denn sie sind, wie gesagt, die fleischgewordene Auslegung des fleischgewordenen Gotteswortes. So sind sie wirklich Zugang zu Jesus. Der Rückschluß aus den Wirkungen auf die Ursache ist erlaubt und geboten, über alle konstitutiven Abstände hinweg. Keiner der „Knechte" hat sich mit dem „Meister" verwechselt. Aber sie, die sich als Knechte fühlten und benahmen, wurden doch von Jesus „Freunde" genannt. Und Paulus spricht mehrfach eindringlich von der „Metamorphose" des Glaubenden in die Gestalt des Herrn: durch immerwährendes Betrachten des Urbilds, durch die Sehnsucht, ihm im Leiden gleichgestaltet zu werden, durch Nachahmung seines Liebesgehorsams. Deshalb sind die Existenzen der Heiligen nicht mehr rein psychologisch aufzurechnen, sondern nur noch theologisch deutbar.

Vielleicht fehlt es heute weniger an Heiligen selbst als an solchen, die ein Auge und ein Ohr für ihr Dasein und ihre Botschaft haben. Wo Schallwellen nicht von einem Gehörsorgan empfangen werden, ergeben sie keinen Ton, geschweige Musik.

3. Die Gestalt des Selbstzeugnisses Jesu

Wie der zweite Zugang aus dem ersten herauswuchs, so geht der zweite in den dritten über, ja er bildet nur einen besonderen Aspekt davon. Wir sagten eben, daß die Heiligen innerhalb der Kirche deren Zeugnis von Jesus und das Zeugnis Jesu vom Vater aktuieren. Nun lebt aber dieses doppelte Zeugnis – der Kirche von Jesus, Jesu vom Vater – in besonders intensiver Weise in der dauernd unter uns gegenwärtigen Heiligen Schrift weiter. Gerade an ihr erweist sich das vorhin Gesagte: es bedarf des Ohres, um den Ton, um das Wort zu hören. Jesus selbst kann Wort Gottes nur sein, wenn jemand hier und heute hört, was er durch Vermittlung der Schrift uns zuspricht. ,,Die Worte, die ich zu euch geredet habe, sind'' nicht toter gedruckter Buchstabe, sondern ,,Geist und Leben'' (Joh 6,63). So war es schon im Alten Testament: die Orakelsprüche Jahwes ergingen durch die Worte der Propheten – auch wenn ihnen vorausgesagt wurde, daß sie tauben Ohren predigen würden (Jes 6,9f = Mt 13,14 = Joh 12,14). Im Neuen Testament, wo das Wort Fleisch geworden ist, gilt diese lebendige Vermittlung noch viel mehr: das Wort Gottes muß mitmenschlich vermittelt werden. Es kann in seiner Gestalt als Heilige Schrift nur von solchen aufgezeichnet worden sein, die selbst schon Ohr, das heißt Hörbereite, Glaubende waren. Dieses apriorische Gesetz, daß die nachösterliche Kirche nur als glaubende Kirche das Wort des vorösterlichen Jesus hat aufzeichnen können, ist von keiner Exegese zu unterwandern. So entspricht es nicht nur dem Heiligen Geist Gottes, der aus Jesu Mund spricht und der im Ohr dessen, der das Gesprochene vernimmt, das Verständnis öffnen muß, sondern auch dem ausdrücklichen Selbstzeugnis der Hagiographen, die sich keiner Sache bewußter sind als dieser: Vor der Passion und Auferstehung Jesu waren sie unfähig, sein Wort zu verstehen, sein Ereignis zu deuten; nunmehr, dank dem Geist des deutenden Herrn (vgl. Emmausjüngerszene und Lk 24,44ff) können und dürfen sie es. Sie dürfen auch stilisieren, so wie man vom Ende einer Rede her ihren Anfang nicht mehr nach ihren genauen Lauten, sondern nach ihrem Sinn erinnert. Sollten sie etwa aus dem apokalyptisch Drängenden des historischen Jesus eine Art starres Standbild verfertigt haben, als sie den Verkündiger in den Verkündigten verwandelten? Aber es steht doch – wie wir anläßlich der Heiligen sagten – jedem frei, in die Ursprünge selber zurückzugehen, in die Berufungsszenen etwa, und sich dort von dem apokalyptischen Feuer Jesu entzünden zu lassen. In Paulus hat es gewiß gelodert, und im Johannes des Evangeliums, der Briefe, der Apokalypse nicht minder. So ist der Einwand nichtig, schon die Schrift habe den historischen Jesus in einen Fetisch des Glaubens umgefälscht. Das Drängende der irdischen Existenz Jesu drängt ja in die Taufe des Leidens und damit der Auferstehung hinein. Erst wenn das Weizenkorn in die Erde gefallen ist und viele Frucht getragen hat, sieht man, was in ihm war. Gottes Wort ist erst gesprochen, wenn der Menschgewordene nicht nur gelebt hat, sondern gestorben und auferweckt worden ist.

Also erhält Jesus seine wahre Existenz in der Kirche erst durch den Heiligen Geist, den er am Kreuz als den Geist seiner vollendeten Sendung aushaucht und an Ostern und Pfingsten der Kirche einhaucht. Aber der Menschgewordene ist nie reiner Geist, er ist immer und bleibend Leib. Seine pneumatische Gegenwart in der Kirche ist identisch auch seine eucharistische. Die geistige und die leibliche Verströmung seiner Existenz für das Leben der Welt sind identisch; anders würde sich die Inkarnation wieder desinkarnieren. Eine Heilige Schrift, in der nur der Geist Jesu niedergelegt wäre, bliebe ohne das Sakrament ein Torso. Und wie das Wort vom Ohr der glaubenden Kirche vernommen werden muß, um überhaupt zu erklingen, so muß der Leib Jesu von derselben glaubenden Kirche in heiliger Liturgie empfangen werden, um überhaupt gegenwärtig zu sein. Zum Wort gehört innerlich die Antwort, zum Leib gehört innerlich die danksagende Feier. Wort und Leib – beide untrennbar ineinander – gehen ein in die Kirche, die dadurch „Fülle", „Leib", „Braut" Jesu Christi wird.

Dieses unteilbare Ganze bleibt der dritte und letzte, die beiden ersten Zugänge rekapitulierende Zugang. Auch er ist verstellt durch unendliche Mißverständnisse von außen und nicht selten auch von innen. Man muß sich in die Nähe der Heiligen stellen, um zentral zu sehen, wie alles zusammengehört, wie alles, das Wort, die Eucharistie, die Liturgie und das daraus erfolgende Leben eine Einheit bildet. Die Kirche, die Christen in ihr, müßten von dieser Einheit durchdrungen sein, damit aus ihr ein, nein *der* lebendige Zugang zu Jesus würde. Wäre die Kirche davon durchdrungen, so würde sie auf die Umwelt nicht länger als ein ,,Establishment" wirken, sondern als das Zeugnis von der unmittelbaren Gegenwart Jesu. Dann hätte auch die exegetische Wissenschaft in ihr durchaus ihren Platz, und niemand bräuchte den Exegeten entgegenzuhalten, was Jesus den Schriftgelehrten seiner Zeit vorwarf: ,,Weh euch, ihr verschließt das Himmelreich vor den Menschen. Selber tretet ihr nicht ein und laßt auch die nicht hinein, die hinein möchten" (Mt 23, 13). Exegese kann äußerst hilfreich sein, um die lebendigen innern Dimensionen des Wortes Gottes zu Gesicht zu bekommen; sie kann dabei (im Forscher) eine zeitweilige phänomenologische Epochē fordern, die aber (auch im Forscher selbst!) alsbald wieder aufzuheben ist in die Perspektive des gesamtkirchlichen Glaubens. Denn immer war es dieser gesamtkirchliche Glaube, der – auch im Stadium, da die Schrift erst aus Traditionen zusammenwuchs – das Verständnis und die Formulierung des Mysteriums lenkte.

Wir haben versucht, Zugänge zu Jesus aufzuweisen. Wir haben dabei bewußt die ökumenische Problematik ausgeklammert, die eigens und mit Sorgfalt behandelt werden müßte, aber am Grundsätzlichen nichts ändern würde. Die Analogien, die sie in das Ausgeführte hineinbrächte, ließen doch das Modell der Catholica, wie es gezeichnet wurde (als analogatum princeps) in der Mitte stehen.

Um die Zugänge zu sehen, braucht es eine Erleuchtung durch den göttlichen Geist. Die Zeichen der (nachchristlichen) Zeit sind mit ihm zusammen nicht schwer zu lesen und sie bilden vielleicht das eindrücklichste Zeugnis Gottes für die Wahrheit seiner Offenbarung. In der Mitte unserer Zeitgeschichte, die immer eine von

Juden und Heiden gewirkte Geschichte ist, steht die Kirche mit den Heiligen als ihren Exponenten; sie steht in der gleichen ärgerlichen Öffentlichkeit und Verborgenheit da wie ihr Meister; „der Jünger muß zufrieden sein, wenn es ihm geht wie seinem Meister, und der Knecht, wenn es ihm geht wie seinem Herrn" (Mt 10,24f).

II

Der verkündigende und verkündigte Jesus „Christus" *

Von Anton Vögtle

Konstitutiv für die neutestamentliche Erlösungsbotschaft ist die Bindung der Heilsoffenbarung und der Heilserlangung an die Person Jesu. Wie kam es zu dieser Christusbotschaft, die – da ja „der Christos" den Erretter, den Heilbringer meint – „Christologie" und „Soteriologie" in einem ist? War sie bereits mit dem gegeben, was Jesus bis zu seinem Tod am Kreuz sagte und tat? Diese Frage wäre weitgehend zu bejahen, wenn auch nur die drei älteren Evangelien als historiographische Jesusberichte gelten könnten. Die vier kanonischen Evangelien, vorab die drei synoptischen, sind und bleiben freilich die Hauptquellen unserer Kenntnis des offenbarenden Wirkens Jesu. Sie berichten von diesem aber keineswegs unter völliger Absehung von dem, was dem Karfreitag nachfolgte. Generell ist erwiesen, daß die urchristliche Jesusüberlieferung und damit auch unsere Evangelien die Inhalte der Jesusgeschichte vom Standort und aus dem Verstehenshorizont des durch Ostern gewonnenen Glaubens und Lebens auswählten und

---

* Der am 24. Januar 1976 gehaltene Vortrag wurde für die Drucklegung, vor allem im Jesus-Teil (Nr. 1–11), erweitert. Aus Raumgründen mußte auf Literaturangaben fast ganz verzichtet werden. Zur weiteren Information darf ich verweisen auf den neuesten Literaturbericht von W. G. *Kümmel* (Ein Jahrzehnt Jesusforschung / 1965–1975, in: Theol. Rundschau NF 40 (1975) 289–336; 41 (1976/77) 197–258; 295–363) sowie auf neuere Neutestamentliche Theologien wie die von *H. Conzelmann, L. Goppelt, J. Jeremias, W. G. Kümmel, E. Lohse, K. H. Schelkle* (Bd. II), *R. Schnackenburg* (s. Anm. 37). Umfassende und sehr übersichtlich geordnete Literatur-Nachträge für die Jahre 1965–1976 bietet die eben erschienene 7. Auflage von *R. Bultmanns* Theologie des Neuen Testaments (Tübingen 1977), die *O. Merk* äußerst exakt durchgesehen und erweitert hat.

rezipierten und dabei dieselben bald mehr, bald weniger interpretierten, transformierten und aktualisierten, so daß die Evangelien nicht nur den verkündigenden, sondern auch den seit Ostern verkündigten Jesus zu Wort kommen lassen. Vom Johannesevangelium gilt das freilich noch ungleich mehr als von den älteren Synoptikern.

Die *Problematik,* die sich daraus für die historische Fragestellung ergibt, sollte bereits durch die Formulierung des Themas angedeutet werden. Sicher und jedenfalls wurde Jesus nach Ostern als „der Messias" = „der Christus" = „der Gesalbte" proklamiert, um nur den hauptsächlichsten und wohl auch ältesten der zahlreichen, meist altbiblischen Titel zu nennen, mit denen die heilsgeschichtliche Bedeutung Jesu gekennzeichnet wurde. Wichtiger als der schon in der ersten Generation zum Namensbestandteil gewordene Terminus selbst – „der Gesalbte (des Herrn)" – ist dabei die gemeinte Sache: daß nämlich Jesus und kein anderer der erwartete und zu erwartende Heilbringer ist. Hingegen können wir nicht mit der gleichen Selbstverständlichkeit vom irdischen Jesus als dem verkündigenden Christus sprechen, was eben die Anführungszeichen andeuten wollen. Ob Jesus selbst vor und bis zum Karfreitag den Titel „der Messias" für sich als Umschreibung seiner Sendung beanspruchte oder doch akzeptierte, kann zumindest nicht als sicher gelten. Schon das ist Grund genug, die grundlegende Frage, ob der Kernpunkt des urchristlichen Kerygma, nämlich die Bindung des endzeitlichen Heils und seiner Erlangung an die Person Jesu, bereits in der Historie Jesu begründet ist, nicht schon durch die Formulierung des Themas zu präjudizieren.

1. Eine *Vorentscheidung* ist mit der Formulierung des Themas freilich schon getroffen. Wir setzen beim verkündigenden Jesus, also beim öffentlichen Wirken des erwachsenen Mannes, ein. Die beiden Großevangelien (Matthäus und Lukas) beginnen bekanntlich mit Aussagen über mehr oder weniger wunderbare Sachverhalte der Anfänge des Lebens Jesu, bei denen Jesus – bis auf wenige Ausnahmen in der Lukaserzählung, wie besonders das freudige Aufhüpfen des Ungeborenen im Mutterschoß sowie das

Verhalten und das erste Wort des Zwölfjährigen – nicht Subjekt, sondern Objekt des Geschehens ist. Es hat gewiß seine guten Gründe, wenn die Versuche einer geschichtlichen Begründung der Christusoffenbarung es sich schon längst versagen, mit der Argumentation einzusetzen: Jesus ist der verheißene Erlöser, weil von Abraham bis zu ihm nach handgreiflicher Planung Gottes dreimal vierzehn Generationen verflossen sind, weil seine Empfängnis im Mutterschoß durch die schöpferische Kraft Gottes bewirkt und dadurch eine Prophetie der griechischen Bibel (Jes 7, 14) erfüllt wurde, weil eine für das ganze Römerreich geltende Censusverordnung des Kaisers Augustus dazu führte, daß Jesus nicht in Nazareth, sondern in Bethlehem, „der Stadt Davids", geboren wurde, weil Boten Gottes Hirten auf den Fluren Bethlehems die erfolgte Geburt „des Retters", „des Messias, des Herrn" verkündeten, weil der in Bethlehem Geborene alsbald durch das Mt 2 erzählte Geschehen als der endzeitliche Mose und Befreier, als der Messias und der Sohn Gottes, erwiesen wurde, weil schon der Zwölfjährige seine exzeptionelle Gottessohnschaft bekundete u. a. m. Und schon gar nicht läßt sich etwa die Kernaussage des Johannesprologs „Und das Wort ist Fleisch geworden" (Jo 1, 14) als Feststellung eines biographisch-historischen Faktums beanspruchen. So berechtigt, christologisch begründet und wahr alle diese Aussagen sind, eignen sie sich nicht als Ausgangspunkt einer geschichtlichen Skizzierung der Christusoffenbarung, da sie den verkündigenden und darüber hinaus den aufgrund der Ostererfahrung verkündigten Jesus voraussetzen. Die überlieferungsgeschichtliche und christologische Sonderstellung der sogenannten Geburts- und Kindheitsgeschichten kommt äußerlich ja schon darin zum Ausdruck, daß der Schöpfer der Gattung „Evangelium" kein Wort über die Herkunft und Anfänge des Lebens Jesu verliert, obwohl er nicht weniger als die nachfolgenden Evangelisten mit seiner Schrift den Glauben an „Jesus den Christus und den Sohn Gottes" verkünden und begründen will (Mk 1, 1). Der Verfasser des Mk-Evangeliums setzt erst bei dem mit dem Wirken des Täufers verbundenen Erscheinen Jesu in der israelitischen Öffentlichkeit und damit bei dem verkündigenden Jesus ein, was im Prinzip auch für das Jo-Evangelium zutrifft. Vermutlich hätte er sich energisch den Vorwurf verbeten, er habe frühere konkrete, für die Christusbotschaft grundlegende und unerläßliche Ereignisse des Lebens Jesu unterschlagen.

2. Die sehr unterschiedlichen Perikopen der erwähnten Evangelienprologe verwenden im Interesse einer möglichst umfassenden, z. T. apologetisch ausgerichteten Begründung und Verkündigung des Christusglaubens ganz überwiegend Motive, literarische Formen und teilweise haggadisch weiterentwickelte Überlieferungsstoffe des AT. Damit ist ein Aspekt genannt, der auch für die eigentlich synoptischen, im ganzen älteren, offenbar allgemeiner verbreiteten und verwendeten Stoffe der Jesusüberlieferung zu beachten ist. Vorweg muß man sich auf die Gefahr kurzschlüssiger Folgerungen besinnen, die *ein dem bloßen Augenschein folgendes Denken im Schema ,,Verheißung – Erfüllung"* zwangsläufig mit sich bringt. Seit je drängt sich dem Leser der neutestamentlichen Schriften berechtigterweise der Eindruck auf, bereits das AT habe mit seiner ,,Verbal"- und ,,Real"-Prophetie den im NT angezeigten Verlauf und Sinn des Christusgeschehens in allen seinen wesentlichen Punkten zurechtgelegt und vorausgesagt: von der geistgewirkten Empfängnis Jesu und der Herkunft des gesetzlichen Vaters Jesu aus Davids Geschlecht bis zu seiner Wiederkunft auf den Himmelswolken. Diese Vorstellung hat sich indes längst als eine unhaltbar übertreibende Schematisierung erwiesen. Die seit Beginn des 3. christlichen Jahrhunderts als ,,Altes Testament" bezeichnete Sammlung der heiligen Schriften Israels bezeugte eine vorläufige, nach vorne offene Heilsgeschichte. Sie bot verschiedene Entwürfe und Möglichkeiten eines zukünftigen bzw. endzeitlichen Heilsgeschehens. Schon innerhalb des AT wird ,,Verheißung" ja nicht einfach als adäquate Vorausdarstellung künftiger Erfüllung beansprucht. Im besonderen kann nicht davon die Rede sein, daß das AT bereits die Gesamtkonzeption der Gestalt, des Weges und Werkes des Erlösers, etwa auch nur die von den Synoptikern bezeugte, vorentworfen und vorprogrammiert

habe. Weder eine Einzelschrift, etwa eine Spätschrift, noch die außerkanonische jüdische Exegese hatte auch nur entfernt im AT verstreute Züge der Heilsprophetie zu jenem Gesamtbild von der Person und Botschaft, vom Weg und Wirken einer von Jahwe gesandten Heilbringergestalt kombiniert und bereitgestellt, das uns im NT entgegentritt. Man denke nur an die Beanspruchung zweier aufeinanderfolgender Daseins- und Wirkweisen des Heilsmittlers, denen ein zweimaliges, wiederum denkbar verschiedenes Kommen von Gott bzw. vom Himmel her entspricht. Es wäre ja auch kaum verständlich, daß ausgerechnet das Volk der Bibel in seiner erdrückenden Majorität die Christusbotschaft ablehnte, wenn diese nichts anderes als die akkurate, gewissermaßen Punkt für Punkt kontrollierbare Erfüllung der im AT ausgesprochenen oder doch aus diesem herausgelesenen Heilbringererwartung verkündigt hätte. Für uns bedeutet das zunächst, daß man sich von der Vorstellung freimachen muß, ausdrückliche oder doch erkenntliche Schriftbezüge des NT und im besonderen der Evangelien würden samt und sonders von der alttestamentlichen Prophetie geforderte Sachverhalte bezeugen und seien bereits als solche Indizien historischer Momente der Jesusüberlieferung.

In die gleiche Richtung weist auch ein Blick auf das *Prinzip der urchristlichen Verwendung des AT*. Selbstverständlich lebte Jesus ganz in und aus den heiligen Schriften seines Volkes. Er las sie als das maßgebende Zeugnis von Gottes Handeln mit und an den Menschen, und wo es die Auseinandersetzung mit der Schriftauslegung seiner Tage erforderte, berief er sich auch ausdrücklich auf die Schrift. Und nicht nur das! Er sah sich selbst und sein Wirken im Zeichen der Korrespondenz „Verheißung – Erfüllung", wie schon an dieser Stelle vorgreifend festzustellen ist. Ebendarin scheint das prinzipiell Neue seines Schriftverständnisses begründet zu sein. Es liegt – wie man pointiert sagen darf – in seinem Anspruch, daß das AT den entscheidenden Maßstab seiner Auslegung nicht mehr in sich selbst, sondern in einer außerhalb seiner selbst gelegenen Wirklichkeit hat, nämlich in ihm selbst, durch dessen Wirken die volle, endzeitliche Offenbarung und Erfüllung des im AT kundgemachten Heilswillens Gottes eingeleitet wird. Insofern ist die für die urchristliche Verkündigung charakteristische Überzeugung, daß die Schrift Israels keinen anderen als den in Jesus von Nazareth gekommenen Heilbringer meinen könne und daß erst der Ausgang von der durch und an Jesus erfolgten Offenbarung die einzig legitime Verstehensweise der Schrift ermöglicht, im Sendungsanspruch Jesu selbst begründet. Die Wirkungskraft dieser nachösterlichen Überzeugung kann nicht leicht überschätzt werden. Diese Überzeugung kam einem Postulat gleich, dessen Gültigkeit schon vor dem Aufweis konkreter Schrifttexte festzustehen schien, wie zum Beispiel die vorpaulinische Bekenntnistradition 1 Kor 15, 3 b–5 nahelegt. Diese formuliert („... gemäß den Schriften"), als ob das AT voll wäre von Hinweisen auf das sühnende Sterben des Messias, obwohl wir in concreto nur die Verheißung vom stellvertretend sterbenden Gottesknecht von Jes 53 ausfindig machen können. „Die Schriften", „die Schrift", womit das NT stets das AT meint, war das Sprach- und Beweisinstrument des Christusglaubens schlechthin. Seit Beginn der Osterverkündigung lieferte die Schrift die qualifizierte Sprache für die Artikulierung der Christusbotschaft, und wurde sie, je länger, desto mehr, regelrecht als beweisende Autorität beansprucht. Ja man ließ ihre Texte oft genug das sagen, was diese erst aufgrund des neuen Glaubens hergeben konnten, das deshalb auch den Christusglauben nicht bekennende Israeliten, die die Schrift nach wie vor mit ihren Augen lasen, nicht überzeugen mußte. Nach unbestrittener Erkenntnis ist die Bedeutung, die das AT für die neutestamentliche Christusbotschaft gewonnen hat, weit beträchtlicher, als man noch vor wenigen Jahrzehnten sah. Das AT wird im NT ja nicht nur dort verwendet und ausgelegt, wo ein ausdrückliches Schriftzitat vorliegt, sondern auch in jenen zahllosen Fällen, in denen der Bezug auf eine oder mehrere Stellen der Schrift sozusagen verdeckt ist. Weil auch die in den Evangelien fixierte Jesusüberlieferung am Prozeß der christologischen Interpretation der Schrift partizipiert, hat die historische Forschung deshalb stets *die Frage* zu stellen, *welchem Stadium ein erkennba-*

rer Schriftbezug zuzuschreiben ist: ob der Geschichte Jesu selbst oder erst der urchristlichen Artikulierung und Begründung des Christusglaubens.

Nach dem heutigen Stand der Evangelienforschung ist kaum zu bezweifeln, daß *sehr viele Schriftbezüge der evangelischen Jesusdarstellung,* vor allem auch solche, die im Dienste expliziter christologischer und soteriologischer Aussagen stehen, *erst urchristlicher Herkunft* sind, also erst der durch den österlichen Christusglauben ausgelösten Reflexion auf die Schrift entstammen. Das gilt eben nicht nur für die meisten Perikopen der erwähnten Evangelienprologe, sondern auch für manche Stücke des eigentlich synoptischen Stoffes. Die obengenannte Grundfrage nach der Heilsbedeutung der Person Jesu wäre zum Beispiel schon vor Beginn des öffentlichen Wirkens Jesu durch Gott selbst höchst authentisch beantwortet worden, wenn die dem Taufempfang Jesu folgende Offenbarungsszene (Mk 1, 10f) als historischer Bericht zu verstehen wäre, somit wie der voraufgenannte Empfang der Johannestaufe durch Jesus als biographisches Datum zu gelten hätte. Wir sind aber kaum berechtigt zur Behauptung, sofort nach dem Empfang der Johannestaufe habe Jesus ein nur ihm kundgewordenes Berufungs- und Ausrüstungserlebnis erfahren oder gar – was die älteste, bei Markus vorliegende Fassung ohnedies eher ausschließt – Jesus sei den anwesenden Israeliten, vorab dem Täufer, von Gott als der mit dem Geist ausgestattete Messias deklariert worden. Denn hier handelt es sich so gut wie sicher um eine erst nachösterliche judenchristliche Christuserzählung, die – möglicherweise unter Verwendung eines Schemas targumischer Deutevisionen – mit Hilfe der Schrift (bes. Jes 42, 1) zum Ausdruck bringt, wer der von Johannes getaufte und diesem scheinbar untergeordnete Jesus von Nazareth in Wirklichkeit ist, nämlich der den Endzeitpropheten Johannes überbietende Gottesbote, der verheißene Heilbringer selbst. Wohlverstanden: die christologische Wahrheit dieses inszenierten Schriftbeweises braucht nicht bezweifelt zu werden, da sie der Sache nach bereits durch den Sendungsanspruch des Erdenwirkens Jesu gedeckt ist; wohl aber, daß diese Wahrheit bei dieser Gelegenheit geoffenbart wurde und auf die spätere Mitteilung Jesu selbst oder gar auf die Wahrnehmung anderer zurückgeht. Oder ein anderes Beispiel: das sogenannte Davidssohngespräch (Mk 12, 35–37 par) mit seiner auf die Überbietung der jüdisch-davidischen Messiasvorstellung hinzielenden Exegese von Ps 110 (109), 1 gilt mit Recht als spätere Bildung, die in Abwehr jüdischer Einwände den Glauben an den zu gottgleicher Machtstellung erhöhten Messias Jesus von der Schrift her, nämlich von dem der urchristlichen Christologie so wichtigen Ps 110 her, begründen will.

3. Der Versuch einer geschichtlichen Erhellung der Christusoffenbarung muß sich schließlich vorweg der Frage stellen, *welche Bedeutung der Gestalt und Botschaft Johannes' des Täufers für das Auftreten und Sendungsverständnis Jesu zukommt.* Der Endzeitprophet vom Jordan ist die einzige mit Jesus „konkurrierende" Gestalt, die die Evangelien kennen. Die Klärung des gegenseitigen Verhältnisses der beiden Persönlichkeiten wird freilich durch den Umstand erschwert, daß nur christliche, und d. h. dem nachösterlichen Christusglauben verpflichtete Quellen von diesem Verhältnis sprechen. Die Frage, die die evangelische Täuferüberlieferung im Hinblick auf unsere Thematik vordergründig aufdrängt, hat etwas Aufregendes an sich. Steht in der Person dieses Johannes „am Ende" des Alten Bundes ein Prophet, ein von Jesus selbst unbestreitbar als echter Gottesbote anerkannter Prophet, der in dem zum Jordan kommenden Jesus den Messias erkannte und ihm deshalb die Taufe verweigern wollte (Mt 3, 13–15) oder auch aufgrund der sichtbaren Herabkunft des Geistes auf Jesus (nämlich nach dem hier freilich nicht erwähnten Taufempfang) diesen als „den Erwählten Gottes", als den von ihm angekündigten „Kommenden", als das die Sünde der Welt hinwegnehmende Lamm Gottes erkannte und seinen Jüngern bezeugte, um diese dem nun gegenwärtigen Messias Jesus zuzuführen (Jo 1, 29 ff)? Jüngere Überlieferungsschichten dieser Art geben sich in der Tat nicht mehr damit zufrieden, den gefangenen Täufer aufgrund der Nachricht vom Wirken Jesu diesen um authentische Auskunft über

seine Sendung ersuchen zu lassen, wie es schon und noch die Logienquelle – höchstwahrscheinlich über die Historie hinaus – geschehen ließ (Mt 11, 2–6 par). Sie lassen den Täufer schon vor
Beginn des öffentlichen Wirkens Jesu in diesem den erschienenen
Heilbringer erblicken und bezeugen. Daß es zu dieser Vorstellung
kam, ist nicht verwunderlich. Nachdem der nachösterliche Glaube
in Jesus den gekommenen Messias bekannte und den Auferstandenen als den kommenden Richter und Heilsvollender erwartete,
lag es in der notwendigen Konsequenz dieses Glaubens, daß kein
anderer als Jesus der nach dem Täufer Kommende ist und der
Täufer als der unmittelbar prophetische Wegbereiter des Messias
Jesus beansprucht wurde. Nur in dieser Rolle konnte Johannes in
das Evangelium hineingenommen werden, obwohl er der besser
begründeten Auffassung zufolge das bevorstehende Kommen
Jahwes verkündet hatte und – falls er doch eine von Jahwe unterschiedene Endrichtergestalt erwartet hätte – jedenfalls nicht mit
einem Richter rechnete, der vor dem Eintritt des nahen Gerichts
– also zwischen diesem und ihm selbst – in Israel auftreten, dieses
erneut zur Umkehr rufen würde, ja sogar den Anbruch der endzeitlichen Gottesherrschaft proklamieren, durch den Tod in den
Himmel erhöht und von dort als Richter offenbar werde. Und die
grundlegende Voraussetzung dafür, daß Johannes als propheti-
scher Wegbereiter Jesu beansprucht werden konnte, hat, was nicht
zu übersehen ist, Jesus selbst durch seine Einschätzung des Täufers geschaffen. Auch wenn Jesus den Täufer nicht als den wieder-
gekommenen „Elias" erklärte, hat er ihn uneingeschränkt als gott-
gesandten Endzeitpropheten anerkannt, wie außer der schlüssigen
Handlung des Empfangs der Johannestaufe auch glaubwürdige
Spuren der Wortüberlieferung belegen (vgl. Mt 11, 9.11 par). Daß
es schließlich sogar zu dem weiteren Schritt kam, den Täufer Jesus
als den präsenten Messias bezeugen, ja sich selbst geradezu jede
eigenständige eschatologische Bedeutung absprechen zu lassen
(bes. Jo 1, 19–28; 3, 27–30), erklärt sich vor allem aus der nicht
zu unterschätzenden Auseinandersetzung mit Täuferanhängern,
die den Glauben an den in Jesus gekommenen und zum Gericht

erwarteten Messias nicht mitvollzogen, sondern nach wie vor an
Johannes als dem letzten und einzig maßgebenden Gottesboten
vor dem Gericht festhielten. Der Versuch einer geschichtlichen
Begründung des Christusglaubens muß somit darauf verzichten,
den letzten Propheten des Alten Bundes als Zeugen der Heilbringerwürde Jesu zu reklamieren oder etwa auch nur vorauszusetzen,
der Täufer habe „den Menschensohn" als „den Kommenden",
als den Endrichter erwartet und damit jene eschatologische Endgestalt angekündigt, die für Jesu Verständnis und Artikulierung
seiner eigenen Sendung zentrale Bedeutung gewonnen habe.

4. Um so relevanter für unsere Fragestellung ist *die Initiative
Jesu,* die unsere Quellen noch mit großer Sicherheit erschließen
lassen. Was das öffentliche Auftreten betrifft, war Jesus gegenüber dem Täufer zeitlich der Zweite. Auch wenn er sein öffentliches Wirken erst nach der Gefangensetzung oder gar Hinrichtung
des Täufers begann, stand jenes indes dem des Täufers zeitlich
jedenfalls sehr nahe. Ohne die prophetische Sendung des Johannes je in Frage zu stellen, hielt sich Jesus nicht weniger eindeutig
als dieser ebenfalls für den letzten Gottesboten vor dem nahen
Gericht. Das tat er, obwohl er sich offensichtlich weder als bloßen
Täuferschüler noch als Ersatzmann des Täufers ansah, der
dessen Wirken weiterführen würde. Weder setzte Jesus die Tauf-
spendung fort, in der das Bemühen des Johannes um die Zurü-
stung Israels für das bevorstehende Gericht kulminierte, noch
sind wir zur Annahme berechtigt, Jesus habe die Täuferjünger zu
gewinnen versucht, um sich als ihr neuer Meister zu verstehen.
Die einzig befriedigende Erklärung dieses höchst auffälligen
Sachverhalts ist wohl nur die, die die Jesusüberlieferung zu erkennen gibt. Mit dem Täufer hielt Jesus an der Forderung fest, angesichts des bevorstehenden, zu Heil oder Unheil ergehenden Gerichts umzukehren, den Willen Gottes zu erfüllen. Im Unterschied
zu jenem kennt Jesus aber *einen für das damalige Verständnis des
Gotteswillens schockierenden Neuansatz der Verkündigung des
Endgeschehens,* durch den er die Täuferpredigt überbietet. Sein
eigentlicher Orientierungs- und Ausgangspunkt ist nicht das ver-

geltende, als solches die Umkehr fordernde Endgericht, das Johannes mit apokalyptischen Farben ankündigte. An erster Stelle steht für Jesus nicht das Tun des Menschen, daß dieser von sich aus durch die Erfüllung des Gesetzes Gott entgegenkommen muß, sondern das durch ihn hier und jetzt erfolgende Heilsangebot Gottes, die Verkündigung des absolut heiligen Gottes als des absolut liebenden Vaters (Hos 11, 8 f), dessen Vergebung den schuldverfallenen Menschen vorweg sicher ist, der auch den schlimmsten Sünder schon jetzt seine vergebende Liebe und Gemeinschaft erfahren lassen will. An erster Stelle will Jesus die Israeliten überreden, an diese unbedingte Liebe Gottes zu glauben und aus dieser, aller menschlichen Maßstäbe spottenden Liebe zu leben, das Heilsangebot Gottes „ver-antwortungsvoll" anzunehmen und zu beantworten. „In der ‚Dialektik' von Vergebung Gottes und Umkehr des Menschen setzt Jesus den Akzent eindeutig auf Gottes Vergebung. Diese ist das Vorgegebene, sie ruft die Umkehr hervor. Erst die Heilspredigt – wenn sich die Hörer darauf einlassen, werden sie Gottes Heiligkeitswillen zu erfüllen trachten."[1]

5. Damit ist *der Ausleger und Verkünder des Willens Gottes* bereits in das Zentrum unserer Betrachtung gerückt. Kennzeichnend für Jesus ist eine nach damaligen Maßstäben unerhört souveräne Freiheit hinsichtlich des Verständnisses der Schrift. Zahlreiche Überlieferungsstücke zeigen ihn im Konflikt mit der Gesetzesauslegung und der Gesetzespraxis seiner Tage. Der bewußte Bruch des Sabbats, die Ignorierung der rituellen Reinheitsforderungen, sein Verhalten gegenüber gesetzlich ausgeschlossenen Kranken, seine Gemeinschaft mit notorischen Übertretern des Gesetzes schlugen jeder nur möglichen Auslegung der Mose-Tora ins Gesicht. Jesus wagt nicht nur, anerkannte Auslegungstraditionen, Bestimmungen des mündlichen Gesetzes als Pervertierung des ursprünglichen Gotteswillens, als „Menschensatzun-

---

[1] *P. Fiedler,* Jesus und die Sünder (Beiträge zur bibl. Exegese und Theologie 3, 1976) 275.

gen" zu verwerfen. Er stellt sich mit seiner Interpretation des Gotteswillens sogar gegen gewisse Bestimmungen des geschriebenen Gesetzes (Scheidebrief, Eid, Wiedervergeltung, Unterscheidung reiner und unreiner Speisen). „Man macht es sich zu einfach, wenn man bloß entscheiden will, ob Jesus das Gesetz des Alten Testamentes anerkannt oder ob er daran Kritik geübt hat. Sofern darin der Wille Gottes erkannt werden kann, hat Jesus selbstverständlich das alttestamentliche Gesetz bejaht, sofern dort um der ‚Herzenshärtigkeit der Menschen‘ willen Konzessionen gemacht waren, stellt er es in Frage."[2] Obwohl auch bei den genannten Überlieferungsstücken mit Ingredienzien urchristlicher Interpretation und Weiterbildung zu rechnen ist, besteht kein begründeter Zweifel, daß sie mit dem Anspruch Jesu, autoritativ entscheiden zu können, was der wahre, unverstellte Wille Gottes ist und was nicht, einen Grundzug seiner Verkündigung bezeugen. Dieser wird kaum zu Unrecht auch mit seiner Hinrichtung in Verbindung gebracht, die sich ohne das aktive Betreiben der damaligen jüdischen Repräsentanten, vorab der Sadduzäer als der eigentlichen Herren und Hüter des Tempelstaates, nicht befriedigend erklären läßt. Nicht weniger als für die damals politisch noch nicht einflußreichen Pharisäer war für die Sadduzäer neben dem Tempel das Gesetz das Entscheidende, das das religiöse *und* politische Leben regelte und den verbliebenen Rest der Eigenstaatlichkeit sicherte. Wenn neben der sadduzäischen Initiative, die vermutlich durch die sogenannte Tempelreinigung und das Vollmachtswort Jesu (Mk 14, 58) ausgelöst wurde, ein tieferer, prinzipieller Grund genannt werden soll, der auch eine Zustimmung der sündenscheuen Pharisäer begreiflich machen kann, ist es der höchst provokatorische Angriff, den Jesus durch die Eigenmächtigkeit seiner Auslegung des Gotteswillens wie durch deren konkrete Konsequenzen gegen jedes jüdische Selbstverständnis richtete. Man kann mit T. Holtz „abgekürzt und damit auch etwas verkürzt" sagen: „Die

---

[2] *F. Hahn,* Methodologische Überlegungen zur Rückfrage nach Jesus, in: K. Kertelge, Rückfrage nach Jesus (QD 63 [Freiburg i. Br. 1974]) 44.

souveräne Freiheit des Verstehens der Schrift äußert sich wohl am prägnantesten darin, daß ... sein Wort und seine Tat nicht Ergebnis der Auslegung der Schrift sind, sondern umgekehrt sich die gültige Auslegung der Schrift aus dem Tun und Sagen Jesu ergibt."[3]

Jesu vollmächtiger Anspruch auf authentische Auslegung des Gotteswillens kulminiert in der das Ganze seiner Verkündigung umgreifenden schockierenden *Botschaft, daß die endzeitliche Gottesherrschaft hier und jetzt heilvoll in die Gegenwart hereinbricht.* Wie Jesus zu dieser Überzeugung kam, bleibt sein persönliches Geheimnis, da unsere Quellen für eine Erschließung des *Selbst*bewußtseins Jesu und damit für die Erkenntnis der Herkunft seines Sendungsbewußtseins so gut wie nichts hergeben. Was wir historisch eruieren und feststellen können, ist der Sendungs*anspruch,* den Jesus erhoben hat. Soweit Urteile über die innere Logik dieses Sendungsanspruchs sinnvollerweise überhaupt gewagt werden können, darf m. E. soviel gesagt werden: Alles Reden Jesu von Gottes wirklichem Wollen und Handeln ist – auch dort, wo bei ethischen Anrufen eine eschatologische Motivation wie die Nähe der Gottesherrschaft oder das endgerichtliche Schicksal nicht ersichtlich wird – eschatologisch ausgerichtet. Es erfolgt im Horizont der Proklamation des Beginns der endzeitlichen Heilsaktion Gottes. Jesu Erwartung der „Nähe" der uneingeschränkten Durchsetzung der Gottesherrschaft ist nicht in einer Kenntnis des Termins, eines wenigstens relativ fixen Zeitpunkts des Gerichts begründet, sondern in seiner Überzeugung, daß Gott durch seine Wort- und Tatbotschaft die endzeitliche Offenbarung seiner Herrschaft einleitet.

Seit Deutero-Jesaja war die endliche Aufrichtung des Königtums Jahwes zentraler Inhalt altbiblischer Zukunftserwartung. Die erst frühjüdische Abstraktbildung „malkūt schāmajim" („Königtum der Himmel") = „Königtum Gottes" war der einzig

---

[3] *T. Holtz,* Zur Interpretation des Alten Testaments im Neuen Testament, in: ThLZ 99 (1974) 29.

streng religiöse Begriff des Eschaton, den das Judentum hervorbrachte, sosehr für die jüdische Zukunftserwartung „Herrschaft Gottes" und „Herrschaft Israels" freilich nahe beieinanderlagen. Beispiele eschatologisch-aktueller Auslegung alttestamentlicher Prophetentexte kannte auch das zeitgenössische apokalyptische Judentum, wie besonders die Qumrantexte eindrucksvoll belegen. Keiner der bisherigen Gottesboten Israels, von den alten Propheten bis zu Johannes dem Täufer, von apokalyptischen Sehern bis zum Lehrer der Gerechtigkeit, war aber auf die Idee gekommen, das Vorwirken, den gegenwärtigen Anbruch der endzeitlichen Gottesherrschaft zu behaupten, und dies in der für Jesus bezeugten Weise. Jesus proklamierte die für jüdische Ohren zweifellos höchst überraschend neue Botschaft, daß die endzeitliche Gottesherrschaft nicht mehr rein auf Erwartung abgestellte Zukunft ist, daß diese vielmehr nahe gekommen ist, ja – trotz ihrer gleichzeitig gewahrten Zukünftigkeit – in seinem Reden und Tun vorauswirkt, hier und jetzt erfahrbare Heilswirklichkeit wird. Die an die Prophetie vom deutero-jesajanischen Freudenboten anknüpfende Seligpreisung der Armen, Hungernden und Weinenden (Lk 6, 20f) hat nur Sinn, wenn sich Jesus als den letzten Gottesboten betrachtete, mit dessen Auftreten die ihrem Wesen nach als Heil verstandene Gottesherrschaft eine vorgreifende Verwirklichung erfährt.

Der für unsere Thematik relevante Aspekt dieser – freilich noch weitere gewichtige Probleme aufwerfenden – Gottesreichverkündigung Jesu ist naturgemäß *die Frage nach der Bedeutung und Funktion seiner Person*. Die schlagwortartige These, *Jesus habe Gott und sein Königtum, nicht aber sich selbst verkündigt*, hat zunächst recht. „Jesus lebt und predigt ein radikal theonomes Welt- und Existenzverständnis, ausgelegt mit dem Material atl.-jüd. Geschichtstheologie und Eschatologie..."[4] Gott und sein Königtum ist der einzige Inhalt seiner Botschaft. Er hält den Be-

[4] *Ch. Burchard,* Art. Jesus, in: K. Ziegler – W. Sontheimer, Der Kleine Pauly II (Stuttgart 1967) 1348.

40

griff der Gottesherrschaft, des Handelns Gottes auch dort voll und unangetastet fest, wo er direkt oder indirekt sich selbst und sein Wirken einbezieht. Er verkündigt die Herrschaft Gottes als Inbegriff des von Gott selbst zu wirkenden Heils. Er versteht die jetzt vorwirkende und noch kommende Gottesherrschaft ganz und gar als Tat und Gabe Gottes, deren Kommen die Menschen durch ihre Aktivität weder verhindern noch herbeizwingen, noch gar – trotz der erwarteten Nähe – terminlich berechnen können. Was die Menschen tun können und sollen, ist einmal, daß sie (mit den zwei ursprünglichen Du-Bitten des Vaterunsers) zum Vater um die endliche Heraufführung seiner Herrschaft beten, zum andern, daß sie ihn um die Vergebung ihrer Sünden und um die Bewahrung vor neuer Schuld bitten, um das Endheil der Gottesherrschaft erlangen zu können. Nicht weniger darf die Gebetsanweisung Jesu eben auch im Hinblick auf die Frage nach einer „christologischen" Implikation seiner Gottesreichverkündigung beachtet werden. Obwohl jene die Aktualität und wesentliche Akzentuierungen derselben voraussetzt, spricht sie doch nur von Gott und dem von ihm zu erbittenden Handeln. Jesus läßt um das Kommen der Gottesherrschaft beten, ohne auf deren gegenwärtiges Vorwirken in seiner Wort- und Tatbotschaft hinzuweisen oder gar den zum Gericht kommenden Menschensohn zu erwähnen. Er läßt Gott um Vergebung bitten, als ob nur Gott allein und unmittelbar um die Vergebung der Sünden angegangen werden könne – ohne daß etwa der Zuspruch der Sündenvergebung durch ihn selber als Möglichkeit aufscheint. Ebensowenig spricht Jesus in der Situation des letzten Mahles von seiner Herrschaft oder von der Herrschaft des Menschensohnes, sondern einzig von der Herrschaft, dem Reich „Gottes", in dem er das Gewächs des Weinstocks neu trinken werde (Mk 14,25). Ja, diese Voraussage der Beendigung der jetzigen Tischgemeinschaft durch den Tod und ihrer Neuaufnahme in der volloffenbaren Gottesherrschaft klingt so, als ob der Mahlherr mit seinen Jüngern und wie diese in den Genuß des Endheils käme. Auch der Hinweis auf den Heroldsruf Mk 1,15, der als sachgemäße Zusammenfassung der Botschaft Jesu gilt, ist fairerweise nicht zu ignorieren. Auch hier tritt Jesus völlig hinter dem von ihm proklamierten Handeln Gottes zurück. Das Summarium läßt Jesus sehr wohl Glauben an die Botschaft von der nahegekommenen Gottesherrschaft, nicht aber an sich selbst, den Botschafter, fordern. Im übrigen gibt das in den synoptischen Evangelien einmalige „die an mich glauben" von Mt 18,6 anerkanntermaßen nachösterlichen Sprachgebrauch wieder.

Trotzdem sagt das zitierte Schlagwort *nur die halbe Wahrheit,* weil es weder dem Besonderen dieses Botschafters und seiner Botschaft noch der unlöslichen Bindung der Verkündigung an die Person des Verkündigers gerecht wird. In der Sicht Jesu wird einzig das Eingehen oder Nichteingehen auf den von ihm verkündeten Heils- und Heiligkeitswillen Gottes über das positive oder negative Schicksal des einzelnen im Gericht entscheiden. Diese Überzeugung ist seiner Gottes- und Gottesreichbotschaft auch dann unbestreitbar inhärent, wenn das besonders umkämpfte „Ich"-„der Menschensohn"-Logion Lk 12,8f parr, das diesen Konnex am ausdrücklichsten ausspricht, nicht von Jesus stammen würde, was mir sogar eher wahrscheinlich als unwahrscheinlich ist. Das existentielle Sich-Einlassen oder Sich-nicht-Einlassen auf den von Jesus ausgelegten Willen Gottes schließt in jedem Fall zwangsläufig die positive oder negative Entscheidung gegenüber dem Exegeten Gottes, nämlich gegenüber seinem souveränen Anspruch auf die authentische und absolut verpflichtende Kenntnis des Willens Gottes, ein. Wer Jesu radikales Verständnis von Sünde und Gnade nicht akzeptiert und existentiell beantwortet, wer etwa das Ärgernis dieses Gottesbildes und seiner in der Zuwendung Jesu zu den Sündern praktizierten Konsequenz nicht überwindet, kann in der Sicht Jesu das Heil der Gottesherrschaft nicht erben. Natürlich machte auch ein Prophet, wie zuletzt der Täufer, die Heilserlangung von der Erfüllung des Willens Gottes abhängig. Und wie für Jesus (Mt 8,21f; 5,25f) duldet die Umkehr auch für Johannes keinen Aufschub mehr. Aber da ist doch ein wesentlicher Unterschied! Die Person Jesu gewinnt eben dadurch einzigartiges Profil und Gewicht, daß Jesus betont als authentischer und letztgültiger Ausleger des in der Schrift und im väterlichen Schöpfungswalten bekundeten Willens Gottes auftritt, und zwar mit dem für jede jüdische Vorstellung paradoxen Anspruch, daß durch das Eingehen auf diesen Willen Gottes die endzeitliche Gottesherrschaft im Vorgriff Gottes als begnadigende und zu totalem Gehorsam verpflichtende und befähigende Macht verwirklicht wird. Aus diesem Anspruch resultiert *eine Funktion Jesu, die* mangels eines besseren, nämlich vor allem nicht schon mehrdimensional verstandenen Ausdrucks *als „heilsmittlerisch" bezeichnet werden kann und der Sache nach bezeichnet werden muß.* Mit Bezug auf den genannten Aspekt der Verkündigung Jesu darf der Ausdruck also nicht schon mit weiteren Implikationen wie dem Gedanken an die erlösende Lebenshingabe und Auferweckung Jesu befrachtet werden.

Es fehlt nicht an *unverdächtigen Worten, die die Funktion Jesu als des eschatologischen Heilsmittlers in direkter Weise zum Ausdruck bringen.* In seinem aus göttlicher Kraft erfolgenden exorzistischen Heilen manifestiert sich die „Gottesherrschaft" als befreiende Macht (Lk 11,20 par), als Abbruch der lebensfeindlichen Macht Satans und seiner dämonischen Quälgeister (Mk 3,27 par). Jesus dürfte den in der jüdischen Eschatologie seltenen dynamischen Begriff „der Gottesherrschaft", d.i. den Begriff des sich in actu ereignenden Königseins Gottes, nicht zuletzt auch deshalb gewählt haben, weil dieser Begriff die spannungsvolle Hinordnung des gegenwärtigen Beginns des eschatologischen Heilshandelns Gottes auf die Vollendung desselben, auf das noch ausstehende Offenbarwerden der Gottesherrschaft ermöglichte – was der der jüdischen Zukunftserwartung weit geläufigere Begriff „des kommenden olam" nicht ermöglicht hätte. Im Sinne dieser Hinordnung des zukunftsträchtigen Jetzt auf das Dann der Vollendung hat Jesus mit dem Gleichnis vom Sauerteig und den sogenannten Wachstumsgleichnissen wahrscheinlich sogar auf Zweifel und Einwände geantwortet, ob sein Reden und Handeln wirklich mit der endzeitlichen Machtergreifung Gottes zu tun haben könne. Daß sich in seinem gegenwärtigen Wirken das endgültige Wollen und Handeln Gottes anzeige, konnte Jesus freilich auch eindeutig zum Ausdruck bringen, ohne daß der Begriff „der Gottesherrschaft" fällt. So besagt die in ihrer Substanz sicher ebenfalls ursprüngliche Seligpreisung Lk 10,23f: Das, was durch mich zu sehen und zu hören ist, bedeutet Erfüllung der Heilsprophetie. Aus dieser alarmierend neuen und an die Hörer appellierenden Botschaft wird auch die neuartige Berufung einzelner in einen – zunächst allem nach offenen und wachsenden – Kreis persönlicher Nachfolger zu verstehen sein. Durch das Tatbekenntnis verzichtbereiter Lebens- und Schicksalsgemeinschaft mit Jesus (Mt 8,21f; Lk 9,57–62 par; Mt 10,21 par) sollen die ihm nachfolgenden Jünger die Botschaft Jesu als das schlechthin aktuelle und die Hörer anfordernde Ereignis für Israel bekräftigen.

„Hier ist mehr als Jona", „hier ist mehr als Salomo" (Mt 12,41f). Das trifft die entscheidende Differenz des Sendungsanspruchs Jesu auch dann, wenn dieser selbst seine die Großen der Vorzeit überbietende Stellung nicht mit diesen Worten angezeigt hätte. Gleich, ob Jesus selbst im Hinblick auf sein Schicksal die Bezeichnung „Prophet" auf sich anwandte, *überbot er die Kategorie des Propheten,* indem er seine Person in die Polarisation von eschatologischer Erfüllung und eschatologischer Verheißung eingebracht hat. Jene komparativische Aussage avisiert zugleich auch *die Schwierigkeit, den Sendungsanspruch Jesu direkt mit einer verfügbaren Kategorie der altbiblischen Überlieferung adäquat zu umschreiben,* weil jener in keine Schablone jüdischer eschatologischer Erwartung paßt. Gelegentlich begegnet die biblisch nicht vorgeprägte Bezeichnung „der Stellvertreter Gottes". Dieselbe ist freilich der Gefahr mißverständlicher Vorstellungen über das Verhältnis Jesu zu Gott ausgesetzt. Zum mindesten ist es sehr zweifelhaft, ob man sich für diese Kennzeichnung seines Sendungsanspruchs darauf berufen kann, Jesus habe sowohl durch sein Absolutionswort als auch – was ohnedies nur eine Überinterpretation hergeben kann – durch die Gewährung der Tischgemeinschaft mit notorischen Sündern das göttliche Hoheitsrecht der Sündenvergebung wahrgenommen. Die eigentliche Schwie-

44

rigkeit liegt nicht in dem Umstand, daß das eine wie das andere gegenüber der durch die Kultpraxis ermöglichten Form der Sündenvergebung etwas umstürzend Neues gewesen wäre, sondern im Nachweis der Tatsächlichkeit. Da die Vermittlung des Empfangs der Sündenvergebung ein unbestrittenes Grundanliegen der Gottes- und Gottesreichverkündigung Jesu war, könnte man sich nur sehr wundern, daß die Jesusüberlieferung das Sündenvergeben nicht ebenso ausdrücklich wie das Verkündigen, Lehren und Heilen als Grundzug seines Wirkens festhielt. Oder warum kennt sie nicht doch eine Reihe von Fällen, in denen Jesus umkehrbereiten Israeliten, zu denen ja auch seine persönlichen Nachfolger gehört hätten, die Sündenvergebung zusprach? Die Pointe der markinischen Dämonenaustreibungserzählungen, mit denen die nachösterliche Verkündigung das sicher historische exorzistische Wirken Jesu zur Darstellung brachte, ist die apotropäische Offenlegung des Persongeheimnisses Jesu als „des Heiligen Gottes", „des Sohnes Gottes". Hätten Situationen und Begegnungen, in denen Jesus seine göttliche Macht durch sein sündenvergebendes Wort bekundete, dem urchristlichen Interesse an dem schon im irdischen Jesus präsenten Gottessohn nicht eher wichtiger sein müssen? Vor allem hätte die Beanspruchung des ausschließlichen Hoheitsrechtes Jahwes noch ungleich stärkeren Widerspruch auslösen müssen als jenen, der sich im verächtlichen „Zöllnerfreund" widerspiegelt. Müßte sich der Vorwurf, Jesus maße sich in gotteslästerlicher Weise das ausschließliche Hoheitsrecht Gottes an (vgl. Mk 2, 7), also nicht doch ausgeprägter und nachhaltiger in der Jesusüberlieferung reflektieren? Die Annahme, Jesus habe selbst die Sündenvergebung ausgesprochen, steht sowohl angesichts der Singularität, als auch der Art der beanspruchten Belege auf schwachen Füßen[5].

Trotz dieses Sachverhalts ist die Überzeugung Jesu, daß in seinem Auftreten und Wirken Gott selbst in Aktion tritt und die Of-

---

[5] Den Einzelnachweis liefert *P. Fiedler* in seinem Anm. 1 genannten Buch; vgl. bes. S. 271.

fenbarung seiner auf das Heil der Menschen zielenden Herrschaft einleitet, historisch gesichert. Jesus hat sein von seiner Person nicht ablösbares Wirken deshalb unbestreitbar in einer eschatologisch endgültigen und absoluten Weise verstanden. Damit darf als am besten begründete These gelten, daß die für das nachösterliche Kerygma konstitutive Bindung der Offenbarung und Erlangung des eschatologischen Heils an die Person Jesu durch diesen selbst grundgelegt wurde. *Die offenbarungs- und heilsmittlerische Funktion der Person Jesu ist das entscheidende Kontinuum zwischen dem verkündigenden und dem nachösterlich verkündigten Jesus.*

6. Das gilt, obwohl Jesus seine Gottesgewißheit, sein Bewußtsein einer in der jüdischen Religionsgeschichte analogielosen Gottunmittelbarkeit wahrscheinlich nicht schon selbst mittels der absoluten Selbstbezeichnung *„der Sohn"* in der Mt 11, 27 par vorliegenden Weise aussprach und begründete. Im übrigen steht und fällt das Recht, Jesu Bewußtsein seiner Gottunmittelbarkeit als ein ihn auszeichnendes, vorgegebenes Sohnesbewußtsein zu verstehen, auch nicht mit der Beweiskraft der zu beobachtenden Differenzierung zwischen „mein Vater" und „euer Vater".

Ebensowenig steht und fällt der Anspruch Jesu auf die Funktion des eschatologischen Heilsmittlers mit der positiven oder negativen Beantwortung der bis heute kontroversen Frage, *ob schon Jesus selbst diesen Sendungsanspruch mit einem verfügbaren Heilbringertitel der Überlieferung,* nämlich „der Messias" oder/und „der Menschensohn", *bezeichnete.* Was *den Messiastitel* betrifft, ist die Argumentation, Jesus habe denselben, so ihm dieser von seinen Jüngern angeboten wurde oder/und der Hohepriester mit demselben nach seinem Sendungsanspruch fragte, unmöglich glattweg ablehnen können, ohne diesen selbst zu verleugnen, an sich überzeugend. Nur sind damit die im einzelnen unterschiedlichen Historizitätsprobleme der betreffenden Überlieferungsstücke (Mk 8, 27–30; 14, 61 f) keineswegs zugunsten dieser Argumentation gelöst. Ohne auf diese Diskussion eingehen zu können, sei doch *die „christologische" Relevanz einer Befürwortung der Historizität des Cäsareabekenntnisses,* dem als Bezeugung des vorösterlichen Jüngerglaubens eine besondere Bedeutung zukäme, in den Blick genommen. Die Verteidigung der Historizität der Messiasfrage des Hohenpriesters und deren Bejahung durch Jesus wird u. a. durch den nur schwer bestreitbaren Umstand erschwert, daß die weiterführende, Ps 110, 1 und Dan 7, 13 verwendende Antwort Jesu urchristlicher Herkunft ist – ein Umstand, der beim Cäsareabekenntnis entfällt, wenigstens unter der begründeten Voraussetzung, daß Mk 8, 27–30 eine selbständig tradierte Erzähleinheit ist, an die Mk 8, 31–33 erst sekundär angeschlossen wurde. Setzen wir also mit der jüngsten eingehenden Begründung der wesentlichen Historizität der Erzählung durch R. Pesch[6] voraus, Jesus selbst habe in einer kritischen Situation, in der er eine Klärung der Auffassungen von seiner Person im Jüngerkreis für unumgänglich hielt, das Messiasbekenntnis provoziert und im Hinblick auf dessen Mißverständlichkeit durch das Schweigegebot bestätigt. In diesem Fall hätte nicht nur Jesus die Messiasprädikation für seinen Sendungsanspruch reklamiert und mittels derselben verdeutlicht, daß kein anderer als er der erwartete Heilsführer ist. Die Jünger selbst hätten – was für den weiteren Verlauf zweifellos von beträchtlicher Bedeutung gewesen wäre – ihren Glauben an die Sendung Jesu als Glauben an den in ihm gekommenen Messias artikuliert und diesen Glauben in die Situation nach dem Karfreitag mitgebracht oder – falls dieser Glaube durch die Erfahrung der Hinrichtung Jesu erschüttert worden wäre – doch das Wissen um den ausdrücklichen „Messias"-Anspruch ihres Meisters wie um ihren eigenen diesbezüglichen Glauben.

Nun war der für die Verkündigung Jesu charakteristische Anspruch von einem antizipativen, die volle Aufrichtung der Gottesherrschaft schon und erst einleitenden und anzeigenden Anbruch derselben mit keiner der faßbaren zeitgenössischen Vorstellungen vom Heilsführer und der Heilsverwirklichung in Deckung zu brin-

---

[6] Das Messiasbekenntnis des Petrus (Mk 8, 27–30), in: BZ 17 (1973) 178–195; 18 (1974) 20–31.

gen. Bei aller Anerkennung der möglichen Variationsbreite der mit der Messiasbezeichnung verbundenen Heilserwartungen ließ sich jener paradox wirkende Sendungsanspruch eben auch mit der Messiasbezeichnung keinesfalls legitimieren, was übrigens nicht weniger von der Menschensohnbezeichnung gilt. Das ist loyalerweise gerade auch für den Fall zu bedenken, daß die „Messias"-Frage vom Vorsitzenden des Synedriums gestellt und von Jesus bejaht wurde. Wie sollen dann letztlich die Jünger, nicht einmal Jesus selbst, imstande gewesen sein, die die prophetische Kontur Jesu anerkennenden Volksmeinungen durch die Identifizierung Jesu als „der Messias" zu überbieten? Im Anschluß an die von K. Berger vorgelegte Hypothese einer jüdischen Erwartung von messianischen Propheten (wie Elija und Henoch), die in Ausübung ihres Prophetendienstes getötet werden, aber dann auferstehen und in den Himmel auffahren, erklärt R. Pesch, Jesus habe sich als den messianischen Propheten oder prophetischen Messias verstanden und sei als solcher von seinen Jüngern anerkannt worden. Freilich muß bereits die Tragfähigkeit der genannten religionsgeschichtlichen Voraussetzung zu den Unsicherheitsfaktoren der vorgeschlagenen Befürwortung der Historizität des Cäsareabekenntnisses gerechnet werden. Zudem kennen die jüdischen Quellen nicht „den" oder doch einen anonymen „messianischen" Propheten. Sie sprechen von konkreten Personen wie Elija und Henoch als wiederkehrenden Propheten, wobei übrigens auch beachtet werden darf, daß für eine Erwartung des aus dem Himmel wiederkehrenden Mose jede Spur einer Bezeugung fehlt. *Daß sich Jesus in bezug auf sein gegenwärtiges Wirken die Funktion des eschatologischen Heilsmittlers zuschrieb, gilt indes unabhängig davon, ob er den Messiastitel für sich akzeptierte oder von sich selbst als „dem (präsenten) Menschensohn" sprach.*

7. Ungleich schwieriger ist die Beantwortung einer zweiten Grundfrage: *Was dachte und sagte Jesus über seine eigene Zukunft?* Unter Berufung auf die synoptische Jesusüberlieferung *wird* – um die für unsere Fragestellung einschlägigen Belege erst summarisch zu nennen – *unter vier Aspekten die vorgängige To-*

*desgewißheit Jesu behauptet und in seine Zukunftsperspektive ein-
geordnet:*

a) Jesus habe mit moralischer Gewißheit für sich das sprich-
wörtlich gewordene Schicksal eines Propheten, d. i. den gewaltsamen Tod erwartet;

b) Jesus habe seinen gewaltsamen Tod erwartet und in diesem
den Durchgang zu seiner Erhöhung in den Himmel erblickt, aufgrund deren er als der Menschensohn-Endrichter oder doch als
der das Gericht entscheidende Zeuge fungieren wird;

c) Jesus habe erwartet und vorausgesagt, er müsse den Ge-
richtstod für Israel sterben;

d) Jesus habe den gewaltsamen Tod erwartet, um denselben
als erlösendes Sterben auf sich zu nehmen.

Es werden also hauptsächlich vier Gründe dafür geltend gemacht, daß Jesus auf sein Getötetwerden vorausblickte. Obwohl
Jesus in den Fällen a, b und c seinem Sterben eine diesem immanente heilseffiziente Kraft nicht zugeschrieben hätte, wäre durch
diese Formen der Todeserwartung bzw. bereits durch eine derselben die Todes*gewißheit* (nicht nur: die Todes*bereitschaft* für den
Eventualfall) Jesu belegt. Das wäre auch insofern von Belang, als
die Überzeugung Jesu von der in sich heilseffizienten Wirkung
seines Sterbens sinnvollerweise die Gewißheit einschließen
müßte, daß er getötet werden wird. Andererseits hätte Jesus die
Überzeugung von der Heilsnotwendigkeit seines Sterbens freilich
auch dann gewinnen können, wenn er weder im Sinn von a) noch
von b) noch von c) das sichere „Daß" seines gewaltsamen Endes
vorausgesagt hätte.

Daß die für die Voraussage des Prophetenschicksals in Betracht
kommenden Q-Logien (Fall a) von Jesus selbst stammen, gilt mit
Recht als zumindest unsicher, ist sogar eher unwahrscheinlich[7].
Und das aus der Reihe fallende Gleichnis von den bösen Winzern,
das ebenfalls das Motiv vom prophetischen Todesschicksal ver-

---

[7] Vgl. *A. Vögtle*, Todesankündigungen und Todesverständnis Jesu, in: K. Kertelge
(Hrsg.), Der Tod Jesu (QD 74) (Freiburg i. Br. 1976) 59–61.

wendet, ist so gut wie sicher eine nachösterliche Bildung. Eine überzeugende Begründung der Gerichtstod-Hypothese (Fall c) ist bis jetzt nicht gelungen. Sie könnte über den bereits gesicherten Sendungsanspruch Jesu hinaus nur dann etwas Positives austragen, wenn Jesus selbst am Ende noch den Schritt zur heilseffizienten Deutung seines Sterbens getan hätte. Denn in diesem Fall und nur in diesem Fall könnte Jesu vorgängige Auffassung, er müsse den Tod als über Israel ergehendes Strafgericht übernehmen, als *„weiterdrängende* Vorstufe für ein heilsmittlerisches Todesverständnis Jesu" beansprucht werden[8].

8. Eingehendere Beachtung verdient zunächst die unter b) genannte These. Obwohl die Verkündigung Jesu keinen Zweifel erlaubt, daß das Gericht die Ratifizierung der jetzt gegenüber ihm und seiner Botschaft fallenden Entscheidung bringen wird, hätte Jesus eine weitere heilsmittlerische Dimension vorweggenommen, wenn er die Funktion des Richters für sich erwartet hätte. Die positive oder negative Beantwortung dieser Frage steht und fällt mit der Lösung des äußerst komplexen Menschensohn-Problems. Hat Jesus selbst „bar änäschā" (= das einzelne Glied der Gattung Mensch, überwörtlich übersetzt: „der Sohn des Menschen") in einem titularen oder doch quasititularen Sinn gebraucht, und wenn, in welchen Aussagen und mit welcher Bedeutung? Vor allem: *Hat Jesus mit diesem Ausdruck „der Menschensohn" in indirekter Redeweise sich selbst als den kommenden Richter angekündigt?* Die umgreifende Alternative lautet heute: In welchem Stadium hat die Bezeichnung „der Menschensohn" (= MS) bzw. die MS-Vorstellung christologische Bedeutung gewonnen? Schon in der Verkündigung Jesu selbst oder erst in der nachösterlichen Verkündigung? Da allein schon die für eine Diskussion unerläßliche Nennung der hauptsächlichen Faktoren des Problems den Rahmen völlig sprengen würde, können hier

---

[8] A.a.O. 80–88 zur These von *P. Wolf* in seiner Freiburger Diss.: „Liegt in den Logien von der ,Todestaufe' (Mk 10,38f; Lk 12,49f) eine Spur des Todesverständnisses Jesu vor?"

nur die für unsere Fragestellung (Jesus als der Endrichter?) wesentlichen Gesichtspunkte angedeutet werden.

Soweit die Autoren Jesus „der MS" als eschatologischen Titel
verwenden lassen, sind nach wohl immer noch vorherrschender
Meinung *ursprüngliche MS-Worte unter den futurisch-eschatolo-
gischen Aussagen,* nämlich den Logien von der Parusie des MS,
zu suchen, in denen bar änäschā von den Hörern in einem titularen
Sinn, nämlich als Hinweis auf den als Richter fungierenden MS
der apokalyptischen Erwartung, wie sie im äthiopischen Henoch-
buch begegnet, habe verstanden werden können. Nun ist einerseits zu beobachten, daß die synoptischen Evangelien Jesus auch
ohne die MS-Bezeichnung vom künftigen Gericht, also wie das
AT vom Gericht Gottes, sprechen lassen. Für die Gerichtsankün-
digung sah sich Jesus somit offensichtlich nicht angewiesen auf die
MS-Vorstellung. Wenn er an dieser, d.i. an der Vorstellung einer
von Jahwe unterschiedenen Richtergestalt interessiert war, so
nach der nächstliegenden, m.E. sogar einzig einsichtigen Erklärung deshalb, weil er sich selbst als den künftigen Richter im Auge
hatte. Das hätte er übrigens tun können, ohne in einen inneren
Widerspruch zu seinem für sein gegenwärtiges Wirken erhobenen
Sendungsanspruch zu geraten. Die eigentliche Schwierigkeit beginnt erst mit dem Nachweis, daß Jesus die Funktion des im Namen Gottes richtenden MS tatsächlich für sich erwartet hat. Der
in der verborgenen Himmelswelt präexistierende Menschensohn
der Henoch-Apokalypse wirkt ja nicht auf Erden, schon gar
nicht in einer dem Auftreten Jesu vergleichbaren Weise, ehe er
von Gott auf den Richterthron gesetzt wird. Ob wir nun Jesus etwa
erwarten lassen, er werde gleich Henoch, ohne vorher zu sterben,
in den Himmel entrückt werden und die Rolle des MS-Richters
ausüben (vgl. aethHen 70f) oder er werde durch den gewaltsamen
Tod hindurch zu Gott erhöht werden, um dieser Repräsentant des
Gerichts- und Heilshandelns Gottes zu werden: im einen wie im
anderen Fall müßte Jesus unbedingt zum Ausdruck gebracht haben, daß er selbst der MS sein wird. Ebendies läßt sich durch die
Parusielogien nicht sicherstellen, ja nicht einmal wahrscheinlich

machen. Die als Belege für die Selbstidentifizierung Jesu mit dem MS vor allem in Betracht kommenden MS-Worte Mk 14,62 und Mt 19,28 sind so gut wie sicher nicht ursprünglich. Und in der höchst bedeutsamen Prophetie Mk 14,25 aus der Abendmahlssituation verwendet Jesus weder die MS-Bezeichnung noch spricht er daselbst vom Gericht. Also lassen jene Autoren, die nur von Parusieaussagen ausgehen, Jesus nur rein objektiv von dem künftigen MS sprechen, was freilich auch wenig überzeugen kann, während andere – um Kompromißvorschläge hier notgedrungen zu übergehen – nach authentischen Logien Ausschau halten, die von der israelitischen Öffentlichkeit oder auch von den Jüngern Jesu dahin verstanden werden konnten und mußten, daß Jesus mit bar änāschā jedenfalls sich selbst meinte.

Um die Problematik, die *die Versuche eines Brückenschlags vom irdischen zum postmortalen MS* mit sich bringen, wenigstens anzudeuten, seien drei *Lösungsversuche* grob skizziert. Einem Vorschlag *E. Schweizers*[9] zufolge hat Jesus nicht an die apokalyptische Erwartung des richterlichen MS angeknüpft. Er habe mit der ungewöhnlichen indirekten Selbstbezeichnung „bar änāschā" auf seine Person aufmerksam machen wollen und können, da jene auf eine besondere Bedeutung seiner Person hinweisen konnte, ohne dieselbe mit einer vorhandenen Heilbringervorstellung in Verbindung zu bringen. An diese Selbstbezeichnung habe er Worte über sein Schicksal geknüpft, nämlich im Lichte des altbiblischen Bildes vom leidenden und zu rehabilitierenden Gerechten sein Todesleiden und seine Erhöhung vorausgesagt; da sich Jesus ja nicht nur als einer von vielen Gerechten verstanden habe, könnte er sich mit Mk 8,38; Lk 12,8 f ausdrücklich als *den* Zeugen, den das Gericht entscheidenden Zeugen angesagt haben. Erst nach Ostern sei der erhöhte Jesus mehr und mehr an die Stelle des

---

[9] Der Menschensohn (1959), jetzt in: *E. Schweizer,* Neotestamentica (Zürich 1963) 56–84; The Son of Man Again (1963), jetzt a. a. O. 85–92; vgl. die weiterführenden Erwägungen E. Schweizers: Menschensohn und eschatologischer Mensch im Frühjudentum, in: R. Pesch – R. Schnackenburg, Jesus und der Menschensohn (Freiburg i. Br. 1975) 100–116.

Richters selbst gerückt und damit „bar änäschā" (wie in aethHen) Bezeichnung des Endrichters geworden. Erst die nachösterliche Verkündigung habe also von der als „Wiederkunft" Jesu verstandenen Parusie des MS gesprochen.

Nach *J. Jeremias*[10] hingegen hat der sicher mit dem Prophetenschicksal rechnende Jesus im Anschluß an die apokalyptische MS-Vorstellung erwartet und vorausgesagt, er werde kurz (= „nach drei Tagen") nach seinem Tod aus demselben zu Gott erhöht und ohne zeitliches Intervall als „der MS" der apokalyptischen Erwartung, d.i. als Richter und Heilskönig, offenbar werden. Entschiedener als E. Schweizer plädiert J. Jeremias für Mk 9, 31a als authentische Urform der Leidensweissagungen: „Gott wird (bald) den Menschen (Sing.) den Menschen (Plur.) ausliefern."[11] Damit habe Jesus in einem Maschal, einem Rätselwort, geredet, und zwar schon deshalb, weil bar änäschā sowohl generisch, nämlich von dem einzelnen Menschen, der in der eschatologischen Notzeit den Menschen preisgegeben werde, als auch im indefiniten Sinne (ein Mensch wie ich, der Mensch, der ich bin) habe verstanden werden können. In diesem Sinne habe Jesus selbst das bar änäschā gemeint. Da Jesus nach J. Jeremias erst durch die Auferstehung und Erhöhung „der Mensch" = „der MS" der apokalyptischen Erwartung werden wird, habe er auf diese Weise die geheimnisvolle Relation zwischen sich und „dem MS", der er erst noch wird, zum Ausdruck gebracht. Um der Synopse ein möglichst eindeutiges Zeugnis abzuringen, daß „der Mensch", der Jesus ist, durch die Erhöhung zum himmlischen MS wird, plädiert der Autor sogar für Mk 13, 26 als ursprüngliches MS-Wort. Jesus habe das Kommen des MS mit den Himmelswolken nicht wie später die Urkirche als Kommen vom Himmel her, sondern als Bewegung von unten nach oben verstanden. Da „der MS" im bekannten Doppelspruch Lk 12, 8f; Mk

---

[10] Theologie des Neuen Testaments I – Die Verkündigung Jesu (Gütersloh 1971) 245–272.
[11] A.a.O. 268.

8, 38 im Rahmen dieser Hypothese nur den himmlischen MS-Richter meinen kann, die formale Unterscheidung zwischen dem „Ich" (= Jesus) des Vordersatzes und „dem MS" des Nachsatzes nach ungezwungener Auslegung aber gegen die Selbstidentifizierung Jesu mit „dem MS" spricht, versucht J. Jeremias folgerichtig den Nachweis zu erbringen, Jesus selbst habe dieses Doppellogion ausschließlich als Ich-Wort formuliert.

Während J. Jeremias deshalb schreibt: „Er [Jesus] ist noch nicht der Menschensohn, aber er wird zum Menschensohn erhöht werden"[12], urteilt *R. Pesch*[13], der Jesus „bar änäschä" als vollgültigen Decknamen für die präsente eschatologische Endgestalt verwenden läßt, im Unterschied zu jenem wie zu E. Schweizer: „Als der Gerechte, der zum Heilskriterium wird, hat er [Jesus] die Funktion des Menschensohnes übernommen, *ist* er der Menschensohn, der nach seiner Erhöhung als Richter fungiert."[14] Er wendet sich gegen die Vorstellung, Jesus sei erst aufgrund der Erhöhung der eschatologische MS geworden, und beruft sich in diesem Zusammenhang auf die Untersuchung von K. Müller, der zufolge „der MS" zur Zeit Jesu gar nicht mehr jenes präexistente Himmelswesen gewesen sein könne, sondern sehr wohl den auf Erden auftretenden Heilbringer bezeichnen könne, weshalb am ehesten die synoptischen Worte vom irdischen MS als ursprüngliche Bestandteile der Verkündigung Jesu in Betracht kämen. Im Gegensatz zu K. Müller, der mit den weitaus meisten Exegeten die Worte vom leidenden (und auferstehenden) MS für nachösterlich hält, plädiert R. Pesch mit J. Jeremias und E. Schweizer ebenfalls für die Ursprünglichkeit des „bar änäschä"-Wortes Mk 9, 31 a, mit dem Jesus das Todesleiden des Gerechten, das ja auch das sprichwörtliche Geschick eines Propheten ist, als das von Gott bestimmte Schicksal des MS ansagte. Nun hat unser Autor mit seiner schon erwähnten Hypothese vom messianischen Propheten oder pro-

---

[12] A. a. O. 263.
[13] Die Passion des Menschensohnes, in der Anm. 9 zitierten FS „Jesus und der Menschensohn", 166–195.
[14] A. a. O. 194.

phetischen Messias, als den sich Jesus betrachtet habe und von seinen Jüngern bekennen ließ (s. o. Nr. 6), bereits die Erwartung der Tötung des eschatologischen Gottesboten und dessen Rechtfertigung durch Auferstehung und Himmelfahrt parat. Daß er für seine Auslegung des Sendungsanspruchs Jesu auf die weitere Hypothese, Jesus selbst habe die Erfassung seines = „des MS" Geschicks durch die Theologie der passio iusti wenigstens angestoßen, zurückgreift, ist sehr begreiflich. Die Todes- und Auferstehungsweissagungen sind in der synoptischen Überlieferung nun einmal nicht an den „Messias"-, sondern an den MS-Titel geknüpft. Ebenso kommen nur MS-Worte als Belege in Betracht, daß Jesus seine Erhöhung zur Ausübung der Richterfunktion vorausgesagt habe. Zu diesem Zweck befürwortet unser Autor Mk 14,62 als ursprüngliches MS-Wort Jesu, möchte aber das Sitzen des MS zur Rechten Gottes nicht einfach vom Ps 110,1 her erklären, sondern aus der Vorstellung des leidenden Gerechten und Märtyrers zur Rechten Gottes, um die Deutung des Wortes auf die Erhöhung des MS aus dem Tod sicherzustellen. „Die sessio ad dexteram des Menschensohnes dürfte also sowohl von seinem Geschick als des leidenden Gerechten als auch von seinem angestammten Platz als des Gerichtsfunktionärs Gottes bestimmt sein…"[15] Aus der anerkannten crux interpretum, nämlich dem „Ich"-„der MS" = Spruch (Mk 8,38; Lk 12,8f), an dem sich in der Tat jeder Versuch einer Lösung des MS-Problems bewähren muß, könnte sich s. E. auch Kapital schlagen lassen. Sofern nämlich der Spruch in eine Situation der Verfolgung Jesu und seiner Jünger gehöre, „schließt auch dieses Menschensohnwort nach Jesu Erwartung das Leiden und die Erhöhung des Menschensohnes mit ein, wovon Jesus in Mk 9,31 und 14,62 je unter einem eigenen Aspekt unabhängig spricht"[15a].

Daß auch größten Respekt erheischende Lösungsversuche wie die hier genannten mehr oder weniger zu kritischen Anfragen An-

---

[15] A.a.O. 185.
[15a] A.a.O. 194.

Anton Vögtle

laß geben, könnte nur den verwundern, der die geradezu entmutigende Problematik der MS-Frage nicht kennt. Gewiß kommt auch die seit längerem vertretene Hypothese, erst die urchristliche Verkündigung habe die apokalyptische Vorstellung vom MS als Repräsentanten des Gerichts- und Heilshandelns Gottes auf Jesus übertragen, schon wegen der fast ausschließlichen Beschränkung der Verwendung der MS-Bezeichnung auf Jesus-Worte ohne einen problematischen Rest nicht aus. Sie kann aber schon deshalb nicht leicht abgetan werden, weil sie m. E. immerhin beträchtliche Schwierigkeiten, die bei Lösungsvorschlägen der Gegenposition verbleiben, auszuräumen vermag[16]. *Es bleibt m. E. jedenfalls äußerst gewagt, beim Versuch einer geschichtlichen Begründung der Christusoffenbarung die These in Anschlag zu bringen, Jesus habe erwartet, er werde aus dem gewaltsamen Tod zu Gott erhöht werden und am Ende als Richter fungieren.* Aber nochmals: Das ändert nichts an dem schon gewonnenen Ergebnis, daß das Endgericht laut Sendungsanspruch Jesu nur die gegenüber der Verkündigung des gegenwärtigen Heilsmittlers fallende Entscheidung ratifizieren wird.

9. Nicht weniger umstritten ist die oben unter d) genannte Form der Todeserwartung Jesu. *Hat Jesus früher oder später sein Sterben als abschließenden heilsmittlerischen Akt seines Erdenwirkens erwartet?* Ergaben sich – so wäre wohl vor allem zu formulieren – aus Jesu Sendungsbewußtsein sogar zwei innere Gründe für seine Todesgewißheit? Einmal der, daß er den Tod als notwendigen Durchgang ansah, um als MS-Endrichter erscheinen und fungieren zu können; zum anderen der Umstand, daß er, etwa erst später oder auch ganz zuletzt, es als Willen Gottes erkannte, er

---

[16] Ausdrückliche Erwähnung verdienen *H. Schürmanns* sehr exakte „Beobachtungen zum Menschensohn-Titel in der Redequelle", in: Jesus und der Menschensohn (Anm. 9) 124–147. sie drängen ihm das Urteil auf, „daß die titulare Menschen-Christologie – und wenn es einen nichttitularen Gebrauch von ‚Menschensohn' nicht gegeben hat: die Menschensohnbezeichnung überhaupt – nicht in der ältesten Logienüberlieferung beheimatet ist, sondern eher in einer folgenden, theologisch deutenden Schicht (die aber wohl noch palästinensisch gedacht werden muß)": a.a.O. 146 Anm. 119.

müsse den Tod als Sühnesterben auf sich nehmen, um dem unbuß-
fertigen Teil Israels oder prinzipieller allen Israeliten oder gar Israel und den von ihm nicht angesprochenen Heidenvölkern die
Erlangung des Heils der Gottesherrschaft zu ermöglichen. Unbestreitbar sind ja sämtliche Logien der synoptischen Evangelien,
die als Todesankündigungen in Betracht kommen, apodiktische
Aussagen, wenngleich hinzugefügt werden darf, daß die jesua-
nische Herkunft der vorzüglich als Kronzeuge genannten Todes-
weissagung Mk 9,31, die von ihrem Ursprung her in der Tat ein
MS-Wort (nicht: „Ich") sein muß, keineswegs unanfechtbar ist.
Man wird auch einräumen müssen, daß die feste Überzeugung
Jesu, er werde vor dem Kommen der Gottesherrschaft getötet
werden oder auch eines natürlichen Todes sterben, vom Gesamt-
tenor seiner Botschaft von der anbrechenden Gottesherrschaft her
gesehen alles andere als selbstverständlich ist, obwohl Jesus von
einem „Allernächst"-Termin so wenig gesprochen hat wie von einem ans Ende seiner Generation gerückten Zeitpunkt[17]. Die gewiß nicht überflüssige Frage, ob Jesus aufgrund der Einschätzung
der Folgen seines Wirkens schon vor seinem letzten Jerusalemaufenthalt die moralische Gewißheit gewann, daß führende
Kreise so oder so seine Hinrichtung erreichen werden, braucht
uns hier nicht weiter zu bewegen. Im Hinblick auf unseren speziel-
len Fragepunkt verliert sie insofern an Bedeutung, als Jesus von
dem Zeitpunkt an, da er in der Übernahme des Heilstodes einen
konstitutiven Akt seiner Heilsmittlerfunktion erblickt hätte, auch
überzeugt sein konnte, Gott werde dafür sorgen, daß es zu seinem
Sterben, das ja ohne die Mitwirkung Dritter nicht realisierbar war,
kommen werde. Letzteres gilt selbstverständlich auch für den Fall,
daß Jesus den gewaltsamen Tod als Durchgang zu seiner Endge-
richtsfunktion angesehen hätte.

Nun läßt sich weder belegen noch ohne schwere Bedenken annehmen, Jesus sei von Anbeginn seines Auftretens an von der

---

[17] Vgl. *L. Oberlinner*, Die Stellung der „Terminworte" in der eschatologischen
Verkündigung des Neuen Testaments, in: *P. Fiedler – D. Zeller*, Gegenwart und
kommendes Reich (Stuttgarter Biblische Beiträge) (Stuttgart 1975) 51–66.

Heilsnotwendigkeit seines Sterbens überzeugt gewesen[18]. Die heute mit Recht bevorzugte These, Jesus sei erst im Dialog mit der Geschichte zu jener Erkenntnis gekommen, stellt uns zwar auch vor eine Reihe Probleme, bietet aber ungleich mehr die Chance, zu einem positiven Ergebnis zu kommen.

Gegenüber der von Jesus verkündeten Sündenvergebung wäre die Entsündigung aufgrund seines Sterbens indes auch in diesem Fall *ein wesentlich neuer und anderer Modus der Sündenvergebung* gewesen, auch wenn derselbe ebenfalls ganz und gar als Akt der Gnade Gottes begriffen wird. Auch Befürworter eines heilsmittlerischen Todesverständnisses Jesu sehen sich zur Konzession genötigt, gegenüber dem Engagement Jesu für die Sünder habe es „eines qualitativen Sprungs" bedurft, um von der Vorstellung der *Hingabe* zu der der *Selbsthingabe* zu kommen[19]. Kann es aber – gibt *P. Fiedler* dazu zu bedenken – als wahrscheinlich gelten, daß · Jesus auch nur angesichts seines Todes auf den Gedanken kam, hinter seine schon alttestamentlich bezeugte Verkündigung *des unbedingten Vergebungswillens Gottes* zurückzugehen und seinen Tod als von eben diesem Gott herbeigeführten und damit verlangten Sühnetod zu verstehen?[20] Demgegenüber argumentiert mein älterer Schüler und Kollege *R. Pesch:* Weil sich Israel durch die Verwerfung und Tötung des letzten Gottesboten „endgültige Verwerfung, gnadenloses Gericht (durch die Ablehnung der Gnade)" zugezogen hätte, *der eschatologische Heilsmittler geschichtlich-faktisch so zum Unheilsmittler geworden wäre, erfordere die unbedingte Heilszusage des eschatologischen Heilsmittlers, daß dieser „seinen Tod als den Tod des eschatologischen Heilsboten, als Heils- = Sühne-Tod für Israel versteht" und so der Gott des Heils, nicht der Gott des gnadenlosen Gerichts das letzte Wort hat*[21].

---

[18] Todesankündigungen (Anm. 7) 67–70.
[19] *H. Patsch*, Abendmahl und historischer Jesus (Stuttgart 1972) 218.
[20] A.a.O. (Anm. 1) 281; vgl. bereits den Aufsatz „Sünde und Vergebung im Christentum": Concilium 10 (1974) 568–571.
[21] Das Abendmahl und Jesu Todesverständnis, in: *K. Kertelge* (Hrsg.), Der Tod Jesu (Anm. 7) 183f.

Diese in sich folgerichtige Argumentation dürfte geradezu als Idealfall einer Begründung des heilsmittlerischen Todesverständnisses angesehen werden, da sie dasselbe letztlich als ein mit dem Sendungsanspruch Jesu gegebenes Postulat begreift.

Ob dieses Postulat als stringentes Apriori und als unanfechtbare Vor-gabe für jede weitere Diskussion, näherhin die der Abendmahlsüberlieferung, gelten kann, *hängt naturgemäß von der Gültigkeit der* hier gemachten *Voraussetzung* ab, *daß sich „Israel" in der Sicht Jesu durch die bis zur Überantwortung in den Tod gehende Abweisung des Heilsmittlers das endgültige, gnadenlose Gericht zugezogen hat*[22]. Dürfen wir aber – um Jesus durch sein Sühnesterben Israel vor dem definitiv durch die Tötung des Gottesboten kontrahierten Strafgericht bewahren zu lassen – ganz Israel, ja auch nur ganz Jerusalem hinsichtlich der Reaktion auf Jesu Heilsangebot, insbesondere hinsichtlich mangelnder Resonanz und direkter Ablehnung, mit den für die Hinrichtung Jesu verantwortlichen Repräsentanten Israels über einen Leisten schlagen? Die Frage ist auch insofern von Belang, als, soviel ich sehe, begreiflicherweise niemand zu behaupten wagt, die Überzeugung, maßgebende Führer des Volkes würden ihn zu Tode bringen, sei für Jesus schon Grund genug gewesen, die Idee des Sühnetodes zu konzipieren. War also dann der generelle oder wenigstens quasigenerelle Widerspruch eines unbußfertig gebliebenen Israel der eigentliche Grund? Berechtigt uns eine abgewogene Beurteilung der Überlieferung aber zu dem einigermaßen sicheren Schluß, Jesus habe gegen Ende oder am „Ende" seiner Wirksamkeit – sagen wir zum Zeitpunkt seiner (letzten) Jerusalemreise – den Erfolg seiner Gottes- und Gottesreichverkündigung darin erblickt, daß Israel als Ganzes oder doch in seiner erdrückenden Majorität end-

---

[22] *R. Pesch*, a.a.O. 183: „Was geschieht, wenn Israel, das Jesus in eschatologischer Stunde als der von Jahwe gesandte Hirt sammeln will, wenn Jerusalem als Israels repräsentatives Zentrum, wenn die Führer des Volkes als seine Repräsentanten Jesus den letzten Boten Gottes ..., den Boten eschatologischen, jetzt zu ergreifenden Heils verwerfen und zu Tode bringen? Zieht Israel sich nicht – noch definitiver als der Täufer es sah – endgültige Verwerfung, gnadenloses Gericht (durch die Ablehnung der Gnade) zu?"

gültig dem gnadenlosen Gericht verfallen ist? Wäre Jesus in der Tat zur Erkenntnis gekommen, Israel sei nicht willens oder auch zu schwach, auf das durch ihn ergehende Vergebungsangebot einzugehen, wäre gewiß mit vollem Recht auch von einem „Scheitern" des Gottesvolkes zu sprechen. Da Jesus seine unbedingte Heilszusage an Israel durchgehalten und in seinem Sühnesterben realisiert hätte, wäre es auch berechtigt, zu sagen, die Verweigerung Israels habe den eschatologischen Heilsboten nur scheinbar scheitern lassen Damit wäre aber erst die halbe Wahrheit gesagt. Jesus wäre immerhin mit seiner Verkündigung von dem jetzt von Israel zu ergreifenden Heil gescheitert. Und das ließe sich schon deshalb nicht leicht bagatellisieren, weil Jesus das von ihm geforderte Eingehen auf den Heilswillen des vergebungsfreudigen Vatergottes ja nicht als eine durch einen anderen Modus der Sündenvergebung überholbare Möglichkeit der Heilserlangung verkündigt hatte. Ja, da Jesus seine Heilsverkündigung an Israel voraussetzungsgemäß nicht schon begann und auch kaum beginnen konnte mit dem Vorwissen, daß sein eigentliches Projekt zum Mißerfolg führen wird und darum schließlich durch die heilsökonomische Konzeption des Sühnetodes des Heilsmittlers modifiziert werden muß, um dem Heilswillen Gottes doch noch zum Sieg zu verhelfen, *müßte man zum mindesten von einer Revision, wenn nicht gar von einer Desavouierung seiner Heilsbotschaft sprechen.*

Die Frage, ob sich Israel in den Augen Jesu das gnadenlose Gericht zugezogen hat, würde im Grunde belanglos, wenn Jesus je das Sühnesterben als prinzipiell notwendige Aufgabe seiner Heilssendung betrachtet hätte, die er unabhängig von der positiven oder negativen Reaktion der von ihm angesprochenen Generation Israels auf sich nehmen müsse. In diesem Fall hätte Jesus selbstverständlich auch die Heidenwelt in die heilseffiziente Wirkung seines Sterbens einbeziehen können, zumal seine Gottes- und Gottesreichbotschaft für die Einbeziehung der Heiden in das Endheil offen war. Ohne auf die hier berührte Problematik eingehen zu können, sei nur bemerkt, daß exegetische Befürworter des heilsmittlerischen Todesverständnisses Jesu es bezeichnenderweise nicht zu wagen scheinen, Jesus offen und ausdrücklich die Überzeugung von der prinzipiellen, von der Entscheidung Israels unabhängigen Heilsnotwendigkeit seines Sterbens zuzuschreiben. Das würde in der Tat zu unerträglichen Konsequenzen führen. Wäre Jesus von Anfang an jener Überzeugung gewesen, wäre nicht einzusehen, daß er sich überhaupt um die Bekehrung Israels bemühte und eben so redete, als wäre das Eingehen auf die sündenvergebende Liebe Gottes die einzige Bedingung und letzte Möglichkeit der Heilserlangung. Wäre jene Überzeugung aber erst am Ende seiner Wirksamkeit gestanden, würde dies der Sache nach auf eine nachträgliche Desavouierung seines Bemühens, Israel für seinen Heils- und Bußruf zu gewinnen, hinauslaufen.

Aber auch dann, wenn man Jesus früher oder später wegen der Unbußfertigkeit Israels die Heilsnotwendigkeit seines Sterbens erkennen läßt, stellt sich *das Problem der spannungslosen Einordnung dieser neuen Erkenntnis in das Weiterwirken Jesu.* Läßt man Jesus seine bisherige Heilsbotschaft im Besitz dieser Erkenntnis weiterverkünden, ergäbe sich – eben auch dann, wenn er dieses Wissen auch dem Jüngerkreis gegenüber verschwieg – *eine bedenkliche Spannung* zwischen dem, was Jesus weiterhin sagt, und dem, was er jetzt schon weiß, aber verschweigt: daß nämlich die Annahme der göttlichen Vergebung, zu der er die Israeliten aufruft, in Wirklichkeit nicht die einzige und endgültige Möglichkeit der Erlangung der Sündenvergebung ist. Diese Schwierigkeit wird *vor allem im Hinblick auf Jesu Wirken bei seinem (letzten) Jerusalemaufenthalt* aktuell. Sie entfiele unter folgender Voraussetzung: Weil Jesus nur mehr in seinem Sühnesterben die gottgewollte Möglichkeit erblickte, Israel vor dem strafenden Gericht zu retten, verzichtete er darauf, die Hauptstadt im Sinne seiner bisherigen Verkündigung für seinen Heils- und Bußruf zu gewinnen. Es lag ihm einzig daran, seine Hinrichtung zu provozieren und dadurch das Sühnesterben für Israel zu ermöglichen. Begreiflicherweise wagt kaum jemand diese einseitige Zielbestimmung der Jerusalemreise zu befürworten. Man darf Jesus wohl auch nicht in den unwürdigen Konflikt kommen lassen, welchen Modus der Durch-

setzung des Heilswillens Gottes er nun eigentlich ansteuern soll:
ob er Jerusalem im Sinne seines bisherigen Heilsangebots zur
Umkehr bewegen oder aber zum Zweck seines Sühnesterbens auf
die perfekte, bis zu seiner Hinrichtung führende Verwerfung hin-
wirken soll. Sollte Jesus dann mit dem Gedanken in die Hauptstadt gezogen sein: Falls Gott will, daß es jetzt zu meiner Hinrichtung kommt, ist es sein Wille, daß ich, anstatt Israel weiterhin
meine Heilsbotschaft zu verkünden, den Heilstod sterbe? Was
man auch von einem solchen Denken Jesu im Modus eventualis
halten mag, bliebe diese Annahme immerhin zugleich für die
Möglichkeit offen, daß Jesus im Laufe dieser letzten Tage der
Heilsnotwendigkeit seines bevorstehenden Todes gewiß wurde
und von diesem apodiktisch sprach, wie es die für unseren Fragepunkt schlechthin entscheidende Abendmahlsüberlieferung voraussetzt.

Daß die Überlieferung das letzte Mahl als die Gelegenheit beansprucht, bei der Jesus die Heilsbedeutung seines Sterbens bekundete[23], kommt, was m. E. sehr beachtlich ist, einer Befürwortung der Historizität dieser Eröffnung in zweifacher Hinsicht
entgegen. Das letzte Mahl darf sehr wohl als eine Situation des
letzten Jerusalemaufenthalts gelten, in der Jesus sowohl unter dem
Gesichtspunkt möglicher Lagebeurteilung seiner bevorstehenden
Tötung sicher sein konnte – ich wage nicht zu sagen: „mußte" –
als auch die obenerwähnte Spannung nicht mehr empfinden
mußte, weil er den Zeitpunkt als gekommen sehen konnte, von
dem an eine Weiterverkündigung seiner Heilsbotschaft nicht mehr
in Betracht kam.

10. *Werden noch verbleibende prinzipielle und historische Bedenken gegen ein heilsmittlerisches Todesverständnis Jesu dann
nicht höchst einfach durch ein von Jesus selbst beim letzten Mahl
gesetztes Faktum widerlegt?* Die der Abendmahlsüberlieferung

---

[23] Daß das an früherer Stelle eingeordnete Lytron-Logion Mk 10,45 eine erst
nachösterliche soteriologische Ausdeutung des Dienewortes ist, ist so gut wie allgemein anerkannt; vgl. zuletzt *K. Kertelge,* Der dienende Menschensohn
(Mk 10,45), in: Jesus und der Menschensohn (Anm. 9) 228–239.

anhaftende Problematik wird nicht zuletzt durch den genialen
Vorschlag H. Schürmanns bestätigt, Jesus könnte bereits durch
individuelle „Gebegesten" zeichenhaft bekundet haben, was dann
erst die nachösterlichen Deuteworte explizit aussprachen[24]. Da
es als sehr fraglich gilt, ob die Mahlgesten aus sich allein, ohne
dazukommende Worte, sagen konnten, was sie sagen sollen, und –
was man P. Fiedler nicht abstreiten kann – Jesu Konzeption des
Heilstodes eine einschneidende Revision seiner bisherigen Ver-
gebungsbotschaft bedeutet hätte und schon deshalb eine deutliche
Kundmachung, vor allem des fundamentalen Momentes der stell-
vertretenden Sühne, erwarten ließe, sieht man sich letztlich doch
wieder auf die Suche nach ursprünglichen Elementen der überlieferten Deuteworte angewiesen[25].

Einige *Schwierigkeiten, mit denen diesbezügliche Rekonstruk-
tionsversuche zu ringen haben,* seien wenigstens grob angedeutet.
Als ursprüngliches Deutewort zum Brot läßt sich am ehesten, sogar mit beträchtlicher Wahrscheinlichkeit voraussetzen: „Dies ist
mein Leib." Wer vorweg „Blut" als Entsprechungsbegriff zu
„Leib" im Auge hat, letzteres also im eigentlichen Sinne versteht,
kann mit Recht sagen, diese Aussage sei für sich allein nicht verständlich gewesen. Also mag man unter Berufung auf 1 Kor
11,24 f und Lk 22,19 behaupten, die „Für"-Aussage habe im
Munde Jesu nicht zur Darreichung des Weins (wie bei Mk), sondern zu der des Brotes gehört, und, um vermeintlich alle Schwierigkeiten loszuwerden, etwa noch gegen die Paulus/Lk-Tradition
die Ursprünglichkeit des markinischen „für (die) Viele(n)" statt
des „für euch" befürworten. Was will man dann aber als analoges
Deutewort zum Becher für Jesus wahrscheinlich machen? Daß Jesus mit „Das ist mein Leib" – ohne eine zusätzliche „Für"-Aus-
sage – auch nur von seinem in den Tod zu gebenden Leib sprach,
wäre doch wohl nur einsichtig, wenn er in einem analogen, die

---

[24] *Jesu ureigener Tod* (Freiburg i. Br. ²1976) 84–96.
[25] Schürmann selbst bestätigt das, wie der Vergleich der beiden Fassungen seines
Aufsatzes zeigt: ursprünglich (in der FS für J. Schmid 1973) 354, jetzt (Anm. 24) 56.

Darreichung des Bechers begleitenden Deutewort von seinem „Blut" gesprochen hätte. Die Rekonstruktion und Beanspruchung dieses Blutwortes ist aber bekanntlich der eigentlich kritische Punkt. Nun ist fast allgemein anerkannt, daß „Dies ist mein Leib" im Sinne Jesu gleichbedeutend war mit „Dies bin ich" – was an sich zugegebenermaßen ein analoges Deutewort zum Becher nicht erfordert hätte. Ein Begleitwort zum Becher hätte ohnedies nicht gefehlt, da die Todes- und Heilsprophetie Mk 14, 25 fast allgemein als authentischer Bestandteil der Abendmahlsüberlieferung gilt. In Verbindung mit dieser Prophetie hätten die Jünger, wie man wohl einräumen muß, das „Dies bin ich" als Versicherung der bleibenden Gemeinschaft mit ihrem Meister verstehen können. Darauf abzuheben, sie hätten dasselbe als ausdrückliche Präsentation des jetzt handelnden Heilsmittlers („Das bin ich, *der Messias, der Heilsmittler*") verstehen können, kann doch wohl nur dann als beweisendes Moment für ein heilsmittlerisches Todesverständnis Jesu beansprucht werden, wenn dasselbe durch ein weiteres Deutewort ausgesprochen wurde.

Könnte Jesus aber nicht bereits mit dem im Kontext der sicheren Erwartung seines Todes gesprochenen „Dies bin ich" den Gedanken des Sterbens „für" wenigstens implizit zum Ausdruck gebracht haben? Die Bejahung dieser Frage erweist sich aus einem doppelten Grund als schwierig. Einmal und vor allem wäre der Gedanke des erlösenden Sterbens gegenüber dem, was die Jünger von Jesus gehört hatten, eine derart neue und unerwartete Vorstellung gewesen, daß man eben billigerweise erwarten müßte, Jesus habe dieselbe auch ausdrücklich ausgesprochen und erläutert. Abgesehen von den Schwierigkeiten, etwa eines der beiden überlieferten Bund-Worte („Das ist der neue Bund in meinem Blut" – „Das ist mein Bundesblut") für Jesus selbst zu reklamieren, darf man mit guten Gründen bezweifeln, ob eines dieser Worte allein jener Forderung schon entsprochen hätte. Sodann hätte sinnvollerweise auch darüber Klarheit bestehen müssen, für *wen* Jesus stirbt. Obwohl eine „Für"-Aussage in diesem Fall nicht vorausgesetzt wird, Jesus also auch nicht „für euch" gesagt hätte, hätte er de facto den Jüngern als Mahlgästen die erlösende Kraft seines Sterbens appliziert, und zwar nur diesen Jüngern, damit also ausgerechnet Israeliten, die zu seinen treuen Gefolgsleuten zählten. Mit Recht denkt niemand daran, Jesus nur für die Jünger sterben zu lassen. Deshalb stellt sich unabweislich die Frage, wem das Sühnesterben im Verständnis Jesu *und* der Jünger zugute kommen soll. Darüber hätte sich Jesus nur dann nicht aussprechen müssen, wenn er die Jünger als Repräsentanten des unbußfertig gebliebenen Israel oder gar der in gleicher Weise erlösungsbedürftigen Israeliten und Heiden verstanden hätte und wenn sich auch die anwesenden Jünger eo ipso als Repräsentanten im einen oder anderen Sinne verstanden hätten. M. E. läßt sich aber nicht einmal das erstgenannte Verständnis der Jüngerrolle einigermaßen wahrscheinlich machen. Die Befürworter des heilsmittlerischen Todesverständnisses Jesu haben darum wirklich allen Grund, im Mund Jesu eine „Für"-Aussage vorauszusetzen, und zwar das „für (die) Viele(n)" der Mk(Mt)-Fassung als ursprüngliches Element zu verteidigen.

Es ist deshalb verständlich, daß *die entschiedenste Befürwortung des heilsmittlerischen Todesverständnisses Jesu,* die jüngst R. Pesch vorgelegt hat, eine „Für"-Aussage Jesu als fundamentales Element des Abendmahlgeschehens verteidigt und diese Aussage in der Mk-Fassung erblickt. R. Pesch kommt zu dem sehr runden Ergebnis, die markinische Abendmahlserzählung (14, 22–25) sei nicht nur die älteste Fassung, sondern gebe auch in allen wesentlichen Elementen das historische Geschehen wieder: Jesus selbst hat die im Judentum sonst nicht aufgegriffene Spitzenaussage der deuterojesaianischen Prophetie vom Leiden des Gottesknechtes auf seine Sendung und seinen kommenden Tod bezogen, gleichzeitig in der typologischen Aufnahme von Ex 24, 8 implizit auch auf Jer 31, 31 ff zurückgegriffen und damit seinen Tod als Israel entsühnendes und diesem die Gottesgemeinschaft des Neuen Bundes vermittelndes Sterben gedeutet[26]. Ob der in sich ge-

---

[26] Das Abendmahl (Anm. 21) 145–187, hier 184f.

schlossene und insofern höchst eindrucksvolle Versuch[27] die bis
heute bestehende Skepsis, ja annähernde sentencia communis
endgültig überwinden kann, hängt natürlich von der Tragfähigkeit
der Gesamtargumentation ab, angefangen mit der schon bespro-
chenen grundlegenden Voraussetzung der generellen Gerichtsverfallenheit Israels, auch der weiteren, für die Argumentation
keineswegs nebensächlichen Voraussetzung, das durch Deuteworte ausgezeichnete letzte Mahl sei ein Paschamahl gewesen.
Sodann läßt sich kaum übersehen, daß auch unter Voraussetzung
der Historizität von Mk 14, 22–25 Schwierigkeiten verbleiben, die
– wie z. B. auch die oben erwähnte Applizierung des erlösenden
Sterbens an die Jünger und die Umschreibung des Objekts der
„Für"-Aussagen – im Fall einer erst nachösterlichen Explikation
des Heilssinns des Todes Jesu nicht empfunden werden mußten[28].
Schließlich drängt sich von mehreren Seiten her *das Bedenken* auf,
ob die nachösterliche Jesusüberlieferung und noch mehr die
außerevangelische Verkündigung wie auch gewisse Momente der
Entwicklung in der ersten Generation mit der Voraussetzung har-
monieren, die Jünger hätten schon aus dem Abendmahlssaal das
Wissen um das heilsmittlerische Todesverständnis Jesu mitgebracht[29].

So hätte z. B. die Auseinandersetzung um die Einbeziehung der
Heiden in die Heilsverkündigung doch wohl noch in einer anderen Dimension verlaufen müssen, wenn die palästinische Urgemeinde und ihre „Judaisten" von Anfang an mit den Abend-
mahlsjüngern des Glaubens gewesen wären, daß Jesus selbst von
seinem erlösenden Sterben „für die Vielen" sprach, und zwar, was
in diesem Fall wesentlich ist, das „für die Vielen" nur auf Israel
bezog – worauf eine von der Gerichtsverfallenheit Israels ausge-
hende Argumentation freilich bestehen muß, wenn sie konsequent
bleiben will. Sie würde zumindest bedenklich zwiespältig werden,

[27] Denselben legte *R. Pesch* inzwischen auch in gemeinverständlicher Fassung vor:
Wie Jesus das Abendmahl hielt (Freiburg i. Br. 1977).
[28] Todesankündigungen (Anm. 7) 92–97.106–108.
[29] A. a. O. 97–104.

wenn sie Jesus denken ließe: Da ich für Israel den Heilstod sterben muß, kann ich – sit venia verbi! – „zwei Fliegen mit einer Klappe schlagen", nämlich auch die noch nicht angesprochenen Heidenvölker in die heilseffiziente Wirkung meines Sterbens einbeziehen. Aber schon *im Hinblick auf den nachösterlichen Fortgang* wird man fragen müssen, ob derselbe dem vorausgesetzten Todesverständnis Jesu entspricht. Wenn die Zwölf von Jesus hörten und ihn dahin verstanden, er werde für das dem gnadenlosen Gericht verfallene Israel den Sühnetod sterben, konnte Israel seit dem Karfreitag nur noch aufgrund des Sühnetodes Jesu das Heil der kommenden Gottesherrschaft erlangen. Da die israelitische Öffentlichkeit von dieser unerhört neuen Chance der Heilserlangung nichts wußte, hätten die Jünger diese neue Chance doch ganz Israel, jedenfalls auch in Galiläa, der Hauptstätte der Wirksamkeit Jesu verkünden müssen. Es ist kaum einzusehen, warum sich dieser Neubeginn in Galiläa nicht auch in der Überlieferung reflektiert haben sollte. Wie steht es sodann mit dem Ansatz der anfänglichen Verkündigung, die die Überlieferung glaubwürdig in Jerusalem beginnen läßt? Wäre nicht zu erwarten, daß die nachösterliche missionarische Verkündigung zur Bewältigung des Todesschicksals Jesu von Urbeginn an nicht nur vom Handeln Gottes an dem im Tod geendeten Jesus sprach, den Tod Jesu also nicht nur als Durchgang zur Erhöhung und zur Parusie des Erhöhten als Repräsentant des Heils- und Gerichtshandelns Gottes ins Auge faßte, sondern gleichzeitig und gleich nachdrücklich auch auf die diesem Sterben immanente Heilskraft verwies, ja die Auferweckung und Erhöhung Jesu von Anfang an geradezu oder doch auch als göttliche Bestätigung der Heilseffizienz seines Sterbens verständlich zu machen suchte? Die vom Tod Jesu nach vorne blickende Verkündigung des Glaubens an den Auferweckten als des kommenden Heilsmittlers wäre in diesem Fall ja nur unter Voraussetzung der Kenntnis des das Gerichtsschicksal Israels wendenden Heilstodes Jesu sinnvoll gewesen. Was unsere Quellen in dieser Hinsicht noch erkennen lassen, spricht aber entschieden *eher gegen als für diese Ausrichtung der anfänglichen To-*

desverkündigung. Nicht einmal in erster Linie deshalb, weil die Logienquelle die Heilserlangung ausschließlich vom Eingehen auf die Verkündigung des das Prophetenschicksal erleidenden und zum Gericht kommenden Menschensohnes erwarten läßt, ohne von der Heilsbedeutung des Sterbens Jesu zu sprechen. Schwerer wiegt der Umstand, daß sich eine von Anfang an bestehende Verbindung von kerygmatischen Auferweckungs/Erhöhungsaussagen mit Formeln vom erlösenden Sterben nicht wahrscheinlich machen läßt und auch die unbestreitbar vorpaulinische Bekenntnistradition 1 Kor 15, 3b–5, selbst bei möglicherweise urgemeindlicher Herkunft, so gut wie sicher von ihrem Ursprung her verschiedene Deutungslinien des Christusgeschehens, ursprünglich selbständige Bekenntnissätze („Christus starb für unsere Sünden" – „er ist am dritten Tag auferweckt worden"), zusammengefügt hat.

11. Um indes einer Entscheidung nach der einen oder anderen Seite nicht vorzugreifen, fragen wir uns deshalb, *was sich für den Versuch einer geschichtlichen Begründung des Christusglaubens ergäbe, wenn Jesus auch beim letzten Mahl die heilseffiziente Wirkung seines Sterbens weder explizit noch auch nur implizit ausgesprochen hätte.* Auch in diesem Fall hat er als Angeklagter vor dem römischen Statthalter offensichtlich nichts gesagt und getan, um seiner Verurteilung als Messiasprätendent zu entgehen, obwohl er den Tatbestand eines politisch-zelotischen Anführers, als der er bei Pilatus verklagt und von diesem verurteilt wurde, wie der kaum nachträglich erfundene Schuldtitel „König der Juden" beweist, sicher nicht erfüllte. Durch dieses Verhalten vor dem römischen Richter hat Jesus zweifellos bekundet, daß er an der Gültigkeit seiner Gottes- und Gottesreichbotschaft festhält. Mit dem *prophetischen Amen-Wort Mk 14, 25,* das mit Recht als ein „Urgestein" der Abendmahlsüberlieferung gilt[30], hat Jesus die bleibende Gültigkeit und sichere Erfüllung jener Botschaft im Jüngerkreis auch direkt ausgesprochen. Natürlich wird zu Recht

[30] Vgl. *E. Gräßer*, Die Naherwartung Jesu (SBS 61) (Stuttgart 1973) 113–118.

argumentiert: Wenn Jesus beim letzten Mahl von seinem bevorstehenden gewaltsamen Tod überzeugt war, war er als verantwortungsvoller Meister in dieser Situation seinen Jüngern auch eine Auskunft über dieses sie sicher erschütternde Ende schuldig. Diese Forderung wäre eben vor allem und bereits durch die in Mk 14,25 ausgesprochene Versicherung erfüllt, das Heil der Gottesherrschaft werde so sicher kommen wie sein Tod, der somit die Gültigkeit seiner Heilsbotschaft nicht tangieren kann. Mit dieser Versicherung hat Jesus somit seinen Jüngern zugleich zu verstehen gegeben, daß er sein gewaltsames Ende als von Gott eingeplantes Geschehen auf sich nimmt und Gott über sich verfügen läßt. Man wird zugeben müssen, solange die fragliche generelle These, Jesus habe am Ende nur die gnadenlose Gerichtsverfallenheit des Gottesvolkes als Ergebnis seiner Sendung und Botschaft konstatieren müssen, nicht vorausgesetzt wird, *kann von einer Desavouierung seiner bisherigen Heilsbotschaft nicht im geringsten die Rede sein und bedarf es insofern nicht der neuen heilsökonomischen Konzeption des Sühnesterbens für Israel, um Jesus den für sein öffentliches Wirken erhobenen Heilsmittleranspruch vollgültig aufrechterhalten lassen zu können.*

Wann wird die Gottesherrschaft offenbar werden? Wo und wie wird sie sich etablieren? Auf welche konkrete Weise wird es dem den Tod erleidenden Jesus ermöglicht werden, daß er in der Gottesherrschaft den Wein erneut trinken wird, wie er der Mahlsituation gemäß mit dem traditionellen Bild vom eschatologischen Mahl versichert? Über all das versagt uns der sogenannte eschatologische Ausblick Mk 14,25 eine Auskunft. Und schon gar nicht läßt derselbe bzw. die Abendmahlsüberlieferung überhaupt etwas von einem missionarischen Auftrag an die Jünger verlauten, etwa dahingehend, daß diese nach seinem Tod seine Gottes- und Gottesreichbotschaft weiter verkündigen oder gar im besondern sein heilseffizientes Sterben als neue Voraussetzung der Heilserlangung Israel bzw. – wie vom Standpunkt der nachösterlichen Entwicklung zur Heidenmission auch angenommen werden könnte – Israel und der Heidenwelt eröffnen sollen. Sofern nicht schon aufgrund von Menschensohn-Worten als gesichert gilt, Jesus habe seine dem Tod unmittelbar oder in Kürze nachfolgende Auferweckung und Erhöhung in den Himmel erwartet, läßt sich sodann Mk 14, 25 ohne das Risiko einer Überinterpretation auch nicht als Voraussage der bevorstehenden Auferstehung und Erhöhung Jesu in den Himmel beanspruchen, ebensowenig als Voraussage der zeitlichen Koinzidenz von bevorstehender Erhöhung und Parusie. So bedeutsam die Erinnerung der Jünger an das ihnen sicher unvergeßliche Wort Mk 14, 25 für die Gewinnung ihres Osterglaubens geworden sein dürfte, sind wir schwerlich zur Annahme berechtigt, die Zwölf hätten dasselbe als Ankündigung der seinem Tod fast unmittelbar nachfolgenden Auferweckung und Erhöhung in den Himmel verstehen müssen. Daß Jesus sich selbst und sein postmortales Schicksal in dieser Konkretion in das noch ausstehende Offenbarwerden der Gottesherrschaft eingezeichnet hat, könnte und müßte im Interesse der Gültigkeit des nachösterlichen Auferstehungs- und Erhöhungsglaubens nur dann gefordert werden, wenn die Geschichte der Christusoffenbarung mit dem letzten Wort des irdischen Jesu zu Ende wäre. Eben im Hinblick auf den nach Ostern verkündeten Fortgang ist der eschatologische Ausblick Jesu offenbarungsgeschichtlich höchst relevant. Wenn uns dieser Ausblick auch kein Urteil darüber erlaubt, inwieweit Jesus über den Fortgang nach seinem Tod reflektierte oder alles Gott anheimstellte, liegt *die Bedeutung des eschatologischen Ausblicks* gerade auch und zuerst darin, *daß der Ausspruch der Heilsgewißheit, mit dem Jesus den für sein irdisches Wirken erhobenen Heilsmittleranspruch angesichts seines Todes bestätigte, nach vorne offenbleibt, eben auch offenbleibt für die von der apostolischen Verkündigung beanspruchte Offenbarung der heilsmittlerischen Funktion des in den Tod gehenden und seinen Jüngern das Kommen des Endheils versichernden Jesus.*

12. Konnte der verkündigende Jesus aber nicht *ohne ein dem Karfreitag nachfolgendes Offenbarungsgeschehen* zum verkündigten Christus des Kerygma werden, obwohl seine schmachvolle

Hinrichtung am Galgenholz jüdischerseits als Gottesurteil galt, das den getroffen hatte, der Gottes eigene Autorität und Vollmacht für sein Reden und Handeln in Anspruch zu nehmen wagte? Aus den oben angedeuteten Gründen darf man bezweifeln, ob die Versicherung Mk 14,25 – selbst dann, wenn Jesus zuvor außerdem die heilseffiziente Wirkung seines Sterbens eröffnet hätte – schon ausgereicht hätte, um den Osterglauben der Jünger hervorzubringen. Anders, wenn Jesus im Sinne der obengenannten Hypothese (Ziffer 6) seine Jünger schon vor seiner letzten Jerusalemreise dazu gebracht hätte, ihn als den prophetischen Messias zu bekennen, der nach seinem gewaltsamen Tod auferstehen und zum Himmel auffahren wird, und wenn Jesus überdies mit Menschensohn-Logien zu verstehen gegeben hätte, er werde getötet, aber aus dem Tod erhöht werden und als Richter in Erscheinung treten. Dann ließe sich am ehesten annehmen, die Jünger hätten ausschließlich aufgrund ihres dem irdischen Jesus entgegengebrachten Glaubens das Ärgernis seines Fluchtodes überwinden können. Um der kaum nachträglich erfundenen Überlieferung von der Rückkehr der Zwölf nach Galiläa gerecht zu werden, könnte man sich das der Hinrichtung Jesu nachfolgende Geschehen so vorstellen: Die Umstände des Todes Jesu hatten die Zwölf zwar derart schockiert, daß sie entmutigt in ihre galiläische Heimat zurückgingen. Weil sie aber wußten, daß Jesus aufgrund seines Sendungsanspruchs getötet werden mußte, konnten sie den erlittenen Schock doch schon bald überwinden. Es hätte somit nur des wiedererstarkten Glaubens der Jünger bedurft, um diese nach Jerusalem zurückkehren und dort ihren Glauben an den von Jesus selbst vorausgesagten Weg des Heilsmittlers verkünden zu lassen, und könnten die sogen. „Erscheinungen" als bloßer Reflex jenes Glaubens verstanden werden. Ja, wenn die Voraussetzungen zutreffen! Abgesehen von der großen Unsicherheit, ob das Messiasbekenntnis Mk 8,27–30 historisch ist, und zwar im Sinne eines vollgültigen Bekenntnisses, läßt sich die vorausgesetzte jüdische Erwartung *des* prophetischen Messias nicht nachweisen. Soweit es sich um die Erwartung wieder-

kehrender Propheten (Henoch und Elia) handelt, ist deren Himmelfahrt nicht wirklich zu belegen[31], ja gehen auch die in eindeutig
jüdischer Überlieferung ebenfalls nicht bezeugten Aussagen über
ihr Martyrium und ihre Auferstehung wahrscheinlich auf christlichen Einfluß zurück[32]. Selbst wenn jüdischerseits die Vorstellung
von der Auferstehung und Himmelfahrt jener beiden Propheten
existiert hätte, so doch sicher nicht die eines nochmaligen Kommens derselben vom Himmel her, so daß man für den Glauben
an die Parusie des erhöhten Jesus ohnehin zusätzlich die genannte
Menschensohn-Verkündigung zu Hilfe nehmen müßte. Diese läßt
sich aber keinesfalls einigermaßen sicher für Jesus voraussetzen.
Muß übrigens nicht schon eine eigentümliche Differenz der Überlieferung zu denken geben? Es ist gewiß voll verständlich, daß ältere und jüngere kerygmatische Aussagen die Auferweckung und
Erhöhung Jesu aus dem Tod als „gemäß den Schriften" erfolgtes
Geschehen kennzeichnen. Warum ist der Hinweis auf Jesu Voraussage des Leidens und der Auferstehung „des Menschensohnes", seines Sitzens zur Rechten Gottes und seiner Parusie auf
die Evangelien beschränkt, also auf Schriften, die Jesus direkt
sprechen lassen? Warum weist die außerevangelische Verkündigung nicht wenigstens zusätzlich auch darauf hin, daß es sich bei
der „Nachgeschichte" Jesu um die bestätigende Ausführung eines
von ihm selbst vorausgewußten und vorausgesagten messianischen Programms handelt?

Schon die vorpaulinische Überlieferung beruft sich nun einmal
auf ein Offenbarungswiderfahrnis, das Paulus als authentischer
Zeuge für seine Person bestätigt (bes. 1 Kor 15, 3b–8; Gal 1, 15 f).
*Der von der Überlieferung beanspruchte Empfang eines offenba-
renden Impulses* kann jedenfalls prinzipiell als voll ausreichende
Erklärung dafür gelten, daß die Jünger wieder nach Jerusalem zo-
gen und hier ein intervenierendes Handeln Gottes am Gekreuzig-

---

[31] So *J. Nützel*, Zum Schicksal der eschatologischen Propheten, in: BZ 20 (1976)
59–94, bes. S. 94.
[32] So *R. Bauckham*, The Martyrdom of Enoch and Elijah: Jewish or Christian?,
in: JBL 95 (1976) 447–458.

ten, nämlich dessen Auferweckung und Erhöhung in den Himmel, behaupteten. Daran darf mit gutem Gewissen festgehalten werden, obwohl die verfügbaren Quellen es uns nicht ermöglichen, das den Osterglauben begründende Offenbarungsgeschehen in seinem konkreten Wie zu fassen, und diesbezügliche Erklärungsversuche bis heute verschieden ausfallen, je nachdem was im einzelnen an altbiblischen Vorstellungen und besonders an Inhalten der Jesuserfahrung für Simon und seine Mitjünger, denen unter geschichtlichem Aspekt vorrangige Bedeutung zukommt, vorausgesetzt wird[33].

In diesem Zusammenhang ist noch einmal an *die Umstände der Hinrichtung Jesu* zu erinnern. Da Jesus als „König der Juden", d. h. als Messiasprätendent angeklagt, verurteilt und vernichtet wurde, war er durch seine Hinrichtung in jüdischen Augen nicht nur als Gotteslästerer, als falscher Prophet, sondern als falscher Messias entlarvt worden. Seine Hinrichtung stand also im Zeichen der Erledigung des eschatologischen Sendungsanspruchs Jesu. Seine schmachvolle Erledigung bedeutete, daß er und sein Wirken mit dem Kommen des Heils nichts zu tun haben kann. Im Horizont des biblischen Glaubens an Gott, der allein die Macht des Todes brechen kann, der insbesondere den Gerechten auferwecken und erhöhen wird, konnte nur dieser Gott selbst das vermeintliche Urteil der Menschen dadurch revidieren, daß er sich durch sein Eingreifen mit dem von Jesus verkündigten Gott identifizierte. Da die Jünger – um vorsichtshalber nur mit einem sinnvollerweise nicht zu bestreitenden Minimum zu rechnen – in ihre Ostererfahrung das Wissen mitbrachten, daß Jesus den Beginn des endzeitlichen Heilshandelns Gottes an sein vollmächtiges Wirken geknüpft und – wie unbedenklich hinzugefügt werden darf – angesichts seines Todes seine Heilsgewißheit versichert hatte, konnte der ihnen geschenkte Glaube an das intervenierende Handeln Gottes am Gekreuzigten nur den Sinn haben: *Gott hat durch die als Erhöhung*

---

[33] *A. Vögtle (– R. Pesch),* Wie kam es zum Osterglauben? (Düsseldorf 1975) bes. 103–122.

*in den Himmel verstandene Auferweckung Jesu die von diesem für
sein Erdenwirken beanspruchte heilsmittlerische Funktion bestätigt
und endgültig in Geltung gesetzt, damit er vom Himmel her als
Mittler des Endheils in Erscheinung trete.* Dieses österliche Urbekenntnis blickt in die Zukunft und erwartete das Endheil von der
Parusie des Erhöhten, wie auch der urgemeindliche Flehruf
,,Maranatha" = ,,Unser Herr komme!" bezeugt. Daß die Bitte
um das Kommen des Heils nicht an Gott selbst, sondern an einen
von Gott unterschiedenen Heilsträger gerichtet wird, war vom
Standpunkt jeder jüdischen Heilserwartung etwas schlechthin
Unerhörtes.

Dieses ,,Unser Herr komme!", dem möglicherweise schon in
der doppelsprachigen Urgemeinde ein ,,attributloses, als Gottes-
bezeichnung belegbares ,,(der) Herr" [māre/mārā – (ho) Kyrios]
entsprach[34], war nur möglich und sinnvoll, wenn Jesus im Sinne
des Osterglaubens in eine diesseits-transzendierende aktions-
mächtige Daseinsweise erhöht wurde, was auf ihre Art auch die
schon alte Umschreibung des den Osterglauben auslösenden Impulses mit der alttestamentlichen Gotteserscheinungsformel ,,er
brachte sich zu sichtbarer Erscheinung", ,,er ließ sich sehen" voraussetzt. Damit stand der aus dem Kreuzestod erhöhte Jesus im
Mittelpunkt der Heilsverkündigung. Denn nun war auch das noch
ausstehende Kommen der offenbaren Gottesherrschaft an seine
Person geknüpft.

13. Zur Begründung und Legitimierung des Glaubens an die
postmortale Befähigung Jesu zu heilsmittlerischem Handeln be-
durfte es somit keineswegs notwendig der vorgängigen Voraussage des irdischen Jesus, er werde aus dem Tod zu Gott erhöht
und als *der Menschensohn-Richter* in Funktion treten. Im übrigen
darf man hinzufügen, auch wenn sich der irdische Jesus nicht als
den zum Gericht kommenden Menschensohn betrachtet und angesagt hatte, hat er jedenfalls einen ersten prinzipiellen Schritt auf

---

[34] *J. A. Fitzmyer,* Der semitische Hintergrund des neutestamentlichen Kyriostitels,
in: G. Strecker, Jesus Christus in Historie und Theologie (FS für H. Conzelmann)
(Tübingen 1975) 267–298.

die ihm vom österlichen Parusieglauben zugeschriebene Richterfunktion hin getan, nämlich durch seinen unbestreitbaren Anspruch, daß das Eingehen oder Nicht-Eingehen auf den von ihm proklamierten Heilswillen Gottes bereits das endgerichtliche Schicksal vor-entscheidet. Hätte Jesus aber wenigstens rein objektiv vom kommenden Menschensohn gesprochen, wäre die nachösterliche Identifizierung dieses Menschensohnes mit dem zur Parusie erwarteten Jesus die selbstverständliche Konsequenz des Parusieglaubens gewesen. Im Hinblick auf die weitere Möglichkeit, daß Jesus selbst überhaupt nicht vom richterlichen Menschensohn sprach, ist in erster Linie das ärgerniserregende Novum der Parusieverkündigung zu bedenken. Daß einer, der in Jerusalem hingerichtet, sogar von maßgebenden jüdischen Autoritäten dem Tod überantwortet wurde, durch die Erhöhung in den Himmel zu noch ausstehendem eschatologischem Handeln qualifiziert wird, spottete nun einmal jeder Form jüdischer Heilsführererwartung. Was die Jesusanhänger verkündeten, war für jüdisches Empfinden so absurd, daß es gerade auch von den damaligen Führungskreisen, zunächst jedenfalls, überhaupt nicht ernstgenommen worden sein dürfte. Die einzige Endgestalt des zeitgenössischen Judentums, die vor ihrem eschatologischen In-Funktion-Treten, nämlich vor dem Offenbarwerden als Richter und Heilskönig, im Himmel weilt, war der Menschensohn der schon genannten apokalyptischen Erwartung. Insofern wäre es voll verständlich, daß diese Vorstellung von dem als Richter offenbar werdenden himmlischen Menschensohn auf den erhöhten Jesus übertragen wurde, um den Glauben an seine Parusie auch von einer verfügbaren Form eschatologischer Erwartung her zu begründen. Dabei wäre auch zu berücksichtigen, daß die jüdischen Apokalyptiker für ihre weiterführende Ausdeutung der Heilsprophetie Offenbarungscharakter beanspruchten. Die apokalyptische Menschensohn-Vorstellung hätte in diesem Fall, was ausdrücklich zu betonen ist, den Glauben an die Parusie des erhöhten Herrn nicht im geringsten hervorgebracht, da dieser Glaube mit dem österlichen Urbekenntnis gegeben war. Es hätte sich bei der anfänglichen Verwendung der Menschensohn-Erwartung für die Parusieverkündigung lediglich um eine auf palästinische Hörer abzielende Verständnis- und Glaubenshilfe gehandelt, wie auch die außerevangelische Verkündigung bestätigen könnte. So verkündigt Paulus immer wieder die Parusie Christi, ohne auch nur einmal von dem kommenden „Menschensohn" zu sprechen.

Aus mehr als einem Grund ist nicht „der Menschensohn", sondern *der Messias-Christus-Titel* geradezu zum Kristallisationspunkt für alle christologischen Anschauungen geworden. Auch wenn Jesus selbst den Titel „der Messias" nicht für sich beanspruchte oder akzeptierte, war schon die Hinrichtung und Erledigung Jesu als angeblicher Messias Grund genug, daß die Verkündigung aufgrund des Glaubens an den definitiv zum Heilbringer bestimmten Erhöhten schon bald den Messiastitel, dem das seltenere, ebenfalls auf jüdische Hörer zugeschnittene „der Sohn Davids" gleichbedeutend ist, mit positivem Vorzeichen aufnahm und damit unterstrich, daß Israel einen anderen Heilbringer als den gekreuzigten und zu Gott erhöhten Jesus nicht erwarten kann. Kaum zufällig begegnet der Christustitel vor allem in kerygmatischen Wendungen über den Tod und die Auferweckung/Auferstehung Jesu, wodurch jener eine charakteristisch „christliche" Interpretation erfuhr.

Der durch Ostern gewonnene Glaube, daß Gott den am Kreuz geendeten Jesus als endgültigen Offenbarer bestätigt und in den Himmel erhöht hat, um ihn als Heilbringer und Richter offenbar werden zu lassen, schloß eo ipso *die Überzeugung* ein, *daß die heiligen Schriften Israels einen anderen Heilbringer als diesen Messias Jesus nicht meinen können,* was der spätere Verfasser des Lukasevangeliums den Auferstandenen ausdrücklich feststellen läßt (24,25–27.44ff). War schon das österliche Grundbekenntnis mit Glaubensaussagen der Schrift artikuliert worden, entsprach es nur dieser selbstverständlichen Berufung auf die prophetisch verstandene Schrift, daß das Handeln Gottes am Gekreuzigten über die Aussage der Auferweckung, der Erhöhung, des Hinaufgenommenwerdens, des Lebendiggemachtwerdens usw. hinaus schon bald in Anlehnung an meist schon jüdischerseits messianisch gedeutete Schrifttexte – wie in besonders breiter Streuung mit Hilfe des Psalmverses 110, 1, auf den möglicherweise schon der urgemeindliche Gebetsruf „Unser Herr komme!" Bezug nahm – expliziert und artikuliert wurde. So wurde der mit der Auferweckung gleichbedeutende Akt der Erhöhung sowohl durch Ps 110, 1 („Setze dich zu meiner Rechten") als auch durch andere Schrifttexte (2 Sam 7, 12–14; Ps 2, 7) als *messianische Inthronisation* interpretiert. Dabei ist – wohl auch im Hinblick auf die erfolgende Ausweitung der Bedeutung der Gottessohnbezeichnung – höchst relevant, daß die alttestamentliche Grundstelle 2 Sam 7, 12–14 wie der auch urchristlich mit dieser engstens verbundene Nachklang in Ps 2, 7 (Apg 13, 33 f; Hebr 1, 5) den endzeitlichen König als Gottessohn bezeichnete und die Schrift damit eine Prädikation anbot, die die enge Verbindung des Heilsmittlers mit Gott zum Ausdruck brachte, wenn jene auch – wie der schrifttheologische Hintergrund nicht anders erwarten läßt – zunächst ausschließlich den messianischen Status des erhöhten Jesus bezeichnete. Als eindeutig vorpaulinische judenchristliche Formel, hinter der die Deutung von 2 Sam 7, 12 ff (außerdem vielleicht auch Ps 2, 7) auf die Auferstehung Jesu steht, ist Röm 1, 3 f hervorzuheben, die der Sache nach im Verfasser der Apg einen von Paulus unabhängigen Zeugen hat (Apg 13, 33). Als vermutliche Urform von Röm 1, 3 f, die auf die palästinische Gemeinde zurückgehen könnte, vermutet H. Schlier mit guten Gründen: „Jesus Christus geworden aus dem Samen Davids, bestellt zum Sohn Gottes aus der Auferstehung der Toten" [35]. Durch das Bekenntnis, Jesus sei kraft der Auferstehung von Gott zum Sohne Gottes, d. h. in die messianische Machtstellung eingesetzt worden, rückte *der Ton noch stärker auf die bereits gegenwärtige Wirkmächtigkeit und Herrscherstellung des erhöhten Jesus,* deren kosmisch-universale Geltung in der hellenistischen Welt durch die kultische Akklamation „Kyrios ist Jesus

---

[35] Zu Röm 1, 3 f, in: *H. Baltensweiler – Bo Reicke,* Neues Testament und Geschichte (FS für O. Cullmann) (Tübingen 1972) 213.

Christus" (Phil 2,12; 1 Kor 12,3) nachdrücklich unterstrichen werden konnte.

14. Unterstellen wir, der irdische Jesus habe weder explizit noch auch nur implizit die heilseffiziente Wirkung seines Sterbens kundgetan. Auch in diesem Fall hätte es aufgrund des Osterglaubens nicht dabei bleiben können, das brutum factum seines Todes nur im Sinn der Erhöhungschristologie als Ausgangspunkt des diesem nachfolgenden göttlichen Handelns zu betrachten bzw. mit dem die anfängliche Erhöhungschristologie weiterführenden Christushymnus Phil 2, 6–11 (Schema: Erniedrigung – Erhöhung) den Tod als End- und Zielpunkt der Selbstentäußerung zu begreifen. Es konnte auch nicht etwa bei dem vermutlich schon bald einsetzenden Bemühen bleiben, dem Anstoß des Kreuzestodes Jesu damit entgegenzutreten, daß man die Passion Jesu als Erfüllung dessen darstellte, was vor allem gewisse Psalmen (22; 69) vom Schicksal des Frommen in der Welt sagten. Das österliche Urbekenntnis implizierte den Glauben, daß sich Gott mit dem heilsmittlerischen Anspruch, den Jesus mit seiner vollmächtigen Gottes- und Gottesreichverkündigung für sein Wirken erhob, identifizierte und damit auch seinen Tod als abschließenden Akt des in Jesus erfolgten Heilshandelns bestätigte. Dieser Glaube hätte zwangsläufig auf einen dem Sterben Jesu immanenten Heilssinn reflektieren müssen, was zweifelsohne schon in den allerersten Jahren der Fall gewesen sein müßte. Da Jesus im Wissen seiner Jünger mit seinem Tod für die von ihm proklamierte und gelebte Botschaft von dem dem Sünder zuvorkommenden, absolut heilswilligen Vater-Gott eingestanden war, *konnte der Heilssinn dieses Sterbens nicht anders denn als von Gott initiierter sündentilgender Akt erkannt und verstanden werden.* Auch im Falle der erst nachösterlichen Erkenntnis des Heilssinns des Sterbens Jesu besteht kein Grund, deren Offenbarungsqualität zu bezweifeln [36]. Von sekundärem Belang ist demgegenüber die Frage,

---

[36] Vgl. etwa *W. G. Kümmel:* „Es war dann darum nicht Spekulation, sondern die Erfahrung des göttlichen Geschehens der Auferstehung Christi, die zum Verständ-

welche der zahlreichen Artikulierungen des Glaubens an die erlösende Kraft des Sterbens Jesu, die ja verschiedene, meist über-
kommene Motive und Vorstellungen verwenden, in diesem Fall
sozusagen als erste und älteste gelten kann und ob diese, etwa eine
Formulierung wie die von 1 Kor 15, 3 („gestorben für unsere Sünden") von Anfang an von der Prophetie Jes 53, in der das, was
das AT vom Gerechten und von einem Gottesmann zu sagen hat,
zu einer Spitzenaussage zusammengeflossen war, inspiriert wurde
oder Jes 53 erst sekundär einwirkte.

Beide fundamentalen Bekenntnisinhalte über den Tod Jesu,
nämlich das erlösende Sterben des Christus und seine Auferwek-
kung aus dem Tod, wurden jedenfalls schon vor Paulus als schrift-
gemäße Heilsrealitäten miteinander verbunden und von diesem
als von ihm übernommene und weiterverkündigte *Hauptstücke
des Evangeliums* bezeichnet. Dementsprechend sind die schon
vorpaulinische Tauflehre (Röm 6) und die uns unmittelbar bezeugte Christologie, Pneumatologie, Soteriologie, Ekklesiologie
und Ethik des Apostels Paulus der Sache nach nichts anderes als
die Entfaltung der Heilsbedeutung des Sterbens und der Auferstehung des Christus Jesus.

15. Um wenigstens die Grundstrukturen der mannigfaltigen
christologischen Konzeptionen in den Blick zu bekommen, haben
wir noch eine letzte Dimension anzusprechen. Aufgrund des Bekenntnisses zum eschatologisch-endgültigen Charakter des durch
den irdischen Jesus und an diesem erfolgten Handelns Gottes
konnte es nicht ausbleiben, daß die gläubige Reflexion nicht nur
über den Tod Jesu sondern auch über sein offenbarendes öffentliches Wirken hinausblickte und nach *dem „Woher" Jesu* fragte.
Alle diesbezüglichen Aussagen (Davidische Abstammung
– geistgewirkte Empfängnis – Präexistenzaussagen einschließlich

---

nis des Todes Jesu als für unsere Sünden geschehen führte. Die Frage freilich,
ob dieses Verständnis des Todes Jesu den Willen Gottes in Christus sachgemäß
deutet oder eine Verfremdung darstellt, kann der Historiker nicht beantworten,
sie wird aber vom Glauben an die göttliche Wirklichkeit der Auferstehung Christi
her mit Zuversicht bejaht werden können und müssen"(Die Theologie des NT
nach seinen Hauptzeugen Jesus/Paulus/Johannes [Göttingen 1969] 105).

der von der Sendung des Sohnes Gottes) wollen aus unterschiedlicher Blickrichtung und mit unterschiedlichen Motiven die eschatologisch-definitive Heilsbedeutsamkeit Jesu von seiner Herkunft her begründen. Die schon zitierte judenchristliche Bekenntnistradition Röm 1, 3 f läßt die Heilbringerwürde in der *Abstammung von David* begründet sein. Paulus selbst hatte diese Bekenntnistradition bereits mit dem zusätzlichen „dem Fleisch nach" übernommen, womit im Unterschied zu dem für ihn selbst charakteristischen „Fleisch"-Begriff die menschlich-irdische Befindlichkeit gemeint ist, wie in den Christusliedern 1 Petr 3, 18 b und 1 Tim 3, 16 b. Die Röm 1, 3 f ausgesprochene Unterscheidung von zwei aufeinanderfolgenden, nämlich durch Geburt und Auferstehung markierten Seinsweisen Christi konnte an die Nathan-Verheißung von 2 Sam 7, 12–16 anknüpfen. „Weil die Zusage Gottes, er werde den Davidssproß zu seinem eigenen Sohn annehmen, nur diesem und keinem anderen gegeben ist, muß der in Macht eingesetzte ‚Sohn Gottes' als Nachkomme Davids qualifiziert sein"[37]. Diese Homologie ist ganz von der alttestamentlich-jüdischen Messianologie her entworfen und will deren Erfüllung durch den irdischen und erhöhten Jesus verkünden. Weil sie den durch die Auferweckung erfolgten göttlichen Rechtsakt der Einsetzung Jesu in die messianische Machtstellung nicht im Horizont irdisch-diesseitiger Herrschererwartung versteht, dürfte ihr von ihrem Ursprung her auch nicht an der Behauptung der – historisch ohnehin nicht wahrscheinlich zu machenden – blutsmäßigen Abstammung aus einer davidischen Geschlechterfolge liegen, sondern daran, daß in Jesus der verheißene Heilbringer in die Welt gekommen ist. Noch weniger steht der Gedanke an eine geistgewirkte Empfängnis und eine nur durch gesetzliche Vaterschaft vermittelte Davidsabstammung im Blickfeld dieser Homologie.

Während das so verstandene Bekenntnis der davidischen Her-

---

[37] *R. Schnackenburg,* Christologie des Neuen Testamentes, in: *J. Feiner – U. Löhrer,* Mysterium Salutis III, 1 (Einsiedeln 1970) 227–388, hier 265.

kunft Jesu außerhalb der Evangelien in kerygmatischen Formulierungen noch in zwei übernommenen judenchristlichen Traditionsstücken (außer Röm 1, 3 f: 2 Tim 2, 8) weiterlebt, begegnet *die Aussage von der geistgewirkten Empfängnis nicht in der Kerygma- und Bekenntnistradition.* Sie erscheint nur dort, wo sie von der zur Verwendung kommenden altbiblischen literarischen Gattung her zu erwarten ist, nämlich in den beiden Geburtsankündigungen der Evangelienprologe des Lukas (1, 26–38) und Matthäus (1, 18–25). Das Interesse dieser einzigartig zurückhaltenden Geburtsankündigungen, für die neben 2 Sam 7, 12–16 besonders Jes 7, 14 LXX den Schriftbeleg darbot, liegt ebenfalls bei der Hervorhebung des heilsgeschichtlichen Auftrags, den Jesus erfüllen wird. Dadurch, daß Matthäus und nur dieser Joseph auf die Weisung eines Engels hin die Funktion des gesetzlichen Vaters übernehmen läßt, schafft er sogar ausdrücklich den Ausgleich zwischen der Aussage von der davidischen Abstammung und der von der geistgewirkten Empfängnis (Mt 1). Der Fall ist einmalig, da die Aussagen von der davidischen Abstammung, der geistgewirkten Empfängnis und der Menschwerdung des Präexistenten im NT sonst nur unverbunden und unausgeglichen auftreten. So erwähnt beispielsweise der Christushymnus Phil 2 bei der Menschwerdung des Präexistenten weder die Abstammung von David noch die geistgewirkte Empfängnis, noch gar beides. Daß die miteinander konkurrierenden Motive nicht verbunden werden, erklärt sich, von anderen wohlverständlichen Gründen abgesehen, auch aus dem überragenden Stellenwert, der der Präexistenz- und Inkarnationschristologie für die im biblischen Verständnis- und Interpretationshorizont erfolgende Verkündigung des Christusglaubens – zumindest schon im frühen griechischsprechenden Judenchristentum – zukam und zukommen mußte.

Älter als das Präexistenzmotiv ist vermutlich die Sendungsaussage, die schon bald mit diesem verbunden wurde. Das AT und mit diesem die anschließende jüdische Überlieferung sprach häufig von der Sendung von Engeln, noch häufiger von der Sendung von Propheten durch Gott, der nach Mal 3, 23 für die Endzeit die

Sendung des Elia verheißt. Aber auch die mit der alles durchwaltenden Gotteskraft gleichgesetzte Weisheit Gottes und das Wort Gottes werden gesandt. Wegen des männlichen Geschlechtes des Logos spricht beispielsweise Philo lieber von dessen Sendung als von der der Weisheit[38]. Dabei ist vorweg zu beachten, daß die Redeweise von der Sendung durch Gott keineswegs schon ein Kommen vom Himmel her oder himmlische Präexistenz einschließen muß, wie auch die synoptischen Evangelien mehrfach belegen[39]. Da das Bekenntnis zum Handeln Gottes am gekreuzigten Jesus die göttliche Bestätigung seines Sendungsanspruchs einschloß, weshalb ja auch die Inhalte seines Wirkens weitergegeben wurden, wäre es fast unverständlich, wenn die geläufige Redeweise von der Sendung durch Gott nicht auch ausdrücklich auf Jesus angewandt worden wäre.

Ein offenbar schon vorpaulinisches Verkündigungsschema, das außer Gal 4, 4 f; Röm 8, 3 f auch Joh 3, 16 f und 1 Joh 4, 9 variiert wird, spricht nun von der *Sendung seines ,,Sohnes'' durch Gott.* Daß die Bezeichnung ,,Sohn'' in den Sendungsaussagen altbiblischer Tradition nicht begegnet, ist gewiß beachtlich und wahrscheinlich kein bloßer Zufall. Diese Fehlanzeige ist aber doch auch zu ergänzen durch den Hinweis auf die Rolle, die die Sohnesbezeichnung im AT und auch im Frühjudentum als Ausdruck der gnadenhaften Erwählung und Gottzugehörigkeit (Engel, Israel, der davidische König bzw. dessen ,,messianischer'' Nachkomme, später der einzelne Weise und der Gerechte der Weisheit: Sir 4, 10; Weish 2, 18) spielte[40]. Biblisches Denken hatte also mit der Sohnesbezeichnung immerhin schon die Idee einer besonderen heilsgeschichtlichen Bestimmung und Aufgabe verbunden. In einem potenzierten Sinne ist der Gedanke der heilsgeschichtlichen

---

[38] Vgl. die Belege bei *E. Schweizer*, Zum religionsgeschichtlichen Hintergrund der ,,Sendungsformel'', in: ZNW 57 (1966) 201–206.

[39] *E. Schweizer*, a. a. O. 206.

[40] Vgl. die Belege im Art. ,,hyios'' (*G. Fohrer, E. Schweizer, E. Lohse*): ThWb VIII 349–363; zusammenfassend *M. Hengel*, Der Sohn Gottes (Tübingen 1975) 35–39; 67–89.

Bestimmung mit der Sohnesbezeichnung verbunden in dem singulären, mit starken Gründen als nachösterlich beurteilten Gleichnis von den bösen Winzern (Mk 12, 1–9), das uns *wahrscheinlich das älteste Verständnis der Aussage von der Sendung des Sohnes durch Gott* bezeugt. Das Gleichnis dürfte der auf palästinischem Boden erfolgten Auseinandersetzung mit dem Judentum entstammen, wofür auch sein Bildmaterial spricht [41]. Mit dem einzigen Sohn ist hier der letzte eschatologische Gottesbote gemeint, der mit den Knechten = Propheten Sendung und Todesgeschick teilt. Obwohl die Sendung des Sohnes als äußerste und letzte Möglichkeit verstanden ist, die das Frühere übersteigt, erfolgt sie auf der gleichen Ebene wie die der Knechte, weshalb kein Grund besteht, den Gedanken seiner himmlischen Präexistenz vorauszusetzen. Um von der alle voraufgehenden Propheten überbietenden Sendung Jesu als des letzten Gottesboten zu sprechen, hob man auf die diesen auszeichnende Beziehung zu Gott ab und sprach von der Sendung „seines Sohnes". Eine Gemeinde, in der ja Jesu Botschaft von der sich anzeigenden Erfüllung der Heilsprophetie weiterlebte, konnte sich dazu vollauf legitimiert sehen durch die jeden prophetischen Zuschnitt übersteigende Gottunmittelbarkeit, die jedenfalls der Sache nach von Jesus selbst beansprucht wurde [42], die auch in der „Abba"-Anrede zum Ausdruck kam und sich auch in dem kaum erst von Paulus gebrauchten „der Gott und Vater unseres Herrn Jesus Christus" widerspiegelt [43].

---

[41] Vgl. *J. Blank*, Die Sendung des Sohnes. Zur christologischen Bedeutung des Gleichnisses von den bösen Winzern Mk 12, 1–12, in: *J. Gnilka*, Neues Testament und Kirche (Freiburg i. Br. 1974) 11–41, bes. 39.

[42] Auch *F. Mußner*, der die „Prophetenchristologie" als „die entscheidende Vorstufe" der „Sohneschristologie" befürwortet (Ursprung und Entfaltung der neutestamentlichen Sohneschristologie, in: *L. Scheffczyk*, Grundfragen der Christologie [Quaest. disp. 72] [Freiburg i. Br. 1975] 91), nennt unter den Anlässen, die zur Transformierung der Prophetenchristologie in die Sohneschristologie führten, an erster Stelle „die vorösterliche Erfahrung des ‚mallon' und ‚meizon' und damit des ‚Offenen' an Jesus..." (100; vgl. auch S. 98).

[43] Vgl. die erhellenden Ausführungen von *H. Leroy* (Jesus von Nazareth – Sohn Gottes, in: ThQ 154 [1974] 232–249) zu Gal 1, 15 (233–236). „Ist Gott Vater

Von der Sendung seines Sohnes durch Gott konnte deshalb zunächst sehr wohl gesprochen worden sein, ohne daß schon eine personale Existenz vor seinem menschlichen Leben oder gar vor der Weltschöpfung in den Blick kam. Auch in diesem vermutlich anfänglichen Verständnis markiert die Sendungsaussage in mehr als einer Hinsicht *einen erheblichen Schritt expliziter Christologie.* Ungleich stärker als die ebenfalls urgemeindliche und sicher noch ältere Bezeichnung des irdischen Jesus als „Knecht Gottes" (Apg 3,13.26; 4,27.30), die mit dem Gedanken der Erwählung vor allem den der gehorsamen Erfüllung des göttlichen Auftrags verband, konnte die Sohnesbezeichnung präzisieren, daß Jesus als der in der Unmittelbarkeit Gottes Wirkende von vornherein in einzigartiger Weise auf der Seite Gottes stand. Das schließt indes nicht aus, daß auch der „Gottesknecht"-Titel im griechischsprechenden Urchristentum mit zur Verbreitung der Bezeichnung des irdischen Jesus als Sohn Gottes beitrug, ja – da die Jerusalemer Urgemeinde von Anfang an doppelsprachig war – möglicherweise sogar die Verwendung der Gottessohnbezeichnung mitangeregt hat. Das „pais" in der griechischen Wiedergabe („pais theu") des „Knecht Gottes" wurde zumindest in der hellenistischen Welt als „Sohn" verstanden, womit auch zusammenhängen wird, daß der Titel „pais theu" nur in überlieferten alten Gebeten überlebte, nachdem er durch „hyios theu" = „Sohn Gottes" verdeutlicht worden war[44]. Die urgemeindliche Aussage von der Sendung des Sohnes durch Gott, die ja auch den als eschatologischen Verkünder wirkenden irdischen Jesus in das Handeln Gottes am Gekreuzigten einbezog, war sodann besonders dazu geeignet, „den Erhöhten und den Irdischen in ihrer personalen Einheit zu erfassen, ohne daß beide Daseinsweisen auseinanderfallen würden"[45].

Jesu, indem er ihn erweckt, so ist Jesus ‚Sohn Gottes' als der erweckte Gekreuzigte" (334).
[44] Schon vorchristlich wurde der Ehrenname „Knecht Gottes" vereinzelt mit „Sohn Gottes" gleichgesetzt (Weish 2,13.18). Zur Geschichte der urgemeindlichen „Gottesknecht"-Christologie vgl. *J. Jeremias*, Art. „Pais theu", in: ThWb V, 698–709.
[45] *J. Blank*, Paulus und Jesus (StANT 18) (München 1968) 267.

Dadurch, daß der Gottessohntitel auf das Ereignis Jesus von Nazareth, auf sein konkret-geschichtliches Wirken als abschließender Offenbarer und Heilsmittler bezogen wurde, hatte der alttestamentliche Titel gegenüber der älteren Verwendung von der durch die Auferstehung erfolgten Einsetzung in die messianische Machtstellung schließlich eine erhebliche Neuinterpretation erfahren, die als solche *für eine weitere Stufe christologischer Vertiefung offen* stand, durch die Jesus hinsichtlich seiner einzigartigen heilsgeschichtlichen Bedeutung noch weit nachdrücklicher von jeder prophetischen Größe unterschieden werden konnte.

Diese Stufe wurde mit *den Präexistenzaussagen* erreicht. Paulus, der Röm 1,3 unmißverständlich zum Ausdruck bringt, daß der präexistente Sohn Gottes Mensch geworden ist, verbindet mit den Aussagen von der Sendung des Sohnes Gottes (Gal 4,4f; Röm 8,3f) und wohl auch mit den Hingabeformeln (Gal 2,20; Röm 8,32) den Gedanken an die Präexistenz, ohne dieselbe freilich zu reflektieren. Im Hinblick auf den traditionellen Charakter des Sendungsschemas und noch mehr auf anderslautende Präexistenzaussagen gilt es als unzweifelhaft, daß das Bekenntnis zur Präexistenz Christi nicht erst von ihm in das christliche Denken eingeführt wurde.

Gerade auch an diesem Punkt mußte sich die Forschung wiederum auf *den Vorstellungs- und Glaubenshintergrund altbiblischer Tradition* besinnen. Diese kannte *den Präexistenzgedanken* als „beliebtes Ausdrucksmittel, um die besondere Heilsbedeutung bestimmter Phänomene herauszustellen"[46]. So galten u. a. der Thron der Herrlichkeit, der Name des Messias, der Menschensohn (aethHen 48,6; 62,7) und besonders *die Weisheit-Tora* als präexistente Größen, wobei die Übergänge von bloß „ideeller" zu „realer" Präexistenz durchaus fließend waren. Aufgrund des Bekenntnisses, daß sich Gott in Jesus – in dem auf Erden Wirkenden und in dem Erhöhten – definitiv und unüberbietbar geoffenbart

---

[46] *M. Hengel,* Der Sohn (Anm. 40) 108.

hat, mußte unter offenbarungstheologischem Aspekt vor allem die
einzigartig eng mit Gott verbundene, teilweise sogar personifiziert
gedachte Weisheit, die Sir 24, 3–7 – ähnlich wie Spr 8, 22–31 –
selbst ausführlich von ihrer Präexistenz berichtet und in ihrer
Wirksamkeit stets das Heil der Menschen im Auge hat, in das
Blickfeld treten. Da man statt von der Weisheit auch vom Wort
oder Logos Gottes reden konnte, erleichterte das ihre Gleichset-
zung mit dem Gesetz (Sir 24, 23; Bar 4, 1). Auch diese mit der
Tora identifizierte Weisheit konnte nicht mehr als gegenüber diesem Jesus Christus eigenständige Mittler-Größe in Geltung bleiben, zumal von dieser Weisheit als Repräsentantin des Willens
Gottes auch gesagt war, daß sie die einander folgenden geschichtlichen Heilsgestalten des AT führte (Weish 10, 1 ff) und in ihnen
Wohnung nahm (10, 16).

Nach gutbegründeter und allem nach allgemein akzeptierter
Auffassung hat diese altbiblische, im griechischen Schrifttum zu
voller Entfaltung gebrachte *Theologie von der schöpfungsmittleri-
schen*[47] *und offenbarungsmittlerischen Funktion*[48] *der Weisheit*
den entscheidenden „schrifttheologischen" Ansatzpunkt für die
– freilich unterschiedlichen – Präexistenzaussagen[49] geliefert.
Paulus scheint in aller Selbstverständlichkeit eine Christologie
vorauszusetzen, die Jesus in den Kategorien der Sendung und
Wirksamkeit der präexistenten Weisheit zu erfassen sucht. Von
seinen Texten, die *eine Existenz Christi vor der Menschwerdung*
meinen (Gal 4, 4; 1 Kor 8, 6; 10, 4; 2 Kor 8, 9; Röm 8, 3; vgl. Phil
2, 6–11), sei Gal 4, 4 als besonders instruktiver Beleg hervorgeho-
ben. „Da im Bereich der hellenistisch-jüdischen Weisheits- und
Logosspekulation sowohl die Sendung als auch der Gottessohntitel zentral auftauchen, bei Philo (Agric. 51) im gleichen Kontext,
da ferner die Struktur der Doppelsendung von Sohn und Geist

---

[47] Zum Beispiel Ijob 28, 1–27; Spr 8, 22–31; Sir 1, 1–9; 24, 3–9; Bar 3, 15–38;
Weish 7, 12.21–26.
[48] Zum Beispiel Spr 3, 19; Sir 24, 3–22; Weish 8, 5; 9, 2.18; 10–19.
[49] Vgl. zuletzt *G. Schneider,* Christologische Präexistenzaussagen im Neuen
Testament, in: Internat. Katholische Zeitschrift 6 (1977) 21–30.

in Gal 4, 4–6 nur im Schema von Sap 9, 10–17 (wo auch das bei Paulus sonst nie verwendete Verbum ‚exapostellein' auftaucht) eine Parallele findet, da endlich nur in diesem Kreis auch der Hinweis auf die dem einen Sohn entsprechenden ‚Söhne Gottes' erscheint (Philo, Conf. Ling. 145–148), wie es Gal 4, 6 der Fall ist, dürfte sich dort die Wurzel der Vorstellung finden."[50]

Von den Präexistenzaussagen, die zur genannten Gruppe (Existenz vor der Menschwerdung) zu zählen sind, hat vor allem *das vorpaulinische Weglied Phil 2, 6–11* eine eingehendere Diskussion seiner Entstehung ausgelöst. Die hervorstechende Besonderheit dieses von der alten Erhöhungs-Christologie ausgehenden Hymnus liegt darin, daß die Erhöhung, die hier auf die gottgleiche Herrscherstellung (Kyrios) über alle Mächte des Kosmos abzielt, als Antwort Gottes auf die unerhört-einmalige Selbstentäußerung des zuvor in göttlicher Seinsweise Existenten verstanden wird. Das ist eine wesentlich andere Verknüpfung der irdischen Existenz Jesu mit der Erhöhungsvorstellung als in der alten Bekenntnisformel Röm 1, 3f, wo die das menschliche Dasein Jesu qualifizierende Davidsabstammung eine Hoheitsaussage ist, nämlich die Designation des Menschen Jesus zum Messias bezeichnet. Ungleich näher steht Phil 2, 6–11 etwa der strukturell verwandte kleine Hymnus 1 Tim 3, 16, der ebenfalls den Erhöhungsgedanken enthält, über Röm 1, 3f hinaus mit seinem einleitenden „Er wurde offenbart im Fleisch" aber auch die Menschwerdung des Präexistenten einschließt, ohne freilich den Gedanken der Selbsterniedrigung nahezulegen. Nun hat gewiß das allgemeinbiblische Schema von der Erniedrigung und Erhöhung des Gerechten den Blick dafür geöffnet, die im Tod endende irdische Existenz Jesu als Erniedrigung der Erhöhung gegenüberzustellen. Vom Gottesknecht von Jes 53, in dem jenes Schema zu „klassischer Ausprägung" kam (J. Gnilka), war ja sogar zu lesen, daß er sich selbst erniedrigt und ganz gehorsam wird, ehe er von Gott erhöht wird.

---

[50] *E. Schweizer,* Zum religionsgeschichtlichen Hintergrund der „Sendungsformel", in: ZNW 57 (1966) 207f.

Trotzdem reicht diese Vorlage allein zur Erklärung unseres Hymnus bei weitem nicht aus. Der von der Weisheit inspirierte Gerechte kann zwar „Sohn Gottes" heißen (Weish 2,18), ist aber – im Unterschied zur Weisheit selbst – so wenig präexistent wie jener Gottesknecht von Jes 53, dessen gehorsame Selbsterniedrigung darum auch nichts mit der Vertauschung göttlicher Seinsweise mit der kontingenten menschlichen Seinsweise zu tun hat.

Läßt sich diese einzigartige Präexistenz- und Inkarnationsaussage etwa überhaupt nur durch ein außerbiblisch-mythisches Deutemodell erklären? Abgesehen davon, daß der voll entfaltete Mythos vom himmlischen Anthropos-Erlöser als einheitliche Größe vorchristlich nicht existierte, ist diesem Anthropos u.a. bereits die von Christus ausgesagte wirkliche Mensch-werdung fremd, weshalb er auch weder stirbt noch etwa als Lohn für seinen Gehorsam von Gott zum Pantokrator erhöht wird. Wohl lassen sich Vorstellungen und Ausdrucksweisen der in wechselnden Formen begegnenden gnostischen Idee eines aus der Welt des Lichts in die materielle Welt herabkommenden Gesandten geltend machen, die in spezifisch christlicher Interpretation mit zur begrifflichen Gestaltung des Hymnus beigetragen haben mochten[51]. Sofern sich hier mit den alttestamentlich-jüdischen Hintergrundvorstellungen von der Präexistenz und Kondeszenz der Weisheit sowie von der Erniedrigung und Erhöhung des Gerechten Elemente und Begriffe gnostisch-mythischer Erlösungsspekulation verbanden, ging es freilich nur darum, den aus dem Heidentum kommenden Hörern die Christusoffenbarung von ihrer Gedankenwelt her als *die wirkliche Erfüllung damaliger Erlösungssehnsucht* darzutun. Und das konnte in der Tat nur so geschehen, daß der Dichter des Liedes die Idee des Mythos „korrigiert und revidiert, ja sogar bekämpft, indem er aufweist, daß die Erscheinung des Offenbarers sich in einem konkreten menschlichen Leben erfüllte"[52]. Wie die Aussagen von der Sendung des Sohnes Gottes, die alle auf einen das

---

[51] Vgl. *J. Gnilka,* Der Philipperbrief (Herders theol. Komm. zum NT X, 3) (Freiburg i.Br. ²1976) 144–147.
[52] *J. Gnilka,* a.a.O. 147.

Heilsziel angebenden Finalsatz hinauslaufen, und wie die übrigen Präexistenzaussagen dieser Gruppe ist auch die unseres Wegliedes bezeichnenderweise ganz auf ein soteriologisches Anliegen ausgerichtet. Eine selbständige Bedeutung der vorweltlichen Präexistenz Christi wird auch Phil 2 nicht erkennbar. Ebensowenig wird über die Erwähnung des Gottgleichseins hinaus nach der Natur und Substanz des Präexistenten gefragt.

Auch die an stoische Pantheismusformeln erinnernde Doppel-Akklamation 1 Kor 8, 6 ist kaum erstmals von Paulus selbst ausgesprochen worden, wofür auch die Selbstverständlichkeit sprechen könnte, mit der er 2 Kor 4, 4 Christus als „Bild Gottes" bezeichnet. Jene Akklamation ist in den anerkannten Paulinen der einzige Beleg *einer zweiten Gruppe von Präexistenzaussagen* (Kol 1, 15 f; Hebr 1, 2 f; Joh 1, 1–3; vgl. 1 Petr 1, 20; Apk 3, 14), *die die schöpfungsmittlerische Funktion der Weisheit auf Christus übertragen* und damit das „Prae" auf die Existenz vor der Weltschöpfung beziehen. Will die Aussage 1 Kor 8, 6 von der Schöpfungsmittlerschaft, mit der auch die Bezeichnung des auf Christus Getauften als „neue Schöpfung" zusammenhängen könnte, „den eschatologischen Charakter des Heilswerks Christi und zugleich dessen kosmische Tragweite herausstellen", so lassen spätere Aussagen ein wachsendes Interesse an der Verdeutlichung erkennen, daß Christus selbst unerschaffen vor aller Schöpfung existierte und deshalb, wie vor allem das Johannesevangelium weiterführend betont, der einzige Offenbarer und Lebensmittler ist[53].

Angesichts der Quellenlage ist uns weithin eine einigermaßen sichere Feststellung verwehrt, wo und wann eine christologische Formulierung entstand, welche der Präexistenzaussagen die älteste ist oder inwieweit solche unabhängig voneinander entstanden sind. So wäre beispielsweise die These, der bei aller kunstvollen Komposition „enthusiastisch" wirkende Hymnus Phil 2, 6–11 habe zum ersten Mal die Präexistenz und Menschwerdung Christi

---

[53] *G. Schneider,* Christologische Präexistenzaussagen (Anm. 49) 25. 25–29.

ausgesprochen, eine schlechthin unbeweisbare Annahme. Auch die Beziehungsverhältnisse zwischen der außerevangelischen Weisheitschristologie und der der Logienquelle sind kaum sicher zu klären. Die Tatsache, *daß die Jesusüberlieferung schon verhältnismäßig früh das öffentliche Wirken und Schicksal Jesu auch im Lichte der Theologie von jener ,,Weisheit" Gottes,* die ja als Offenbarerin und Lehrmeisterin vor die Menschen tritt, *gesehen und interpretiert hat,* ist indes schon bedeutsam genug. In der Überlieferung der Logienquelle ,,tritt Jesus nicht nur als Sprecher und Träger der göttlichen Weisheit, sondern als die Weisheit selbst auf"[54]. Zumindest darf man in diesem Zusammenhang auch auf den bisher unbemerkt starken sapientialen Einschlag der synoptischen Mahnworte hinweisen[55]. Nicht zuletzt auch wegen des absolut gebrauchten ,,der Sohn" verdient besondere Beachtung *das über das Gottesverhältnis Jesu reflektierende Logion Mt 11, 27 par,* das die exklusive und umfassende Offenbarer-Funktion des irdischen Jesus bekräftigt. Neben der apokalyptischen Menschensohnvorstellung und ihrem ,,Erkenntnis"-begriff[56] werden noch mehr Aussagen über die Weisheit oder den Logos, der oft als ,,Sohn" Gottes verstanden wurde, als Interpretationsmodell geltend gemacht. Ursprung und Wesen der Weisheit als Offenbarungsmittler sind ja identisch (Weish 7,25). ,,Jesus ist ähnlich wie die göttliche Weisheit Gegenstand der Erkenntnis durch den Vater (Sir 1,6; Koh 7,24f; das Modell der Verborgenheit

[54] *G. Schneider,* a.a.O. 24 (mit Belegen und Literaturverweisen); vgl. auch *U. Wilckens,* Art. ,,sophia": ThWb VII 515–518; *E. Schweizer,* Matthäus und seine Gemeinde (SBS 71) (Stuttgart 1974) 54–57. Kaum diskutabel ist die Hypothese von *R. G. Hamerton-Kelly:* Die in der Logienquelle vorliegende Interpretation Jesu als des höchsten Gesandten der Weisheit sei von Jesu Selbstbezeichnung als ,,der Menschensohn" inspiriert; Jesus habe mit ,,bar änäschä" implizit sich als präexistentes himmlisches Wesen eingeführt, was auch seine Hörer hätten heraushören können (Pre-existence, Wisdom, and Son of Man [Cambridge 1973], besonders 96–102.275).
[55] *D. Zeller,* Die weisheitlichen Mahnsprüche bei den Synoptikern (Forschung zur Bibel 17) (Würzburg 1977).
[56] Vgl. *P. Hoffmann,* Die Offenbarung des Sohnes, in: KAIROS 12 (1970) 277–280.

der Weisheit vor den Weisen und Verständigen ist eine nahe-
liegende Analogie) als der Sohn im absoluten Sinne, d. h., als der
bevorzugte Träger der göttlichen Weisheit und Repräsentant des
heiligen Mysteriums Gottes erkennt er auf einzigartige Weise den
Vater (Spr 8,12; Weish 7,25 ff; 8,3; 9,4.9.11 u.ö.)."[57]

„Wer ist Jesus Christus?" Die vor allem an die Gottessohnbezeichnung geknüpfte Präexistenz- und Inkarnationschristologie
gilt mit Recht als der Höhepunkt der neutestamentlichen Chri-
stusverkündigung. Im Kontext biblischer Offenbarung und Tradition konnte die Unüberbietbarkeit und Endgültigkeit der in
Jesus von Nazareth erfolgten Offenbarung Gottes erst dadurch
voll adäquat und in aller Nachdrücklichkeit zum Ausdruck gebracht werden, daß die Funktion der offenbarungs- und schöp-
fungsmittlerischen Weisheit auf Jesus übertragen wurde. Und gerade diese christologischen Spitzenaussagen verweisen uns auf *den
Ausgang vom verkündigenden Jesus.* Sie explizieren jene Gottunmittelbarkeit, die dem vollmächtigen Sendungsanspruch Jesu, als
abschließender Offenbarer die endzeitliche Heilsaktion Gottes
einzuleiten, zugrunde liegt und allein diesen unerhörten Anspruch
zu erklären vermag.

---

[57] *J. Ernst,* Das Evangelium nach Lukas (RNT) (Regensburg 1977) 342.

III

Jesus und die Zukunft

Von Helmut Riedlinger

Die folgenden Erwägungen haben das Ziel, Jesus und die Zukunft im Glauben zusammenzudenken. Ein einzelner Mensch kann dies nicht vollenden. Auch eine Gemeinschaft von Menschen kann es nicht. Selbst die Kräfte der ganzen Menschheit reichen dazu nicht hin. Kein Geist kann in der Zeit ausdenken, wie Jesus sein wird, wie die Zukunft sein wird, wie Jesus und die Zukunft zusammen sein werden.

Dennoch seien einige Denkschritte gewagt. Sie werden uns nicht ans Ziel führen, werden uns kaum von unserm Ausgangspunkt abbringen, aber werden uns vielleicht etwas von der Gegenwart der Zukunft Jesu verstehen lassen. Zunächst ist die historisch-systematische Frage der Beziehung Jesu zur Zukunft vorzuzeichnen. Dann versuchen wir, auf die Verheißung der Schrift über das Zusammengehen Jesu und der Zukunft zu hören. Schließlich ist der Weg zu bedenken, auf dem uns das Zusammengehen Jesu und der Zukunft im Glauben gewiß werden kann.

1. Die Frage

Wie können wir Jesus und die Zukunft im Glauben zusammendenken? Wer diese Frage stellt, muß überlegen, in welcher Richtung er Antworten zu finden vermag. Zunächst sind einige Antworten von der historischen Forschung zu geben. Denn Jesus war in geschichtlich einmaliger Weise ein Mensch gegenwärtiger Zukunft. Um die Wende zum 20. Jahrhundert wurde dies von der historischen Forschung neu entdeckt, und es bewegt die Theologie mehr oder weniger bis heute. Vor allem Johannes Weiss und Albert Schweitzer erschreckten das Jesusverständnis des gegenwartsbezogenen Bürgertums. Sie zeigten: Jesus war ganz der nahegekommenen Zukunft Gottes gewärtig. Er lebte in der Hoffnung Israels, das sein Heil vom zukünftigen Vollzug des Königtums Gottes erwartete. Es gab Verbindungen zwischen ihm und der sogenannten Apokalyptik, einer Bewegung jüdischen Denkens, die hochgespannt dem nahenden Weltende entgegenging. Jesus war nicht zuerst darauf bedacht, die Erinnerung an das Vergangene in die Gegenwart einzubringen. Es ging ihm auch nicht darum, die Menschen über die Bedeutung einer geistvoll gelebten Gegenwart aufzuklären. Seine große Sache war die nahegekommene, schon die Gegenwart durchdringende Zukunft des Reiches Gottes.

Selbst Atheisten staunen über die Gegenwart der Zukunft im Auftreten Jesu. Für Roger Garaudy ist Jesus der Mensch, „der uns mit jeder seiner Taten lehrt, nach den fernen Zielen zu trachten"[1]. Noch deutlicher schreibt Milan Machoveč: „In moderner Terminologie würden wir sagen, daß aus der *entfremdeten* Zukunft, die uns wesentlich fremd ist, der erwarteten Zukunft, die vielleicht ‚kommt', aus einer Zukunft, die Teil der Natur ist, Jesus eine *gelebte,* eine *menschliche* Zukunft macht."[2] „Er wirkte, riß die Schüler mit, sie ‚verstanden' ihn, ‚glaubten an ihn', nicht weil er spekulativ dachte, weil er Gedanken vorsetzte, sondern weil er so war, weil er *diese gelebte Zukunft* mit seinem ganzen Wesen *verkörperte.* Sie sahen in ihm einen bereits zu diesem künftigen Königreich Gottes gehörigen Menschen, sie sahen an ihm, was es bedeutete, ‚voll Gnade' zu sein, was es bedeutete, nicht nur ein Verkündiger, sondern selbst ‚Sohn' dieser Verkündigung zu sein, bis ins Mark der Knochen Kind des zukünftigen Zeitalters."[3]

[1] R. *Garaudy,* Die Alternative (Wien – München – Zürich 1973) 116.
[2] M. *Machoveč,* Jesus für Atheisten (Stuttgart – Berlin ²1973) 102.
[3] A.a.O. 103–104 (Hervorhebungen in beiden Zitaten vom Autor).

Es liegt also auf der Hand, daß die gegenwärtige Theologie historisch erforscht, was Jesus über die Zukunft gesagt hat. Denn manche Zukunftsworte, die ihm die Evangelien zuschreiben, wurden nicht von ihm, sondern erst nach Ostern von geisterfüllten Gläubigen ausgeformt. Daher ist historisch-kritisch nach der konkreten Form der Zukunftssprache Jesu zurückzufragen. Freilich: „Kein Teil der Verkündigung Jesu ist schwerer zu rekonstruieren und zu interpretieren als seine Aussagen über die Zukunft." Die Spruchüberlieferungen sind vielschichtig, die Unterscheidungskriterien nicht sehr genau, die Ermessensspielräume beträchtlich. „Es ist kein Zufall, daß an keiner Stelle moderne Exegeten so stark voneinander abweichen, wie in der Diskussion um ‚Jesus und die Zukunft'."[4]

Wir treten jetzt nicht in diese Diskussion ein. Ich deute nur auf einige Umrisse, die sich in der gegenwärtigen historisch-kritischen Forschung mehr oder weniger deutlich abzeichnen: Das schwebende Symbol, das das ganze Zukunftsverhalten Jesu bestimmt, ist ohne Zweifel das Reich Gottes. Gleichnisse, wie das vom Sämann, vom Senfkorn, vom Sauerteig und von der selbstwachsenden Saat (Mk 4, 3–9 parr; 4, 26–29; 4, 30–32 parr; Mt 13, 33 par), wollen Vertrauen wecken, Vertrauen, das von den bescheidenen Erfahrungen der Gegenwart auf die Zukunft des Reiches Gottes zugeht. Das Gebet zum Vater gilt der zukünftigen Vollendung des Reiches (Mt 6, 10 par). Aus der gegenwärtigen Mahlgemeinschaft erwächst die Hoffnung zukünftiger Mahlgemeinschaft im Reich Gottes, wo die vielen Menschen aus dem Osten und Westen mit Abraham, Isaak und Jakob zusammenkommen werden (Mt 8, 11 par)[5].

Auch im Gewirr der gegenwärtigen Diskussion kann man also erkennen: Jesus sprach vom Reich Gottes als einer schon in der Gegenwart wirkenden nahegekommenen Zukunft[6]. Dies war der

---

[4] *N. Perrin*, Was lehrte Jesus wirklich? (Göttingen 1972) 170.
[5] A.a.O. 170–181.
[6] Worte von der Gegenwart z.B. Lk 6, 20 par; 10, 23–24 par; 11, 20 par; Worte vom Nahegekommensein Mk 1, 15; Mt 4, 17; vgl. Mt 10, 7; Lk 5, 9; Worte von

Kerngedanke seiner Verkündigung. Sagte er auch, was er selbst für diese Zukunft und was diese Zukunft für ihn bedeuten werde? Zu dieser Frage gibt es in der gegenwärtigen Jesusforschung höchst verschiedene Ansichten. Es wird zwar nicht bestritten, daß sich Jesus selbst in die Zukunft Gottes einbezogen wußte (vgl. Mk 14,25) und sie in der Gegenwart schon irgendwie darstellte (vgl. z. B. Mk 2,19 parr; 3,27 parr). Man gibt wohl auch zu, daß Jesus von der Zukunft Gottes erwartete, sie werde sein Auftreten und das rechte Verhalten der Menschen ihm gegenüber bestätigen. Aber es bleibt die seit Jahrzehnten umstrittene Frage: Hat Jesus von dem am Ende der Zeit erscheinenden Menschensohn gesprochen, hat er sich selbst als den zukünftigen Richter und Versammler der Auserwählten verkündigt? Nach den Evangelien tat er es (Mk 8,38; 13,26–27 parr; 14,62 parr; Lk 11,30 par; 12,8–9 par; 17,24–27 par). Aber für die historisch-kritische Forschung ist die Sache nicht klar. Manche Exegeten betrachten die Worte vom zukünftigen Handeln des Menschensohns als prophetische Worte der Urkirche. Andere meinen, Jesus habe solche Worte gesagt, aber nicht sich selbst als Menschensohn vorgestellt. Andere nehmen auch heute noch an, Jesus habe selbst von seinem zukünftigen Handeln als Menschensohn gesprochen, ungefähr so, wie es die Evangelien darstellen[7].

---

der Zukunft z. B. Mt 6,10 par; 8,11 par; Mk 14,25 parr. Zur historisch-kritischen Erörterung der Naherwartung Jesu, auf die hier nicht näher eingegangen werden kann, haben in jüngster Zeit Bedenkenswertes beigetragen: *E. Gräßer*, Die Naherwartung Jesu (Stuttgart 1973); *A. Vögtle*, „Theologie" und „Eschatologie" in der Verkündigung Jesu?, in: *J. Gnilka* (Hrsg.), Neues Testament und Kirche (Festschrift R. Schnackenburg) (Freiburg i. Br. 1974) 371–398; *E. Linnemann*, Hat Jesus Naherwartung gehabt?, in: *J. Dupont* (Hrsg.), Jésus aux origines de la christologie (Gembloux 1975) 103–110; *G. Lohfink*, Zur Möglichkeit christlicher Naherwartung, in: *G. Greshake – G. Lohfink*, Naherwartung – Auferstehung – Unsterblichkeit (Freiburg i. Br. 1975) 38–50; *D. Zeller*, Exegese als Anstoß für systematische Eschatologie, in: *P. Fiedler – D. Zeller* (Hrsg.), Gegenwart und kommendes Reich (Schülergabe A. Vögtle) (Stuttgart 1975) 153–164.
[7] Vgl. die Darstellung der gegenwärtigen Forschungslage bei *W. G. Kümmel*, Das Verhalten Jesu gegenüber und das Verhalten des Menschensohns, in: *R. Pesch – R. Schnackenburg* (Hrsg.), Jesus und der Menschensohn (Festschrift A. Vögtle) (Freiburg i. Br. 1975) 210–224.

Die Forschungslage ist verwirrend. Zur Klärung der historischen Fragen ist noch viel zu tun, so viel, daß man darüber den Fragebereich der Zukunft beinahe völlig vergessen könnte. Aber es gibt diesen Fragebereich, unvorstellbar, unerforschlich, atemberaubend. Wir hätten längst nicht alles, nicht einmal das Wichtigste über „Jesus und die Zukunft" gesagt, wenn wir sämtliche Zukunftsworte Jesu historisch-kritisch ermittelt und ausgelegt hätten. Denn die historisch-kritische Rückfrage meint als solche nicht die Zukunft, sondern die Vergangenheit. Wir sollten aber die biblischen Zukunftstexte nicht nur, gleichsam gegen den Strich, als Texte der Vergangenheit lesen. Mit anderen Worten: Wir können uns als Gläubige nie mit der Frage begnügen, wie Jesus sich über die Zukunft geäußert hat. Wir müssen, so überwältigend schwer es auch sein mag, über das historisch-kritische Forschen hinausfragen: Wie verhält sich die Sache in Wahrheit? Gibt es in Wahrheit eine Beziehung zwischen dem Jesus der Vergangenheit und der Zukunft? Wie können wir eine Person, die uns aus der Vergangenheit bekannt geworden ist, mit der unbekannten Zukunft zusammendenken?

Was vergangen ist, bleibt für uns vergangen und gehört nicht zur Zukunft. Die Zukunft ist für uns nicht die Vergangenheit. Aber was ist das – die Zukunft? Wissen wir, was die Zukunft ist? Wissen wir, was die Zeit ist? Wenn wir das Wort „Wissen" streng denken, müssen wir zugeben: Wir wissen es nicht. Wir können es nicht unmittelbar begreifen und aussprechen. Nur mit Bildworten können wir andeuten, was wir erfahren.

Auch das Wort „Zukunft" ist ein Bildwort. Es sagt nicht aus, was die Zukunft ist. Aber es sagt etwas davon an. Es gibt uns den Wink, auf das Zu-kommen in unserem Leben zu achten. Wir sollen erwägen, was geschieht, wenn etwas zu seinem Ziel kommt und das Kommen ein vorläufiges Ende erreicht. Es geschieht alltäglich, daß wir zu etwas kommen. Wir kommen zur Welt, treffen auf Menschen und Dinge. Und Menschen und Dinge kommen zu uns. Manches begegnet uns freundlich, fällt uns glücklich zu, manches widerfährt uns zum Schaden. In alldem kommen wir zu uns und zum andern. In alldem deutet sich an, was Zukunft für unser Leben bedeutet.

Wir brauchen dabei fortwährend das Bild des Weges, auf dem wir kommen und gehen und auf dem mit uns die Zeit zu kommen und zu gehen scheint – obwohl sie doch auch denkwürdig still bleibt, obwohl die unbedingte Ruhe in der Unruhe der Zeit uns tief anrühren kann. Dennoch: Die Zukunft ordnen wir dem Ende, die Vergangenheit dem Anfang, die Gegenwart der Mitte des Weges der Zeit zu. Was tun wir durch diese Zuordnung? Wir lösen das Rätsel der Zeit nicht auf. Wir klären nicht auf, warum wir in der Zeit immer nur vorwärts gehen und unseren Lebensweg nie rückgängig machen können.

Wenn wir uns die Zukunft bildlich als das Ende des Zeitweges vorstellen, so sollten wir aber nicht meinen, sie bedeute noch nichts für den Anfang und die Mitte des Weges der Zeit. Denn auf jedem Weg können wir leicht erfahren, daß das Ziel unseres Vorgehens auch seinen Anfang und seine Mitte bestimmt. Es wäre völlig verkehrt, die Zukunft ausschließlich dem Ende der Zeit zu-zuweisen. Denn die Zukunft ist das Ende der Zeit dadurch, daß sich in ihr das Geschehen vollendet, das am Anfang und in der Mitte der Zeit vorgeht.

Darum sprechen wir in Wahrheit nur dann von der Zukunft, wenn wir hoffen, daß ein Vorgang sein Ziel gut erreicht. Wo am Ende das Nichts steht, wo zum Schluß alle Hoffnung versinkt, wird die Rede von der Zukunft leer, muß sie vor dem Denken verstummen. Ein schlechtes Ende ist keine Zukunft, vernichtet den Sinn des ganzen Weges der Zeit. Das Wort „Zukunft", gebraucht in einem allumfassenden Sinn, drückt die Hoffnung aus, daß alles, was geschah und geschieht, am Ende der Zeit zu seiner Vollendung gelangt. Man kann im Ernst nur so lange von der Zukunft im ganzen sprechen, solange man hofft, daß sich in ihr irgendwie der Sinn aller Geschichte erfüllt. Aber dies ist nicht möglich, wenn die Zeit endlos weitergeht und alles Zukünftige unaufhörlich zum Vergangenen wird. Irgendwie ergibt sich daher aus dem Gedanken der Zukunft der Gedanke der Ewigkeit. Wir können ein wenig ahnen: Die letzte Vollendung des zeitlichen Geschehens ist nicht in der Zeit, sondern nur in der Ewigkeit möglich. Aber in der Zeit können wir die Ewigkeit nur an-denken, nicht aus-denken. Wir können erkennen, was die Ewigkeit *nicht* ist. Wenn das Zeitliche in ihr zur Vollendung gelangen soll, ist sie keine endlos fortschreitende Zukunft. Sie ist aber auch nicht die endgültige Vergangenheit der Zeit und natürlich auch keine zeitlich andauernde Gegenwart. Die Ewigkeit ist nicht die Zeit. Was ist sie? Sie muß vollendeter sein als alle Zukunft, anfänglicher als alle Herkunft, gegenwärtiger als alle Ankunft: das unendliche Leben Gottes, in dem das Ende mit dem Anfang und der Mitte überzeitlich zusammengeht...

Können wir nun Jesus mit der auf die Ewigkeit weisenden Zukunft zusammendenken? Jesus war eine irdische, einem engen Raum, einer kurzen Zeit zugehörige Gestalt. Die Geschichtswissenschaft kann zwar zeigen, wie einmalig er aufgetreten ist, wie mächtig er auf die Menschheitsgeschichte eingewirkt hat und bis heute noch einwirkt. Die Sprachwissenschaft kann aus seiner Botschaft Leitgedanken zur Gestaltung des menschlichen Lebens heraushören. So kann Jesus allen Menschen als großes, für die Zukunft maßgebendes Vorbild vorgestellt werden.

Aber was bedeutet das? Geht die Geschichte nicht unaufhaltsam voran? Muß sich die Menschheit mit der Zeit nicht immer weiter von Jesus entfernen? Wird nicht auch der Größte in der menschlichen Perspektive kleiner und kleiner? Wenn wir gar an die Zukunft des Weltalls denken: Was bedeuten unsere Messungen der Zeiten und Räume? Ist nicht alles relativ, abhängig vom jeweiligen Bezugssystem? Vergeht die irdische Zukunft nicht in der Zukunft des Weltalls? Wie ein Staubkorn kreist die Erde durch unvorstellbare Weiten. Sie wird es tun, gleichgültig, ob die Menschheit sich eines Tages selbst vernichtet, ob sie Jahrtausende auf der Erde weiterleben oder andere Weltkörper erobern wird. Irgendwann, irgendwie wird einmal alles Zeitliche vergangen sein. Ein unheimlicher Gedanke.

Keine zeitliche Vernunft kann die Zukunft bewältigen. Sollten wir den Versuch nicht aufgeben, Jesus und die Zukunft zusammenzudenken? Sollten wir damit nicht warten, bis wir in die Ewigkeit eingegangen sind? Wäre es nicht besser, in der Zeit darüber zu schweigen?

2. Die Verheißung

Das Neue Testament schweigt nicht. Es ist zum Staunen, wie kühn es Jesus als den kommenden Herrn verkündigt. Ein unerhörter Vorgang: Die Hoffnung Israels auf den kommenden Gott und die Hoffnung der Kirche auf den kommenden Jesus gehen zusammen, durchdringen sich in geistvoller Glaubenserkenntnis. Dies ist nur möglich, weil die junge Kirche die Schrift Israels auch als ihre Schrift anerkennt. Denn in der Schrift Israels verheißt Jahwe sein fortwährendes Kommen: ,,Ich werde dasein, als der ich dasein werde'' (Ex 3, 14). Vor allem die Propheten kehren sich dem kommenden Gott zu. Sie sind es, die ,,alles für die Existenz Israels Entscheidende, Leben und Tod, von einem kommenden Gottesgeschehen erwarten''[8]. Das Symbol des ,,Tages Jahwes'', zunächst als Sieg Gottes im Kampf vorgestellt, steigert sich in der Schau der Propheten zum weltweiten Gerichts- und Heilsereignis am Ende der Zeit[9]. Israel hofft gewiß: In der Zukunft wird sich Jahwe zur Freude des Himmels und der Erde als König erweisen[10]. Alle Knie werden sich vor ihm beugen, jeder Mund wird bekennen, daß es nur bei ihm Rettung gibt. Er wird Himmel und Erde neu schaffen[11].

Nach apokalyptischen Texten wird die alte Weltzeit bald unter furchtbaren Todesqualen zu Ende gehen. Aber der Tod dieser

---

[8] *G. von Rad,* Theologie des Alten Testaments, II (München ⁴1965) 127.
[9] Jes 2,12; 13,6.9; 22,5; 34,8; Jer 46,10; Ez 7,19; 13,5; 30,3; Joel 1,15; 2,1.11; 3,4; 4,14; Am 5,18–20; Ob 15; Zeph 1,7.8.14–18; Sach 14,1; vgl. *G. von Rad,* a.a.O. 129–133.
[10] Jes 52,7–10; Ps 96; 97; 98.
[11] Jes 45,22–24; 65,17; 66,22; Ps 22,28–30; 86,9–10.

vergehenden Weltzeit wird die Geburt der zukünftigen sein. Das Gericht Gottes wird den Bösen Verderben, den Guten Rettung bringen. Für die Geretteten wird es kein Ablaufen der Zeit, keinen Tod, keinen Schmerz, keine Sünde mehr geben. Ewiger Friede wird herrschen, alle Geretteten werden zum Festmahl versammelt werden[12].

Jesus verkündigt: Die Zukunft der Herrschaft Gottes ist angekommen, ist Gegenwart. Das Neue Testament läßt ihn aber auch seine eigene Zukunft verkündigen. Auf die Frage des Hohenpriesters, ob er der Messias, der Sohn des Hochgelobten sei, antwortet er: „Ich bin es. Und ihr werdet sehen den Menschensohn, sitzend zur Rechten der Macht und kommend mit den Wolken des Himmels" (Mk 14,62 parr). Man kann die Geschichte dieses Spruchs, wie gesagt, verschieden beurteilen. Aber eines ist klar: Das Neue Testament verkündigt Jesus als den, der sich vor seinem Tod, befragt vom Träger der höchsten geistlichen Autorität Israels, als der Messias, der Menschensohn, der Sohn Gottes zu erkennen gibt. Darin ist der Gedanke enthalten: In der Zukunft Jesu werden die Verheißungen des Alten Testaments über die Zukunft Gottes erfüllt.

Er ist als der Messias der König der kommenden Heilszeit, den Israels Propheten erwarten[13]. Aber er ist es, gegen alle Hoffnung, zunächst als der Gescheiterte, der Verworfene, der Leidende. Er ist – ein unglaublicher Skandal für die Juden – der Messias, der gekreuzigt wird (1 Kor 1,23; 2,2; Gal 3,1); der Messias, der nach der Verheißung der Schrift als Knecht Jahwes für unsere Sünden stirbt, aber von den Toten auferweckt und zur Rechten Gottes

---

[12] Jes 24; 25,6–8; 26,7–19; Dan 2,44; 7,14.27; 12,1–3; Sach 14; Weish 3,7.11; 4,20–5,23. Vgl. äth Hen 46–63; syr Bar 48–52; 70; 85; 4 Esra 4,26; 5,1–13; 6,11–28; 7,26–74. Näheres bei *W. Schmithals,* Die Apokalyptik (Göttingen 1973) 9–20; *Ch. Barth,* Diesseits und Jenseits im Glauben des späten Israel (Stuttgart 1974).

[13] 2 Sam 7,14–16; Jes 9,1–6; 11,1–9; 32,1–8; Jer 23,5–8; 33,15–17; Ez 37,22–25; Hos 3,5; Am 9,11; Mi 4,8; 5,1–4; Sach 9,9–10; vgl. Ps 2; 72; 89; 110; 132.

erhöht wird, um über seine Feinde zu herrschen (vgl. Jes 53, 8–10; Ps 110, 1; 1 Kor 15, 3–5; Apg 2, 32–36).

Der Titel „Menschensohn" stammt aus der Zukunftsschau der Apokalyptik (Dan 7, 13–14; äth Hen 46–71; 4 Esra 13, 1–13). Er besagt: Jesus, angelangt in der Herrlichkeit Gottes, richtet die vergehende und beherrscht die kommende Weltzeit. Das Heil kommt am Ende den Menschen zu, die jetzt glaubend zu ihm kommen. Wenn sich ein Mensch zu Jesus bekennt, wird er sich zu ihm bekennen. Wenn ein Mensch ihn verleugnet, wird er ihn verleugnen (Lk 12, 8–9 par; vgl. Mk 8, 38). Er wird kommen in den Wolken mit großer Macht und Herrlichkeit und die Engel aussenden und seine Auserwählten aus allen vier Windrichtungen zusammenführen (Mk 13, 26–27 parr). Sitzend auf dem Thron seiner Herrlichkeit wird er alle Völker, die vor ihm versammelt werden, königlich richten. Den Gesegneten seines Vaters wird er das ewige Reich, den Verfluchten das ewige Feuer zuweisen. Aber die Menschen sollen erkennen, daß die Zukehr zum kommenden Menschensohn schon hier und heute beginnt. Wer auf den geringsten Bruder Jesu zugeht, geht auf ihn zu. Wer von seinem geringsten Bruder weggeht, geht von ihm weg. Alles mitmenschliche Tun und Lassen bezieht sich auf den kommenden Menschensohn (Mt 25, 31–46).

Ein Hinweis auf die Zukunft ist auch dort zu erkennen, wo Jesus als der Sohn Gottes oder einfach als der Sohn verkündigt wird. Denn nach der Auferweckung von den Toten gehört er nicht mehr zur vergehenden Todeszeit, sondern zur zukünftigen Lebenszeit. Dort herrscht er als „Sohn Gottes in Macht" (Röm 1, 4). Dort hat er die einmalige Hoheit des „Erstgeborenen aus den Toten" (Kol 1, 18; vgl. 1 Kor 15, 20). Daher erwarten die Gläubigen, die sich Gott zugekehrt haben, „seinen Sohn aus den Himmeln, den er auferweckt hat aus den Toten, Jesus, der uns entreißt dem kommenden Zorn" (1 Thess 1, 9–10). Alle Macht ist dem Sohn von seinem Vater übergeben, alle Gewalt im Himmel und auf der Erde (Mt 11, 27; 28, 18). Er ist in Wahrheit der „Erbe des Alls" (Hebr 1, 2).

Das Alte Testament verheißt die kommende Anerkennung Jahwes: Jedes Knie wird sich vor ihm beugen und jeder Mund sich zu ihm bekennen (Jes 45,23). Das Neue Testament überträgt dieselbe Verheißung auf Jesus, der in Gottes Gestalt lebend, sich selbst erniedrigte bis zum Tod des Kreuzes: „Darum hat Gott ihn über alles erhöht und ihm geschenkt den Namen über alle Namen, damit im Namen Jesu sich jedes Knie der Bewohner des Himmels, der Erde und der Unterwelt beuge und jede Zunge bekenne: Herr Jesus Christus, zur Ehre Gottes, des Vaters" (Phil 2,9–11). Die christliche Apokalyptik vernimmt den zukünftigen Jubel über das eine „Weltreich unseres Herrn und seines Gesalbten" (Offb 11,15; vgl. Eph 5,5). Daher ruft die Kirche auch nicht nur zum Vater: „Dein Reich komme!" (Mt 6,10 par), sondern auch zu Jesus: „Unser Herr, komm! Komm Herr Jesus!" (1 Kor 16,22; Apk 22,20). Sie hofft nicht nur mit den Propheten auf den „Tag Jahwes" (Joel 3,4; Apg 2,20), sondern auch auf den „Tag Christi" (Phil 1,10; 2,16). An diesem Tag wird der Herr selbst – und der Herr ist Jesus (vgl. Röm 10,9; 1 Kor 12,3) – vom Himmel herabsteigen, die in Christus Verstorbenen werden zuerst auferstehen, dann werden die Lebenden mit ihnen auf den Wolken in die Luft entrückt werden, um dem Herrn zu begegnen und immer mit ihm zu sein (1 Thess 4,16–17; 2 Thess 1,7–10).

Aber die Kirche des Neuen Testaments bleibt bei der Übertragung der Hoffnung vom Kommen des Vaters auf das Kommen des Sohnes nicht stehen. Sie sieht die Vollendung vielmehr darin, daß der Sohn, dem alles unterworfen wird, seine Herrschaft dem Vater übergibt, damit Gott alles in allem sei (1 Kor 15,24–28). Die Zukunft des Sohnes kann, für sich allein genommen, nie das letzte sein. Der Sohn, der die verstreuten Kinder Gottes versammelt und an sich zieht, ruht nicht in sich selbst, sondern geht zum Vater, der „größer" ist als er (vgl. Joh 11,52; 12,32; 14,28)[14].

---

[14] Siehe dazu C. K. *Barrett*, „The Father is greater than I" (Jo 14,28), in: *J. Gnilka* (Hrsg.), Neues Testament und Kirche, 144–159.

Die Zukunft Jesu wird sich nicht außerhalb, sondern innerhalb der Zukunft Gottes vollenden, der alles in allem sein wird.

Das bedeutet aber auch, daß Jesus nicht wie ein von außerhalb kommender Fremder die Zukunft der Welt eine Zeitlang beherrschen und dann wieder abtreten kann. Denn er wird nicht nachträglich zum Erben des Alls eingesetzt, sondern als der Sohn, durch den Gott die Weltzeiten geschaffen hat, als der Sohn, der das All durch das Wort seiner Macht trägt (Hebr 1, 2–3). Er ist der Erstgeborene aller Schöpfung. In ihm und durch ihn und auf ihn hin wurde das All geschaffen, in ihm hat es seinen Bestand (Kol 1, 15–17). Alles, was geworden ist, ist geworden durch ihn, der im Anfang das Wort bei Gott war und Gott war (Joh 1, 1–3). In ihm ereignet sich das Ja aller Verheißungen Gottes (2 Kor 1, 20). Es ist das Geheimnis des Willens Gottes, zur Ordnung der Fülle der Zeiten, das All in ihm, dem Haupt, zusammenzufassen (Eph 1, 10). Er herrscht über alle Mächte und Gewalten in dieser und der kommenden Weltzeit und ist als das Haupt über alles der Kirche gegeben, die sein Leib ist, die Fülle dessen, der alles in allem erfüllt (Eph 1, 21–23; vgl. Kol 3, 11). Er ist das Geheimnis Gottes, in dem alle Schätze der Weisheit und der Erkenntnis verborgen sind, in dem die ganze Fülle der Gottheit wohnt (Kol 1, 19; 2, 2.9). Er, der herabstieg in die niederen Bereiche der Erde, stieg über alle Himmel hinauf, um das All zu erfüllen (Eph 4, 9–10). Er wird „Gott" genannt (Joh 20, 28; vgl. Hebr 1, 8.9), „wahrer Gott und ewiges Leben" (1 Joh 5, 20). Sein Kommen wird erhofft als „Erscheinung der Herrlichkeit unseres großen Gottes und Retters Jesus Christus" (Tit 2, 13; vgl. 2 Petr 1, 1). Der Sohn ist wie der Vater „das Alpha und das Omega, der erste und der Letzte, der Anfang und das Ende" (Offb 22, 13; vgl. 1, 8). Am Ende wird er kein anderer sein als der, der er am Anfang war und in der Mitte ist: „Jesus Christus, gestern und heute derselbe und in die Weltzeiten hin" (Hebr 13, 8).

Schon das wenige, das jetzt nur roh umrissen ist, läßt eine vielstimmige – besser: vielchörige – Verheißung erkennen. Die Kirche des Neuen Testaments, bewegt vom Geist des auferstandenen

Herrn und von Israels Hoffnung auf den kommenden Gott, verkündigt die Zukunft des Sohnes Gottes, verkündigt die Herkunft dieser Zukunft und ihre jeweilige Ankunft. Aber wie sollen wir dies alles heute verstehen? Können wir Menschen des 20. Jahrhunderts eine solche Art des Weissagens noch ertragen, noch ernst nehmen? Klafft nicht ein Abgrund zwischen der prophetischen Sprache der Urkirche, die uns ,,mythologisch" vorkommt, und unserer wissenschaftlich-technischen Welt?

In unserem Jahrhundert wurde viel getan, um zunächst durch historisch-kritisches Forschen Brücken über den Abgrund zu bauen[15]. Man entdeckte, daß die Hoffnung auf die Zukunft Jesu schon früh verschieden geprägt war: Ausrichtung des gesamten Lebens auf die herannahende Zukunft Jesu bei den einen, z. B. bei der Gruppe der Spruchquelle; Nachlassen der Zukunftsspannung, Besinnung auf die geschehene und bleibende Ankunft des Sohnes Gottes bei den anderen, z. B. im Kreis des Johannesevangeliums. Es ist hier nicht möglich, auf die Unterschiede zwischen den einzelnen Gruppen einzugehen und (mehr oder weniger hypothetisch) darzustellen, wie sie sich nebeneinander und gegeneinander entwickelten[16]. Dies wird erforscht, muß erforscht werden, weil das Verstehen von Texten immer auch von ihrer Geschichte ausgeht. Viele einzelne Äußerungen urchristlichen Hoffens werden in der Tat durch die Aufhellung ihres Entstehens und Wachsens erklärlich. Aber fällt, in solcher Erklärung, das Ganze dieses Hoffens nicht erst recht zurück in die Vergangenheit? Die am Vergangenen interessierte Geschichtswissenschaft

---

[15] Die ausführlichste Zusammenfassung und Beurteilung der neueren Ergebnisse der historisch-kritischen Forschung zu unserem Thema bietet *A. Vögtle,* Das Neue Testament und die Zukunft des Kosmos (Düsseldorf 1970). Weiterführende Beiträge seiner Schüler finden sich in: *P. Fiedler – D. Zeller* (Hrsg.), Gegenwart und kommendes Reich.

[16] Vgl. dazu z. B. *S. Schulz,* Q. Die Spruchquelle der Evangelisten (Zürich 1972); *ders.,* Das Evangelium nach Johannes (Göttingen 1972). *E. Schillebeeckx,* Jesus (Freiburg i. Br. ⁴1976) 357–457 versucht, gestützt auf neuere historisch-kritische Untersuchungen eine beachtenswerte, in vielem aber sehr hypothetische und anfechtbare Rekonstruktion der Entstehung der frühesten urchristlichen Credo-Modelle.

kann ja als solche – wir sagten es schon – die in den Verheißungen gemeinte Sache nicht auffinden. Aber gerade diese Sache, verborgen in den Symbolen einer vergangenen Welt, ist für die Gläubigen Ziel und Sinn ihres Lebens. Sie muß aus ihrer Verborgenheit herausgebracht, muß wirklich ausgelegt werden. Aber wie geschieht das?

Seit drei Jahrzehnten wird eine Auslegung unter dem Titel „Entmythologisierung" betrieben. Rudolf Bultmann schlug das Wort vor, nannte es jedoch selbst ein „unbefriedigendes Wort"[17]. Denn es geht ihm nicht, wie man zunächst meinen könnte, um eine Entfernung, sondern um eine Auslegung der „mythologischen" Aussagen. Er will die tiefere Bedeutung aufdecken, die hinter den „mythologischen" Vorstellungen von der Gottesherrschaft, vom Reich des Messias und Gottessohnes, vom Kommen des Menschensohnes, vom Heil und Verdammnis bringenden Weltgericht enthalten ist. Das Geheimnis Gottes soll dadurch nicht rationalisiert werden. „Entmythologisierung macht im Gegenteil erst die wahre Bedeutung von Gottes Geheimnis deutlich."[18] Demnach ist „die tiefere Bedeutung von Jesu mythologischer Predigt: offen sein für Gottes Zukunft, die uns, wirklich jedem einzelnen, bevorsteht; bereit sein für diese Zukunft, die wie ein Dieb in der Nacht kommen kann, wenn wir es nicht erwarten; bereit sein, denn diese Zukunft wird ein Gericht sein über alle Menschen, die sich selbst an diese Welt gebunden haben und die nicht frei sind, nicht offen für Gottes Zukunft"[19].

Die gute Absicht Bultmanns darf nicht verkannt werden. Die Vorstellung der *Zukunft Gottes* bedeutet ihm viel: Einerseits wird dadurch „die Transzendenz Gottes durch zeitliche Mittel dargestellt". Andererseits zeigt sich diese Welt als „vorübergehend", „ja letztlich leer und unwirklich im Angesicht der Ewigkeit"[20].

---

[17] *R. Bultmann*, Jesus Christus und die Mythologie (Hamburg 1967) 16.
[18] A.a.O. 47.
[19] A.a.O. 32–33.
[20] A.a.O. 21–22.

Aber gerade das, wonach wir hier fragen, fällt, wenn ich recht sehe, fast völlig aus: die *Zukunft Jesu,* die Zukunft des Sohnes Gottes, der aus der Ewigkeit Gottes zur Welt gekommen, in die Welt eingegangen ist, um sie der Ewigkeit Gottes entgegenzuführen. Bultmann beruft sich auf Paulus und Johannes: Bei Paulus findet er zwar noch eine tiefe Sehnsucht nach dem zukünftigen Herrn. Aber er nimmt an, Paulus sehe den Wendepunkt von der alten Welt zur neuen Welt nicht in der Zukunft, sondern im Gekommensein Jesu. Für ihn sei die ehemals zukünftige Zeit des Königreichs des Messias die gegenwärtige Zeit der Verkündigung des Evangeliums (vgl. 2 Kor 6, 2). Auf radikale Art aber entmythologisiere Johannes die Erwartung der Zukunft Jesu. Denn in seinem Evangelium sei die Auferstehung Jesu, Pfingsten und die Parusie nur ein einziges Ereignis. Die Glaubenden hätten demnach schon jetzt das ewige Leben[21].

Bultmanns Berufung auf Paulus und Johannes hat sicher ein Recht. Beide verkündigen gegenüber der jüdischen Zukunftserwartung, daß mit Jesus die Erfüllung der Verheißungen Gottes wirklich gekommen und anwesend ist. Johannes sieht sich und seine Gemeinde so sehr in der Gegenwart des ewigen Lebens, daß für die Entfaltung des Zukunftsgedankens kaum noch Spielraum verbleibt[22]. Gibt diese kühne Einbeziehung der Glaubenden in die Gegenwart Jesu nicht auch Bultmann das Recht, die Vorstellungen des Neuen Testaments von der Zukunft Jesu auf seine Weise zu entmythologisieren? Man müßte dies, wie mir scheint, zugeben, wenn Jesus – anders als im Johannesevangelium – ein bloßes Geschöpf und nicht der ewige, Mensch gewordene Sohn

---

[21] A. a. O. 33–35.
[22] Das Johannesevangelium hebt die Gegenwart des Gerichts und des ewigen Lebens deutlich hervor, z. B. 3, 13–36; 5, 24–27; 11, 24–26; 12, 31; 17, 3. Hinweise auf das Kommen Jesu und die Zukunft mit Jesus sind eher selten: 14, 3.18.28; 16, 16–22; 17, 24; vgl. auch 16, 13. Der Ausblick auf die allgemeine Totenerweckung (5, 28–29) und die Worte vom Letzten Tag (6, 39.40.44.54; 12, 48) werden vielfach als redaktionelle Zusätze angesehen. Vgl. *R. Schnackenburg,* Das Johannesevangelium, II (Freiburg i. Br. 1971) 530–544.

Gottes wäre. Denn es wäre in der Tat Mythologie, eine geschaffene, der Zeit unterworfene Person als Herrn der Zukunft vorzustellen. Wie im Göttermythos würde die Grenze überschritten, die das Zeitliche vom Ewigen scheidet. Eine zeitliche Person, selbst die mächtigste, verfügt ja nicht über die Zeit. Würde sie, gegen alle Vernunft, zum Herrn der Zukunft ausgerufen, müßte sie dem ewigen Gott gleichgestellt werden. Kein Zweifel: Das wäre Mythologie. Das müßte radikal entmythologisiert werden.

Es ist nun sehr bezeichnend: Der Gedanke der Zukunft Gottes, obwohl nach Bultmanns Bestimmung von „Mythologie" letztlich auch „mythologisch", wird bewahrt. Aber der Gedanke der Zukunft Jesu verfällt. Bultmann hält an der Transzendenz Gottes fest, die durch die Verbindung Gottes mit der Zukunft dargestellt wird. Aber er versucht kaum, jene Sache, die in den Bildworten von der Zukunft Jesu gemeint ist, herauszubekommen. Offenbar vermag er das begrenzte Phänomen Jesus nicht mit der unbegrenzten Zukunft zusammenzudenken. Er vermag es nicht, weil er das, was Paulus und Johannes von der Menschwerdung des ewigen Sohnes Gottes verkündigen (vgl. Röm 8,3; Gal 4,4; Phil 2,7; Joh 1,14), natürlich ebenfalls entmythologisiert. Das heißt aber: Die Entmythologisierung im Stil Bultmanns hält das Geheimnis Gottes von der Welt ab. Sie weigert sich anzunehmen, daß Gott als Vater einen Sohn gebiert, der Mensch und damit ein Teil der Welt geworden ist. Daher verliert auch die Zukunft Jesu ihre Bedeutung. Sie kann ja die Zukunft Gottes und die Zukunft der Welt nicht zusammenbringen. Der Glaubende findet sich auf die eigene Existenz zurückgeworfen, Gnade und Gerechtigkeit hoffend in Gottes Zukunft, ohne wirkliches Interesse für die Zukunft Jesu in der Geschichte der Welt.

Aus dem Versagen der Bultmannschen Entmythologisierung vor der Zukunft Jesu ist aber gewiß nicht der Schluß zu ziehen: Wer glauben will, halte sich an den Buchstaben der Schrift, nehme nichts weg und füge nichts an. Denn bloß buchstäbliches Verstehen der Zukunftstexte erreicht die Sache nicht, die gemeint ist. Diese Texte können und wollen die Zukunft nicht buchstäblich abbilden. Sie kündigen in Bildern und Gleichnissen Zukünftiges an, darunter solches, „was noch kein Auge geschaut und kein Ohr gehört hat" (1 Kor 2, 9). Sie stammen aus einer Begeisterung und fordern die Gläubigen auf, nicht beim buchstäblichen Verständnis stehenzubleiben, sondern zu einer dem Geist entsprechenden Auslegung weiterzugehen.

Die gegenwärtige theologische Wissenschaft versteht sich, aus vielerlei Gründen, leider weniger als die Theologie früherer Zeiten auf die geistliche Auslegung der Heiligen Schrift. Sie hat beinahe vergessen, daß es einmal auch eine „anagogische" Auslegung gab, die sich um ein geistliches, über den Buchstaben hinausgehendes Verstehen der biblischen Zukunftsverheißung bemühte. Heute meint man weithin, solches Bemühen sei nicht mehr Sache der Wissenschaft. Man könne nicht über den Heiligen Geist verfügen, dürfe ihn nicht als Instrument zur Erlangung innerweltlichen Wissens benutzen. Richtig. Aber was wird aus einer Theologie, die den Geist Gottes grundsätzlich ausklammert? „Was Gottes ist, erkennt keiner – nur der Geist Gottes" (1 Kor 2, 11). Die Alleinherrschaft eines wissenschaftlich-technischen Erklärens, das grundsätzlich ohne Gott und seinen Geist auskommt, vernichtet den christlichen Glauben. Er braucht, um leben zu können, eine über das allgemeine historisch-kritische Wissen hinausgehende, geistliche Auslegung der Heiligen Schrift. Sonst ereignet sich keine Offenbarung der ewigen Wahrheit. Vor allem die Zukunftstexte bleiben verschlossen. Denn das, was am Ende sein wird, erkennen wir nicht aus eigener Kraft. Wir erkennen es nur, weil „Gott es uns enthüllt hat durch den Geist" (1 Kor 2, 10). Der Geist ist den Gläubigen verheißen, um sie „auf den Weg zu führen zur ganzen Wahrheit." Er selbst ist es, der ihnen „das Kommende ankündigen wird" (Joh 16, 13). Daher sind nun einige Schritte auf dem Weg einer geistlichen Auslegung der Zukunft Jesu zu wagen.

3. Die Auslegung

Jeder Gang auf einem Weg geht auf ein Ende zu, geht von einem Anfang aus, geht in einer Mitte zwischen dem Anfang und dem Ende vor[23]. Bei jedem Schritt wiederholt sich im kleinen dasselbe: Das eine Bein strebt zum neuen Standort, das andere stößt sich vom alten Standort ab, und so bewegen wir uns in der Mitte zwischen Herkunft und Zukunft.

In derselben Weise versuchen wir hier eine geistliche Auslegung der Zukunft Jesu. Wir gehen auf ein unausdenkliches Ende zu, indem wir uns aus einer Anfangslage des Denkens in der Mitte zwischen dem Anfang und dem Ende vorwärts bewegen. Freilich: Das ist bildlich gesprochen, ist keine unmittelbare Darstellung des Auslegungsvorgangs. Aber mit Hilfe des Bildes läßt sich einiges klären. Wir können einsehen, daß das Auslegen nicht im Stand, sondern in der Bewegung geschieht. Das auslegende Denken soll auf ein Ende zugehen, das sich nicht von selbst versteht, das als solches zuvor noch nicht gegeben war. Zugleich soll das Ende aber etwas sein, das sich in gewisser Weise doch aus dem Anfang ergibt. Das Auslegen ist also gewissermaßen der Vorgang, der uns dem Ende entgegenbringt und uns zugleich das Ende aus dem Anfang mithervorbringen läßt. Es ist klar, daß solches Auslegen völlig anders vorgeht als das auf einem festen Standpunkt verbleibende, Abstand haltende Feststellen. Der Ausleger muß ja selbst in den Auslegungsvorgang eintreten, muß im Zugang zum Ende und im Ausgang vom Anfang sich selbst bekehren lassen, muß gleichsam neu hervorgebracht und geboren werden.

Die geistliche Auslegung der Zukunft Jesu gleicht also in gewisser Hinsicht einem Geburtsvorgang. Der Ausleger kann nicht als unbeteiligter Zuschauer danebenstehen, wenn Jesus vor ihm als personale Mitte der Zukunft erwächst, immer größer wird und

---

[23] Vgl. meine Meditation „Vom Weg des Glaubens zum Herrn der Zukunft", in: *B. Casper* u. a., Jesus – Ort der Erfahrung Gottes (Festschrift B. Welte) (Freiburg i. Br. ²1977) 237–247.

schließlich das Weltall erfüllt. Er wird hineingezogen in den Vorgang der Zukunft Jesu, gleichsam in die Geburt, die den Herrn der Zukunft hervorbringt. In diesem Vorgang kommt der Ausleger neu zu sich selbst, zieht aus seinem alten Dasein aus, wird seiner selbst im Geist Gottes inne. Denn er lernt, auf Gott zuzugehen, von Gott auszugehen und in Gott vorzugehen. Dadurch geschieht es aber auch, daß der Ausleger den Inhalt seiner Auslegung, die Zukunft des Mensch gewordenen Sohnes Gottes, im Heiligen Geist miterwirkt und miterleidet und so innen und außen erfährt.

Wir müssen dies näher erläutern. Dies soll so geschehen, daß wir uns dem Ende des Auslegungswegs zukehren, danach von seinem Anfang her denken und schließlich andeuten, was sich in seiner Mitte begeben soll.

Das *Ende* des Auslegungswegs liegt, unendlich fern und unendlich nah, verborgen in Gottes Ewigkeit. Wir können gläubig hoffend darauf zugehen. Aber was das Ende sein wird und wie es sein wird, erkennen wir noch nicht. ,,Hoffnung, die man sieht, ist keine Hoffnung" (Röm 8, 24). Das Sehen ,,von Angesicht zu Angesicht" steht noch aus. Unser Erkennen ist noch nicht das Erkennen Gottes, noch nicht das reine Leuchten der Wahrheit (vgl. 1 Kor 13, 12; Offb 22, 4). ,,Noch ist nicht erschienen, was wir sein werden. Wir wissen nur: Wenn er (Jesus) erscheinen wird, werden wir ihm ähnlich sein, weil wir ihn sehen werden, wie er ist" (1 Joh 3, 2).

Die geistliche Auslegung geht Schritt für Schritt dem Erscheinen Jesu in der ewigen Wahrheit entgegen. Sie drängt über alle Wunschbilder und Traumbilder, über alle Horizonte und Himmel hinaus. Sie versteht auch, daß die Grenzen des biblischen Buchstabens überstiegen werden müssen. Denn was die Bibel sagen kann vom Untergang dieser Weltzeit, von der Auferweckung der Toten, vom Weltgericht, vom ewigen Leben und von der Verdammnis, ist innerzeitliche Bild- und Gleichnisrede, noch nicht die ewige Wahrheit. Wer den Geist dieser Wahrheit meint, darf sich nicht an den Buchstaben binden, nicht in einem Buchstabenglauben erstarren. Er wird aber auch nicht die unbekannten Umrisse der Zukunft gleichsam auf eigene Faust vorzeichnen wollen. Das wäre ein Denkexperiment mit dem Unwirklichen, Raumlosen, Utopischen; nicht ganz sinnlos, aber, im Blick auf die Zukunft im ganzen, ohne Gewißheit, ohne Verbindlichkeit.

Das Ziel der geistlichen Auslegung ist nicht das Phantastische, sondern das Wirkliche: die Zukunft Jesu in der Ewigkeit Gottes. Darum geht es immer und unbedingt. Nicht um Gedankenexperimente, die widerlegt werden können, sondern um den einen Zukunftsgedanken, der in Gott ist, mit Gott vollkommen eins ist. Die Hoffnung des Glaubens geht auf dieses ganz Neue, das in keinem zeitlichen Wollen oder Erkennen vorweggenommen werden kann. Alles andere wird nur vorläufig angezielt, unter dem Vorbehalt, daß es mit der ewigen Wahrheit übereinstimmt. Auch die Schrift selbst weist ja über sich hinaus auf die Freiheit Gottes zum ganz Neuen. Sie läßt Jahwe am Ende sagen: „Ich erschaffe einen neuen Himmel und eine neue Erde. Man wird nicht mehr an das denken, was früher war, man wird sich daran nie mehr erinnern" (Jes 65, 17; vgl. 43, 18–19). Entsprechendes erwartet der Seher der Apokalypse: Die erste Welt wird vergangen sein, wenn der neue Himmel und die neue Erde kommen werden, wenn das neue Jerusalem herabsteigen wird, Gott selbst in seiner Mitte wohnen und endlich Gerechtigkeit ohne Unrecht, Seligkeit ohne Trauer sein wird (Offb 21, 1–3; 2 Petr 3, 10–13). Die Glaubenden hoffen also nicht auf etwas, das sich aus dem Vorliegenden von selbst ergibt. „Fleisch und Blut können das Reich Gottes nicht erben. Das Vergängliche erbt nicht das Unvergängliche" (1 Kor 15, 50). Das Hoffen des Glaubens, letztlich selbstlos und bildlos, ist ganz dem unendlichen Du zugekehrt, dem Gott, der verheißt: „Siehe, alles mache ich neu" (Offb 21, 5). Es erwartet sogar, unerhört kühn, Gott werde am Ende selbst „alles in allem" sein (1 Kor 15, 28): nicht Teil neben Teilen, sondern alles, nicht abseits von allem, sondern in allem.

Die geistliche Auslegung kann also in der Zeit nie voll herausbringen, wie Jesus sein wird, wie die Zukunft sein wird, wie Jesus und die Zukunft zusammen sein werden. Dennoch erhofft sie das unausdenkliche Ereignis der Gnade: Der ewige Gott wird seinen Mensch gewordenen Sohn und die Zukunft frei vollenden und in seinem Reich zusammenbringen. Der Vater vollendet ewig die Geburt des Sohnes mit dem Heiligen Geist. In der Ewigkeit Gottes ist es offenbar: Alles hat im Sohn Gottes Zukunft, wird auf ihn hin geschaffen, in ihm als dem Haupt zusammengefaßt, von ihm durchwirkt (vgl. Kol 1,16; Eph 1,10.23). An jedem Menschen, der in diese Zukunft eingeht, wird sich Gottes Verheißung erfüllen: „Ich werde ihm Gott sein, und er wird mir Sohn sein" (Offb 21,7). Alle werden an der Gottessohnschaft Jesu, des Erstgeborenen, teilhaben (vgl. Röm 8,29; Phil 3,21). Dies wird „die Offenbarung der Söhne Gottes" sein, die von der Schöpfung sehnsüchtig erwartet wird (Röm 8,19). Noch ist die Vollendung nicht zu sehen. Aber der „Geist der Sohnschaft", den wir wie einen „Vorschuß unseres Erbes" empfangen haben, bezeugt sie schon unserem Geist (vgl. Röm 8,15.16.23; 2 Kor 1,22; 5,5; Eph 1,14).

Wir können aber im Geist nur so lange auf das Ende der Auslegung zugehen, als wir von ihrem *Anfang* ausgehen. Denn die geistliche Auslegung beginnt dort, wo sie endet. Ihr Ende ist der Anfang: Gott selbst, der Vater, der den Sohn mit dem Heiligen Geist von Ewigkeit zu Ewigkeit herauskommen läßt. In dieser ewigen Geburt wird vor dem Anfang der Welt über unsere Sohnschaft und die Einigung der Zukunft des Alls im Sohn Gottes entschieden (vgl. Eph 1,4.5.10). Daher kann die geistliche Auslegung nicht erst bei zeitlichen Ereignissen ansetzen. Sie hätte, nur von zeitlichen Ereignissen bewegt, auf die Dauer nicht die Kraft, das Ewige anzustreben. Sie kommt nur zum Ewigen, wenn sie auch vom Ewigen herkommt. Denn es geht in der Auslegung zuerst und zuletzt nicht um eine Ausgeburt menschlichen Wollens. Es geht um eine Geburt aus Gott (vgl. Joh 1,13), um einen Nachvollzug der ewigen Geburt des Sohnes Gottes.

Von dieser Geburt her kommt Licht in die Geschichte der Schöpfung, die „gemeinsam stöhnt und Geburtswehen leidet bis jetzt" (Röm 8,22). Die biblischen Zukunftstexte beginnen zu leuchten. Es ist das Leuchten des Wortes, das jeden Menschen erleuchtet, des Wortes, das Fleisch geworden ist und uns als einziggeborener Gott die Wahrheit Gottes ausgelegt hat (Joh 1,9.14.18). Je mehr wir „aus seiner Fülle Gnade um Gnade empfangen haben" (Joh 1,16), desto mehr wird auch das Erkennen der Zukunft Jesu vorangebracht. Dieses Erkennen bewegt sich in der Geschichte und braucht daher die biblischen Bilder und Gleichnisse. Sie bezeugen den Auslegungsvorgang und können nicht weggelassen werden, wenn ihre Bedeutung in abstrakte Sätze übertragen wird. Der Ausleger liebt ihre unerschöpfliche Sinnfülle, bewundert ihre Farben und Töne, ihren besonderen Duft, ihren Geschmack, ihre greifbare Gestalt. Von allem läßt er sich bewegen, von der Größe der Gesamtschau und von den Einzelheiten, bis hin zum Brautgeschmeide, zum Gold und zum Glanz edler Steine (vgl. Offb 21,2–21).

Wieviel Erkenntnis ergibt sich, wenn die Bilder und Gleichnisse der Schrift von der ewigen Wahrheit her ausgelegt werden! Im ganzen wird vor allem dies offenbar: Die Zukunft Jesu ist nicht nur das ewig Neue, das in der Zeit nie war und nie sein wird. Etwas in ihr geht auch aus dem Alten hervor, wird gleichsam in der Geschichtszeit gezeugt und unter Schmerzen geboren. Das Gericht hebt das gut Gewachsene endgültig heraus und trennt es vom Bösen (vgl. Mt 13,30; 1 Kor 3,13–15; 2 Kor 5,10). Die Menschen werden gerichtet nach dem, was sie getan haben und was in den Büchern, den Erinnerungen der Geschichte, geschrieben steht (vgl. Offb 20,12). Alles ist beteiligt an der Gestaltung des Gerichts. Der Richter ist nicht nur der, der vom Himmel herabstieg (Joh 3,13), sondern ist auch aus einer Frau geboren, war dem Gesetz unterstellt (Gal 4,4), hat die Sünde der Welt auf sich genommen (vgl. Joh 1,29) und ist durch die „Geburtswehen des Todes" (Apg 2,24) zum neuen Leben gelangt. Er vollbringt das Gericht zusammen mit den Seinen, die in der Geschichte zu ihm gekommen sind. Die Zwölf richten die zwölf Stämme Israels (vgl. Mt 19,28 par). Die Heiligen richten die Welt (1 Kor 6,2). Die Zukunft Jesu ist die Zukunft der Glieder seines Leibes. Christus wird mit seiner heiligen und makellosen Kirche zu einem Fleisch (vgl.

Eph 5,27–31). Der Letzte Adam, lebendigmachender Geist, wächst mit dem geistlichen Leib jedes zum Leben auferweckten Menschen zusammen (vgl. 1 Kor 15,44–45). Die kühne Auslegung der Gestalt des Menschensohnes im Buch Daniel erfüllt sich: „Die Herrschaft und die Macht und die Herrlichkeit aller Reiche unter dem ganzen Himmel werden dem Volk der Heiligen des Höchsten gegeben" (Dan 7,27). Vor dem Angesicht des Allherrschers wird die Hochzeit des Lammes und seiner Frau gefeiert, werden alle zu einer Mahlgemeinschaft versammelt (vgl. Offb 19,7.9; 21,22; 22,4). Die Herkunft vollendet sich in der Zukunft. Alle Menschen werden verwandelt. Aus dem Vergänglichen wird das Unvergängliche, aus dem Sterblichen das Unsterbliche (vgl. 1 Kor 15,51–54). Es geschieht Wiedergeburt (Mt 19,28), Wiederherstellung aller Dinge (Apg 3,21)[24].

Die Bilder und Gleichnisse der biblischen Verheißung sind unausschöpflich, wie der „Quell eines Wassers, das sprudelt zum ewigen Leben" (Joh 4,15). In der *Mitte* des Auslegungsvorgangs – in die wir nun einzutreten haben – sollte die Glaubensgemeinschaft also nie stehenbleiben, so als könnte beim Vorwärtsgehen nichts mehr herauskommen. Die Grenze zwischen dem schon Erkannten und dem Geheimnis der Zukunft ist ja keine Schranke, die, eines Tages erreicht, jedes Übersteigen verhindert. Die Auslegung, die vom Geist Gottes bewegt wird, kommt nie an einen toten Punkt, geht immer vorwärts. Es kommt immer neu auf das Schaffen und Dulden der Liebe an. Und die Liebe will, daß Anfang und Ende zusammenkommen. Nur in ihr wird vom schon Erreichten zum noch nicht Erreichten vorgeschritten, wird das erkannte Vergangene dem erhofften Zukünftigen entgegengeführt.

Es wäre nun näher zu erörtern, wie die Liebe die geistliche Auslegung Jesu und der Zukunft vollzieht, zeugend und empfangend,

---

[24] Vielfältige Anregungen zur geistlichen Auslegung der biblischen Zukunftstexte verdanke ich vor allem der „Eschatologie im Umriß" von *H. U. von Balthasar* in: Pneuma und Institution (Einsiedeln 1974) 410–455. Vgl. auch seine Gedanken über „Trinität und Zukunft" in: Klarstellungen (Freiburg i.Br. 1971) 52–58.

hervorbringend und Geburtswehen ertragend, im Bereich des Einzelnen, im Bereich der Kirche, im Bereich des Staates und der Gesellschaft, in allen uns zugänglichen Bereichen der Welt. Wie viele Anweisungen für den geistlichen Kampf wären zu geben, nicht nur für das Siegen, sondern auch für das Unterliegen, nicht nur für die Praxis, sondern auch für das Pathos der Zukunft Jesu! Und was wäre nicht alles über taktische Probleme in den sich fortwährend ändernden konkreten Situationen der Bekehrung, der Verbesserung, der Befreiung zu sagen![25] Wir müssen hier darauf verzichten und beschränken uns auf die Kernfrage: Können wir im Geist Gottes handelnd und leidend die Zukunft Jesu mithervorbringen?

Dies anzunehmen sieht aus wie vermessene Selbstüberschätzung. Gibt es denn irgendeine Beteiligung unseres gegenwärtigen Tuns und Leidens am endgültigen Zusammenkommen des Mensch gewordenen Sohnes Gottes und der Welt? Dürfen Men-

---

[25] Unter den programmatischen Äußerungen der katholischen Kirche ragen hervor: die Pastoralkonstitution des Zweiten Vatikanums ,,Gaudium et spes'' über die Kirche in der Welt von heute (LThK. Das Zweite Vatikanische Konzil, Teil III [Freiburg i. Br. 1968] 241–592) und der Beschluß der Gemeinsamen Synode der Bistümer in der Bundesrepublik Deutschland ,,Unsere Hoffnung''. Die zahlreichen Beiträge der letzten Jahre zur Vergegenwärtigung der christlichen Zukunftshoffnung können hier natürlich nicht alle aufgezählt werden. Bahnbrechend war: *J. Moltmann,* Theologie der Hoffnung (München 1964). Das Werk war stark von Ernst Bloch inspiriert und ist der Erfüllung der Verheißung in Jesus Christus nicht ganz gerecht geworden. Vgl. *W.-D. Marsch* (Hrsg.), Diskussion über die ,,Theologie der Hoffnung'' (München 1967). Die Bedeutung der Theologie des Kreuzes und der Dreieinigkeit Gottes betont *Moltmann* in: Umkehr zur Zukunft (München 1970) und vor allem in: Der gekreuzigte Gott (München 1972). Ähnliche Wege wie Moltmann geht auch *J. B. Metz* mit seiner ,,politischen Theologie''; vgl. z. B. Zur Theologie der Welt (Mainz – München 1968). Vgl. ferner: *G. Sauter,* Zukunft und Verheißung (Zürich 1965); *G. Greshake,* Auferstehung der Toten (Essen 1969); *W.-D. Marsch,* Zukunft (Stuttgart 1969); *I. Escribano-Alberca,* Das vorläufige Heil (Düsseldorf 1970); *W. Pannenberg,* Theologie und Reich Gottes (Gütersloh 1971); *P. Schütz* u. a., Was heißt – ,,Wiederkunft Christi''? (Freiburg i. Br. 1971); *G. Gutiérrez,* Theologie der Befreiung (München – Mainz 1973); *D. Wiederkehr,* Perspektiven der Eschatologie (Zürich 1974); *W. Beinert,* Christus und der Kosmos (Freiburg i. Br. 1974); *H. J. Kraus,* Reich Gottes: Reich der Freiheit (Neukirchen 1975).

schen, im Raum verlorene, zeitlich begrenzte, sich einbilden, dazu auch nur das Geringste beitragen zu können? Wir müssen nein sagen, wenn wir vom Ende nichts kennen, nur aus dem Vergangenen leben und nur über natürliche Kräfte verfügen. Aber das gilt nicht für eine Auslegung, die im Geist Gottes geschieht. Sie strebt irgendwie dem Ewigen zu und kommt irgendwie vom Ewigen her. Ist dies wahr, so geht sie auch, bei aller zeitlichen Unvollkommenheit, irgendwie im Ewigen vor. Was der Ungläubige als unmöglich ansehen muß, wird wahr im übernatürlichen Glauben. „Denn die Liebe Gottes ist ausgegossen in unsere Herzen durch den Heiligen Geist, der uns gegeben ist" (Röm 5,5). Wer glaubt, geht dem ewigen Leben nicht nur entgegen, sondern „hat das ewige Leben" (Joh 5,24). Die Offenbarung des Vaters durch den Sohn geschieht, damit die Liebe, mit der der Vater den Sohn geliebt hat, und der Sohn selbst in den Gläubigen sei (vgl. Joh 17,26). So dürfen wir den Gedanken wagen: Die Mitte der geistlichen Auslegung der Zukunft Jesu ist der ewige Gott, der zu sich selbst kommt, sich selbst entäußert und in sich selbst vorgeht: der Vater, der den Sohn gebiert mit dem Heiligen Geist.

Diese ewige Geburt Gottes durchwirkt alle Zukunft, Herkunft und Ankunft. Unter ihrem Einfluß gibt es auch eine Teilnahme begnadeter Geschöpfe am Entstehen und Wachsen des Leibes Jesu. Maria gebiert ihn, überschattet von der Kraft des Höchsten, begnadet vom Heiligen Geist (vgl. Lk 1,35). Paulus schreibt von Geburtswehen der ganzen Schöpfung, die bis jetzt andauern (vgl. Röm 8,22). Er erwartet, daß der Tag des Herrn plötzlich hereinbrechen wird, „wie Geburtswehen über eine schwangere Frau" (1 Thess 5,3). Aber er weiß auch, daß er für die Galater von neuem Geburtswehen erleidet, bis Christus in ihnen Gestalt gewinnt (vgl. Gal 4,19). Es kommt also in der Kirche darauf an, den Leib des Christus zu bauen, diesen Leib zum vollkommenen Mann zu gestalten, ihn das Maß der Reife und Fülle erreichen zu lassen (vgl. Eph 4,12–13). Das Johannesevangelium vergleicht die Trauer der Jünger, bevor Jesus sie wiedersieht, mit der Trauer einer gebärenden Frau (Joh 16,21–22), und in der Apokalypse erscheint als großes Zeichen am Himmel eine Frau, unter Qualen einen Sohn gebärend, der Hirt aller Völker sein soll (Offb 12, 1–5). Die Deutung des Zeichens ist schwer. Es ist aber im Lauf der Jahrhunderte oft als Symbol der Geburt des Sohnes Gottes aus der Kirche ausgelegt worden[26].

Der christlichen Theologie ist der Gedanke tief vertraut, daß die Kirche ähnlich wie Maria an der Geburt und am Wachstum der geistlichen Gestalt Jesu teilnimmt, in ihrem ganzen Wirken und Leiden, vor allem im geistlichen Vollzug der Taufe und Eucharistie. Schon Hippolyt von Rom schreibt: ,,Niemals hört die Kirche auf, aus ihrem Herzen das Wort zu gebären.''[27] Und nachher teilen zahlreiche Theologen die Überzeugung des Origenes, daß Christus in den Herzen der Gläubigen geboren wird[28]. So schreibt auch Maximos der Bekenner: ,,Immer und in allem will das Wort Gottes und Gott das Geheimnis seines Leibwerdens wirken.''[29] Groß, unnachahmlich, Jahrhunderte überdauernd ist der Gedanke Meister Eckharts: ,,Wäre ich aus mir selbst ganz ausgegangen und meiner völlig ledig geworden, ei, so würde der Vater vom Himmel seinen eingeborenen Sohn in meinem Geist so lauter gebären, daß der Geist ihn wiedergebären würde.''[30] Wer sich diesen Gedanken des Meisters anzueignen vermag, wird wohl auch ein wenig einsehen, wie die geistliche Auslegung der Zukunft Jesu in ihrer Mitte vorgehen muß. Denn soweit die Gottesgeburt im Innersten der Seele gegenwärtig ist, soweit wird auch die Zukunft Jesu miterwirkt und miterlitten. Hier ist es aber nicht der Mensch, der sich selbst zum Herrn der Zukunft erheben und die Zukunft der Welt aus eigener Kraft schaffen und über sie verfügen kann. Gott selbst gebiert seinen Sohn in dem Menschen, der seiner

---

[26] Vgl. *H. Rahner,* Die Gottesgeburt. Die Lehre der Kirchenväter von der Geburt Christi aus dem Herzen der Kirche und der Gläubigen, in: Symbole der Kirche (Salzburg 1964) 11–87 (bes.: 69).
[27] *Hippolyt,* Antichrist 61; vgl. *H. Rahner,* a.a.O. 27.
[28] *Origenes,* Levitikushom. 12,7; vgl. *H. Rahner,* a.a.O. 33.
[29] *Maximos der Bekenner,* Ambigua (PG 91, 1084 C); vgl. *H. Rahner,* a.a.O. 55.
[30] *Meister Eckehart,* Predigt 39, in: Deutsche Predigten und Traktate, hrsg. v. J. Quint (München ³1969) 341.

selbst ledig geworden ist. Und in allem, was der Mensch auf dem Weg seines Ledigwerdens erleidet, wird der ewig neue, unverfügbare, unbegreifliche Gott erlitten. Die Geburtswehen sind notwendig, gehören zum Aufbrechen der zu eng gewordenen Welt. Ohne die Passion des Kreuzes kann der Mensch gewordene Sohn Gottes nicht aus dem Vergänglichen ins Zukünftige treten.

Auch Pierre Teilhard de Chardin versucht ein ganzes Leben lang, die biblische Verheißung der Zukunft Jesu geistlich auszulegen. Was er das ,,göttliche Milieu'' nennt, ist, wie mir scheint, die Mitte dieser geistlichen Auslegung. ,,Das göttliche Milieu, so unermeßlich es auch sein mag, ist in Wirklichkeit ein Zentrum.''[31] Es ist die allgegenwärtige Mitte Gottes, in dem alle aktiven und passiven Kräfte der geistlichen Menschheit auf die Vollendung des universalen Christus hin geeinigt werden. ,,Es ist ganz genau Christus, den wir in allen Dingen schaffen oder erleiden.''[32] ,,Unter der banalen Hülle der Dinge wird aus all unserem gereinigten und geretteten Bemühen nach und nach die neue Erde gezeugt.''[33] Mitten in der Arbeit und der Not wird offenbar: ,,Im Grunde wird seit eh und je in der Schöpfung nur eines: der Leib Christi.''[34] Dies darf nicht im Sinn eines geistlosen Evolutionismus ausgelegt werden. Teilhard meint nicht, die Welt könne sich aus sich selbst heraus entwickeln und vollenden. Er denkt vielmehr an das geistlich mitzuvollziehende Wachsen des Leibes Christi im Milieu Gottes. Dies Wachsen bedeutet, daß der einzelne Mensch aus seinem selbstsüchtigen Leben auszieht, um sich ganz zum Herrn zu bekehren. So soll in Liebe vorgehen, was Paulus sagt: ,,Keiner von uns lebt für sich und keiner stirbt für sich. Leben wir, so leben wir dem Herrn. Sterben wir, so sterben wir dem Herrn. Ob wir also leben oder sterben, wir gehören dem Herrn'' (Röm 14,8)[35]

---

[31] *P. Teilhard de Chardin,* Das göttliche Milieu (Olten [7]1969) 131.
[32] A.a.O. 145.
[33] A.a.O. 189.
[34] *P. Teilhard de Chardin,* Pantheismus und Christentum, in: Mein Glaube (Olten [2]1974) 91.
[35] Vgl. *P. Teilhard de Chardin,* Das göttliche Milieu, 127.

Im Geist des Herrn können wir also zwischen dem Anfang und dem Ende wachsam und nüchtern (vgl. 1 Thess 5,6) in der Mitte des Auslegungsweges vorgehen[36]. So gehen wir einig mit Jesus, dem „Anfänger und Vollender des Glaubens" (Hebr 12,2). So bleiben wir auch in Gemeinschaft mit allen Menschen, die dem gekommenen Herrn nachfolgen und seiner Zukunft entgegengehen. Dies mag uns Irenäus von Lyon bestätigen mit den Sätzen, die seine geistliche Auslegung der Zukunft Jesu beschließen: „In all diesem und durch all dieses offenbart sich Gott der Vater, der den Menschen erschaffen hat und den Vätern die Erbschaft der Erde verhieß, der diese herausführt bei der Auferstehung der Gerechten und seine Verheißungen erfüllt im Reich des Sohnes. Dann aber reicht er in seiner Vatergüte, ‚was kein Auge gesehen, kein Ohr gehört, in keines Menschen Herz gedrungen ist' (1 Kor 2,9). Denn es ist ein Sohn, der den Willen des Vaters vollendet hat, und ein Menschengeschlecht, in dem die Geheimnisse Gottes sich vollziehen. Ihn ‚begehren die Engel zu sehen' (1 Petr 1,12), aber sie können die Weisheit Gottes nicht ergründen, durch die seine Schöpfung zur vollkommensten Einverleibung in seinen Sohn gelangt, so daß sein Sohn, das eingeborene Wort, hinabsteigt in das Geschöpf, in sein Gebilde, und von ihm aufgenommen wird. Und das Geschöpf nimmt das Wort auf und steigt zu ihm empor, indem es sich über die Engel erhebt. Und so wird es nach dem Bild und Gleichnis Gottes."[37]

---

[36] Vgl. *H. Schlier,* Das Ende der Zeit (Freiburg i. Br. 1971) 52–84; Der Herr ist nahe (Freiburg i. Br. ²1975) 77–111.
[37] *Irenäus von Lyon,* Gegen die Häresien, V, 36,3.

IV

Neuansätze gegenwärtiger Christologie

Von Walter Kasper

Die christologische Thematik ist in der gegenwärtigen systematischen Theologie hoch im Kurs. Nachdem in den letzten zehn Jahren nach dem Konzil die Erneuerung der Kirche für den Dienst an der Welt von heute im Vordergrund des theologischen Interesses stand, besinnt man sich gegenwärtig wieder stärker auf das Eigentliche, auf Mitte und Grund des Christlichen: Jesus Christus. Nur von dieser Mitte her ist eine Erneuerung der Kirche für den Dienst an der Erneuerung der Welt möglich.

Eine ganze Reihe von Neuveröffentlichungen ist zu nennen. Nach den immer wieder neu aufgenommenen christologischen Vorstößen K. Rahners [1], den wichtigen vorwärtsweisenden Diskussionsbeiträgen B. Weltes [2], dem groß angelegten christologischen Entwurf H. U. von Balthasars [3] und der zusammenfassenden

---

[1] Zusammenfassend in: *K. Rahner – W. Thüsing,* Christologie – systematisch und exegetisch (Quaest. disp., Bd. 55) (Freiburg – Basel – Wien 1973); *K. Rahner,* Grundkurs des Glaubens. Einführung in den Begriff des Christentums (Freiburg – Basel – Wien ⁹1977).

[2] *B. Welte,* Die Lehrformel von Nikaia und die abendländische Metaphysik, in: *B. Welte* (Hrsg.), Zur Frühgeschichte der Christologie (Quaest. disp., Bd. 51) (Freiburg – Basel – Wien 1970) 100–117; *ders.,* Homoousios hemin. Gedanken zum Verständnis der theologischen Problematik der Kategorien von Chalcedon, in: *ders.,* Auf der Spur des Ewigen (Freiburg – Basel – Wien 1965) 429–458; *ders.,* Die Krisis der dogmatischen Christusaussagen, in: *ders.,* Zeit und Geheimnis. Philosophische Abhandlungen zur Sache Gottes in der Zeit der Welt (Freiburg – Basel – Wien 1975) 292–318.

[3] *H. U. von Balthasar,* Herrlichkeit. Eine theologische Ästhetik, Bd. III/2,2: Theologie – Neuer Bund (Einsiedeln 1969).

Darstellung D. Wiederkehrs[4] sind jüngst innerhalb weniger Monate allein im Raum der deutschsprachigen katholischen Theologie drei größere Darstellungen der Christologie erschienen (H. Küng, E. Schillebeeckx, W. Kasper)[5]. Gleichzeitig mit diesen systematisch-theologischen Veröffentlichungen legte A. Grillmeier die Summe seiner jahrzehntelangen dogmen- und theologiegeschichtlichen Forschungen zur Christologie vor[6]. Auch aus dem außerdeutschen Sprachraum liegen bedeutsame christologische Neuentwürfe vor. Neben den beiden Niederländern P. Schoonenberg[7] und dem schon genannten E. Schillebeeckx sei vor allem auf Ch. Duquoc[8], L. Boff[9], J. I. González Faus[10] verwiesen. Wie sehr die christologischen Fragen auch in der gegenwärtigen protestantischen Theologie wieder in Fluß geraten sind, zeigt u. a. ein grundlegender Artikel von W. Pannenberg[11], in dem er seine eigene frühere Position wesentlich weiterentwikkelt. Bei dieser Aktualität der Fragestellung ist es nicht zu verwundern, daß sich unabhängig voneinander sowohl die deutschsprachigen katholischen Neutestamentler[12] als auch die deutschsprachigen katholischen Dogmatiker und Fundamentaltheologen

---

[4] *D. Wiederkehr,* Entwurf einer systematischen Christologie, in: Mysterium Salutis, Bd. III/1 (Einsiedeln – Zürich – Köln 1970) 477–646.

[5] *H. Küng,* Christ sein (München 1974); *E. Schillebeeckx,* Jesus. Die Geschichte von einem Lebenden (Freiburg – Basel – Wien ³1975); *W. Kasper,* Jesus der Christus (Mainz ⁵1976).

[6] *A. Grillmeier,* Mit ihm und in ihm. Christologische Forschungen und Perspektiven (Freiburg – Basel – Wien 1975).

[7] *P. Schoonenberg,* Ein Gott der Menschen (Zürich – Einsiedeln – Köln 1969); *ders.,* Trinität – der vollendete Bund. Thesen zur Lehre vom dreipersönlichen Gott, in: Orientierung 37 (1973) 115–117; *ders.,* Christologische Diskussion heute, in: Theol.-prakt. Quartalschrift 123 (1975) 105–117.

[8] *Ch. Duquoc,* Christologie, essai dogmatique, 2 Bde (Paris 1968–74); *ders.,* Jésus, homme libre. Esquisse d'une christologie (Paris 1974).

[9] *L. Boff,* Gesù Cristo Liberatore (Assisi 1973).

[10] *J. I. González Faus,* La humanidad nueva. Ensayo de cristología, 2 Bde. (Santander 1975).

[11] *W. Pannenberg,* Christologie und Theologie, in: KuD 21 (1975) 159–175.

[12] Vgl. *K. Kertelge* (Hrsg.), Rückfrage nach Jesus (Quaest. disp., Bd. 63) (Freiburg – Basel – Wien 1974).

(die letzteren gleich dreimal)[13] auf ihren Arbeitstagungen mit Grundfragen der Christologie befaßten.

Es ist die Aufgabe dieses Beitrags, einen kritischen Überblick über den gegenwärtigen Stand der Diskussion zu geben, die verschiedenen Tendenzen zu sichten und auf diese Weise in die Sache der Christologie selbst einzuführen. Es sollen nacheinander vier Tendenzen gegenwärtiger Christologie herausgestellt werden.

1. *Christologie von unten*

Bemerkenswert und erstaunlich ist nicht nur die gegenwärtige Wende *zur* Christologie, sondern noch mehr die Wende *innerhalb* der Christologie. Keine der genannten Christologien stellt nämlich einfachhin eine Neuauflage der klassischen christologischen Traktate dar. Bei allen teilweise beträchtlichen Unterschieden haben sie weithin unabhängig voneinander eine Wende von der bisherigen „Christologie von oben" zu einer „Christologie von unten" vollzogen. Das sind Schlagworte, unter denen die genannten Autoren höchst Unterschiedliches verstehen und die – wie noch zu zeigen sein wird – unzureichend sind, um die gegenwärtige Problemstellung angemessen zu verstehen.

Zunächst geht es der Christologie „von unten" darum, die Glaubenssituation, in der sich die meisten Menschen gegenwärtig befinden, ernst zu nehmen. In der gegenwärtigen Situation kann man den Glauben an den dreifaltigen Gott nicht mehr „selbstverständlich" voraussetzen; man kann deshalb nicht mehr unvermittelt „oben" einsetzen, um dann „nur" noch die Menschwerdung der zweiten göttlichen Person zu bedenken. In der gegenwärtigen Situation, in der das Sprechen vom Geistigen ganz allgemein und

---

[13] Vgl. Zur Frühgeschichte der Christologie (s. o. Anm. 2); *L. Scheffczyk* (Hrsg.), Erlösung und Emanzipation (Quaest. disp., Bd. 61) (Freiburg – Basel – Wien 1974); *L. Scheffczyk* (Hrsg.), Grundfragen der Christologie heute (Quaest. disp., Bd. 72) (Freiburg – Basel – Wien 1975).

von Gott im besonderen zum Problem geworden ist, empfiehlt sich vielmehr der umgekehrte Weg, sozusagen „unten" bei der menschlichen Gestalt Jesu Christi anzusetzen, um so „im Sichtbaren das Unsichtbare anschauen" zu lassen (Weihnachtspräfation). Wir müssen also einsetzen bei der Erfahrung Jesu als eines wahren Menschen und damit zugleich bei der Erfahrung, die wir mit unserem Menschsein machen. Anders als in menschlicher Weise können wir das an uns ergehende Wort Gottes gar nicht erfassen und verstehen. Deshalb geht es in der Christologie „von unten" um Verstehens- und Erfahrungszugänge zum Glauben an Jesus Christus.

Eine solche von „unten" nach „oben" aufsteigende Christologie legt sich nicht nur von der gegenwärtigen pastoralen Situation her nahe. Sie kann sich auch auf die biblische Erhöhungschristologie[14] und vor allem auf die römische Liturgie berufen. Das hat schon vor Jahrzehnten J. A. Jungmann aufgezeigt[15]. K. Adam, der bedeutende Christologe in der ersten Hälfte unseres Jahrhunderts, ist ihm darin gefolgt[16]. In der Liturgie werden wir ja seit den Anfängen bis heute betend „in der Gemeinschaft des Heiligen Geistes durch Christus zum Vater" geführt. Später, in der Zeit des Arianismus, wurde diese heilsgeschichtliche Doxologie durch eine trinitarische ersetzt. Man meinte, durch die heilsgeschichtliche Gebetsform würde die Gleichwesentlichkeit des Sohnes mit dem Vater verdunkelt. Man wagte deshalb nicht mehr zu sagen: „Ehre sei dem Vater durch den Sohn im Heiligen Geist", sondern man formulierte: „Ehre sei dem Vater und dem Sohn und dem Heiligen Geist." Man erreichte dadurch zwar eine größere Verdeutlichung des trinitarischen Bekenntnisses, aber man nahm

[14] Vgl. *R. Schnackenburg,* Christologie des Neuen Testaments, in: Mysterium Salutis, Bd. III/1 (Einsiedeln – Zürich – Köln 1970) 227–384, hier 256 ff.
[15] *J. A. Jungmann,* Die Stellung Christi im liturgischen Gebet (Münster ²1962).
[16] *K. Adam,* Durch Christus unseren Herrn, in: *ders.,* Christus unser Bruder (Regensburg 1950) 46–80; vgl. *F. X. Arnold,* Das gottmenschliche Prinzip der Seelsorge, in: *ders.,* Seelsorge aus der Mitte der Heilsgeschichte. Pastoraltheologische Durchblicke (Freiburg i. Br. 1956) 27–50.

damit auch in Kauf, daß die wahre Menschheit Jesu und ihre Heilsbedeutung oft verdunkelt und verkannt wurde. Jesus wurde in der Volksfrömmigkeit oft zu einem auf Erden wandelnden Gott; seine Menschheit war oft nur noch die äußere Erscheinung, wenn nicht gar die Verkleidung Gottes. Eine solche, die wahre Menschheit Jesu vernachlässigende Christologie kann das Geheimnis unserer Erlösung nicht mehr wahren. Denn nur wenn und weil Jesus Christus uns in allem gleich ist, die Sünde allein ausgenommen, kann er uns in allem Erlösung bringen. Die wahre Menschheit Jesu ist also das Sakrament unserer Erlösung, d. h., sie ist nicht nur Erscheinung und Verkleidung, sondern sie ist Zeichen und zugleich wirksame Ursache des Heils, Zugang, Medium, Ort unserer Gottesbegegnung. Auch von der großen dogmatischen Tradition her legt sich also eine Christologie „von unten" nahe.

Wenn wir uns in der gegenwärtigen pastoralen Situation auf das ursprüngliche biblische und liturgische Sprechen zurückbesinnen, dann dürfen wir freilich nicht übersehen, daß das Programm einer Christologie „von unten" in der liberalen protestantischen Theologie längst in einer Weise entworfen und durchexerziert wurde, die uns bei diesem Unternehmen zur äußersten Vorsicht mahnt. Dort wurde die menschliche Gestalt zu einem bloßen Transparent des Göttlichen; das von der kirchlichen Tradition festgehaltene wahre Gott*sein* Jesu wurde dagegen weitgehend als späterer Gemeindeglauben erklärt[17]. Man sollte die manchmal fast pietistische Frömmigkeit, die hinter dieser liberal-protestantischen Christologie „von unten" stand, nicht verkennen; ebensowenig darf man das ernste apologetische Interesse übersehen, das darauf zielte, das alte christologische Dogma in der gewandelten Situation der Neuzeit neu zu erschließen. Dennoch führt kein Weg daran vorbei zu sagen: Dieser „Jesuanismus ist ein entleertes, entseeltes Christentum und ein Glaube, dem das Herz ausgeschnitten

---

[17] Vgl. *W. Kasper,* Christologie von unten? Kritik und Neuansatz gegenwärtiger Christologie, in: Grundfragen der Christologie heute, a. a. O. 141–170.

Walter Kasper

ist"[18]. Wäre Jesus Christus bloßer Mensch, wenngleich ein vorbildlicher, auf Gott hin offener und transparenter Mensch, dann könnte er uns nur Menschliches geben, Menschliches mit seiner Bedingtheit und Fraglichkeit. Unsere tiefste Not, die Not der Sünde und des Todes, könnte er nicht von uns nehmen. Die Erlösung von der Macht des Todes ist nur Gott, dem Herrn über Leben und Tod, möglich.

Es ist deshalb verständlich und berechtigt, daß die Antimodernistenerklärung Papst Pius' X. ähnliche bzw. damals als ähnlich verstandene Meinungen im katholischen Bereich scharf verurteilte[19]. Die erneuerte protestantische Theologie, besonders die K. Barths, war in ihrem Urteil nicht weniger eindeutig. K. Barth urteilt: „Die orthodoxe Christologie ist ein aus der Höhe von 3000 m steil abfließendes Gletscherwasser; damit kann man etwas schaffen. Die Herrmannsche Christologie, so wie sie dasteht, ist der hoffnungslose Versuch, eine stehende Lagune mittelst einer Handpumpe auf dieselbe Höhe zu treiben. Das geht eben nicht."[20] Warum geht das nicht? Deshalb, weil der Mensch aus eigener Kraft den Weg von unten nach oben nicht gehen kann. Der Weg von unten nach oben kann nur Antwort sein auf die Zuwendung Gottes von oben.

Wenn heute dennoch von protestantischen wie von katholischen Theologen erneut der Versuch einer Christologie „von unten" gemacht wird, so handelt es sich im wesentlichen um eine gegenüber der liberalen Theologie neue Christologie „von unten". Nach allem bisher Gesagten kann es sich in einer theologisch sinnvollen und verantwortlichen „neuen" Christologie „von unten" von vornherein nicht darum handeln, sich von der klassischen Christologie „von oben" zu emanzipieren und in einer Art Urzeugung eine völlig neue Christologie „von unten" zu produzieren.

---

[18] *K. Adam,* Jesus Christus (Düsseldorf ⁸1949) 17.
[19] Vgl. DS 3427–38.
[20] *K. Barth,* Die dogmatische Prinzipienlehre bei *W. Herrmann,* in: Zwischen den Zeiten (1925) 274.

Eine legitime Christologie „von unten" setzt vielmehr eine recht
verstandene Christologie „von oben" voraus. Um was es also allein geht, ist eine erfahrungsmäßige, sozusagen fundamentaltheologische Grundlegung der klassischen Christologie. Es geht in einer recht verstandenen Christologie „von unten" um Verstehenszugänge zur traditionellen Christologie „von oben". Um nicht
mehr, aber auch um nicht weniger. Das Grundproblem ist deshalb:
In welcher Weise und in welchem Umfang kann und muß man
die Substanz der alten Christologie „von oben" durch den Ansatz
„von unten" erschließen und in ihn einbringen? In der Beantwortung dieser Frage scheiden sich die Geister. Verständlicherweise
spitzt sich diese Frage zu in der Deutung der Menschwerdung
Gottes, der Präexistenz und (eng damit verbunden) der Trinität.
Wie kann man von diesen „hochdogmatischen" Wahrheiten heute
in einer verstehbaren und verantwortlichen Weise sprechen? Wie
kann man so davon sprechen, daß man sie nicht nur für wahr hält,
sondern daß sie menschliches und christliches Leben wecken und
erschließen? Auf diese Fragen will die anthropologisch gewendete
Christologie eine erste Antwort geben.

2. Anthropologisch gewendete Christologie

Wir sahen: Die Krise, in die die traditionelle Christologie geraten
ist, hängt mit der viel umfassenderen geistigen Krise der Gegenwart, mit der Krise des Sprechens von Gott zusammen. In dieser
geistigen Situation kann die Rede von der Menschwerdung Gottes, von der Geburt Jesu von der Jungfrau Maria, seinem stellver-
tretenden Sühnetod, seiner Auferstehung am dritten Tag, seiner
Himmelfahrt und seiner Wiederkunft leicht als Relikt eines vergangenen mythologischen Weltbildes erscheinen, mit dem wir in
unserer modernen wissenschaftlich und technisch orientierten
Welt nichts mehr anzufangen wissen. Im Unterschied zum neuzeitlichen Denken ist es nämlich für die mythologische Denkweise
charakteristisch, Göttliches und Menschliches nicht klar zu unter-

scheiden, sondern in Unkenntnis der wirklichen innerweltlichen Ursachen des Geschehens an deren Stelle wunderbare göttliche Eingriffe zu setzen. Daß hier für jeden denkenden Menschen Schwierigkeiten bestehen, kann gar nicht bestritten werden. Es handelt sich nicht nur um ein intellektuelles, sondern auch um ein existentielles Nicht-mehr-verstehen-und-mitvollziehen-Können der überlieferten christlichen Botschaft. Sie kann für viele keine Antwort mehr sein auf die Fragen und Ängste, Konflikte und Hoffnungen unserer Lebenswelt.

Diese Situation stellt eine ernste pastorale und theologische Herausforderung dar. Denn der christliche Glaube unterscheidet sich vom Aberglauben dadurch, daß er als ein menschlicher Akt frei verantwortet, in intellektueller Redlichkeit und Verantwortung gesetzt wird. Es gibt den Glauben nur im Medium eines menschlichen Verstehens. Ein *bloßer* Autoritätsglaube oder ein reiner Köhlerglaube sind nicht Höchstformen, sondern Zerrformen des Glaubens. Das Glaubenszeugnis der Kirche muß darum jeweils so artikuliert werden, daß es menschlich verstehbaren Sinn eröffnet und in einen Sinnzusammenhang mit den übrigen Fragen eines Menschen gebracht werden kann. Das ist gemeint, wenn man von einer anthropologischen Interpretation des Glaubens spricht.

Beginnen wir also mit der Frage: Was ist der Mensch? Seit den Anfängen des abendländischen Denkens bis zur heutigen Anthropologie hält sich die Überzeugung, daß ein Mensch nur dann zur vollen Menschlichkeit seines Menschseins findet, wenn er sich dieser Frage stellt. Es macht nämlich den Unterschied des Menschen zum Tier aus, daß er nicht instinktsicher in eine bestimmte Umwelt eingepaßt, sondern weltoffen ist. Mit seinem Sein ist der Sinn seines Seins nicht mitgesetzt. Der Mensch ist das „nichtfestgestellte Tier" (F. Nietzsche). Er ist frei, über den Sinn seines Seins zu entscheiden; er ist sich selbst überantwortet, sich selbst zugelastet. Aufgrund seiner Freiheit ist der Mensch aber auch nie abschließend objektivierbar und definierbar. Jeder Akt der Erkenntnis, in dem wir einen einzelnen endlichen Gegenstand als endlichen erkennen, ist nur möglich, weil wir „irgendwie" um ein Unendliches wissen. Jeder endliche Begriff steht also im Horizont eines unendlichen Vorgriffs, den wir nie ganz auf den Begriff bringen können; jeder Akt der Erkenntnis weist uns also auf ein letztes Geheimnis hin. Diese Grundstruktur unserer Erkenntnis ist zugleich der Grund unserer Freiheit. Die Bindung an das Unendliche macht uns ja erst frei gegenüber dem einzelnen; denn nur im Horizont des Ganzen kann der einzelne Gegenstand in seiner Relativität, Kontingenz und Nichtnotwendigkeit deutlich werden. Anders ausgedrückt: Freiheit ist nur möglich, wenn wir hinsichtlich der personalen Grundausrichtung des Menschen nicht durch feststellbare Fakten und definierbare Sachgesetzlichkeiten determiniert sind, sondern wenn unser Leben ein Weg ins Offene, ein Wagnis in ein dunkles, letztlich nicht ergründbares Geheimnis hinein ist.

Dieses Geheimnis ist aber „etwas" anderes als die vielen noch ungelösten Probleme, mit denen wir uns jeden Tag herumzuschlagen haben, die wir aber im Prinzip sukzessiv lösen können. Es ist auch nicht „etwas" neben dem Normalen und Begreifbaren, sozusagen ein irrationaler Rest, sondern „etwas", das alles andere erst ermöglicht, alles andere umgreift, das das Ganze unseres Daseins durchstimmt und im Tod das Ganze unseres Daseins bedroht. Der Mensch als ganzer ist sich also letztlich ein undurchdringliches Geheimnis, eine Frage, auf die er sich selbst keine Antwort geben kann. Es gibt zwar „Knotenpunkte" menschlicher Existenz, in denen das Ganze aufleuchtet. Aber auch hier hat der Mensch das Ganze seines Menschseins nur im Fragment, in einzelnen symbolischen Verdichtungen, in einzelnen Erfahrungen, die auf das Ganze hin transparent sind, ohne dieses jedoch jemals abschließend einfangen zu können. Die sakramentale Struktur des Glaubens, von der vorhin die Rede war, ist dem Menschen also gewissermaßen auf den Leib geschnitten. Denn aufgrund seiner Daseinsverfassung ist der Mensch wesentlich auf der Suche nach dem endgültigen Symbol, nach einem endgültigen Zeichen des Heils.

In dieser Situation verweist uns die gesamte christliche Tradition auf Jesus Christus als dem endgültigen Heilszeichen. Man spricht gegenwärtig oft von Jesus Christus als dem eschatologischen Menschen, dem letzten Adam und neuen Menschen, und man entwirft eine Christologie von Jesu menschlicher Transzendenz und seiner menschlichen Endvollendung. Mit Recht weist jedoch E. Schillebeeckx darauf hin, daß der Begriff „menschliche Transzendenz" nicht so problemlos ist, wie es scheint[21]. Denn dieser Begriff scheint vorauszusetzen, daß wir genau wissen, was „Menschheit" und was transzendierende Menschheit ist. Aber unser Menschsein realisiert sich aufgrund seiner Offenheit auf ein unauslotbares Geheimnis hin auf höchst vielfältige Weise, so daß wir nie a priori, sondern immer nur a posteriori, von konkreten geschichtlichen Verwirklichungen des Menschseins her bestimmen können, was Menschsein konkret besagt. Wollen wir daher Jesus verstehen, dann müssen wir zwar von unserem Vorverständnis des Menschseins, von unseren menschlichen Fragen und Erfahrungen ausgehen, aber wir müssen ebenfalls damit rechnen, daß Jesus uns etwas qualitativ Neues über unser Menschsein zu sagen hat. Er ist nicht nur Antwort auf unsere Frage, sondern stellt uns auch neue Fragen, Fragen, die unsere vermeintlichen Antworten in Frage stellen.

Die legitime, ja notwendige anthropologische Interpretation ist deshalb zu unterscheiden von einer rationalistischen anthropologischen Reduktion, die den Glauben auf die Maße des heute Zumutbaren und Plausiblen zurechtschneidet und für die Jesus Christus im Ergebnis nur noch eine Chiffre, ein Symbol, ein Gleichnis oder ein Exempel des Allgemein-Menschlichen, ein Ausdruck eines gelungenen und geglückten Menschseins, eine Art Mitmenschlichkeit oder ein Impuls, Inspirator, Katalysator und Animator zu einer die Welt vermenschlichenden Praxis ist. Solche entmythologisierenden Formen gibt es heute auch im katholischen Bereich, allerdings mehr im theologischen Unterholz (J. Ratzinger) als in der wissenschaftlich ernst zu nehmenden Theologie. Die

---

[21] *E. Schillebeeckx,* a.a.O. 527–533.

Paradoxie dieser Art von Entmythologisierung liegt nämlich darin, daß sie dialektisch in ihr Gegenteil umschlägt und in letzter Konsequenz Jesus zum Mythos des ewigen Menschen erklärt. Aber wissen wir denn je abschließend, was der Mensch ist? Können wir also die Kenntnis des Allgemein-Menschlichen einfach voraussetzen und Jesus Christus nur noch als dessen Symbol begreifen?

K. Rahner, der im deutschen Sprachraum das Programm einer anthropologisch gewendeten Christologie in besonders profilierter Weise vertritt, ist in dessen Durchführung denn auch wesentlich differenzierter als die eben angedeuteten Positionen. Vor allem in einigen jüngeren Veröffentlichungen scheint er möglichen Mißverständnissen und gelegentlichem Mißbrauch seiner Position dadurch entgehen zu wollen, daß er deutlicher als bisher sagt, Jesus Christus sei nicht nur der „einmalig höchste Fall des Wesensvollzugs der menschlichen Wirklichkeit"[22], sondern Realsymbol und Ursakrament des Menschen[23], d.h. nicht nur Chiffre und Symbol dessen, worauf unser Menschsein je schon angelegt ist, sondern zugleich wirksames Zeichen, das jenes endgültige Menschsein erst ermöglicht und verwirklicht, ja selber ist. Deshalb lehnt es K. Rahner entschieden ab, die Christologie a priori aus der Anthropologie abzuleiten[24]; vielmehr forderte er, „die theologische Anthropologie einmal auch von der Christologie her zu entwerfen"[25]. Die Christologie ist für ihn nicht nur das Ende und die Vollendung, sondern – vom Ende her – auch der Anfang der Anthropologie.

Damit stehen wir vor dem entscheidenden Punkt, auf den in diesem Zusammenhang alles ankommt: Das Menschsein ist in seiner radikalen Offenheit die Grammatik, deren sich Gott bedient,

---

[22] *K. Rahner*, Schriften zur Theologie, Bd. IV (Einsiedeln – Zürich – Köln 1960) 142.
[23] *K. Rahner*, Schriften zur Theologie, Bd. I (Einsiedeln – Zürich – Köln 1954) 204.
[24] Ebd. 207.
[25] Ebd. 205.

um sein endgültiges Wort, ja sich selbst auszusagen und uns zuzusagen. Aber sowenig man aus den Regeln der Grammatik ein Gedicht ableiten kann, so wenig aus der Anthropologie die Christologie. Diese ist vielmehr eine unableitbare „Verdichtung" unseres Menschseins; sie buchstabiert das Alphabet unseres Menschseins neu. Die anthropologisch gewendete Christologie kann und muß deshalb dieses Alphabet klären und damit dem heutigen Menschen Verstehenszugänge zum Glauben erschließen. Sie kann mit allen Möglichkeiten der Phänomenologie und Philosophie auf die Frage und das Geheimnis, das sich der Mensch selber ist, hinweisen. Dann kehrt sich aber die Fragestellung um. Es gilt nicht mehr vom allgemeinen und unbestimmten Wesen des Menschen her Jesus Christus zu bestimmen, sondern von dem konkreten Menschsein Jesu Christi her unser Menschsein neu bestimmen zu lassen. Die anthropologisch gewendete Christologie ist nur Einweisung in den geschöpflichen Status eines Hörers des Wortes. Wir dürfen in einer Christologie „von unten" nicht nur ausgehen vom Menschsein im allgemeinen; diese kann nur eine erste Eröffnung des Zugangs, der Fragestellung sein. Im Entscheidenden gilt es auszugehen vom konkreten Menschsein Jesu Christi. Die Christologie „von unten" wird damit zur Theologie des Lebens Jesu.

3. Christologie als Theologie des Lebens Jesu

Das Leben Jesu war in der christlichen Frömmigkeitsgeschichte schon immer ein bevorzugter Gegenstand der christlichen Betrachtung, man denke nur an Franz von Assisi oder an die Bedeutung, die der Betrachtung der Lebensgeheimnisse Jesu in den Exerzitien des Ignatius von Loyola zukommt. Eine Leben-Jesu-Theologie ist also etwas grundsätzlich Legitimes.

Allerdings ist diese Betrachtung des Lebens Jesu für uns heute durch die moderne historisch-kritisch arbeitende Exegese in vieler Hinsicht schwieriger geworden. Wir wissen heute, daß wir es in den Evangelien nicht mit einer Lebensbeschreibung (Biographie)

Jesu, sondern mit Glaubenszeugnissen der ersten Gemeinden und der Evangelisten zu tun haben. Die Evangelien sind keine neutralen Quellen, sondern engagierte Glaubenszeugnisse. Sie schauen von Ostern und Pfingsten, aber auch von den Erfahrungen der ersten christlichen Gemeinden her auf das irdische Leben Jesu zurück und versuchen es aus dieser Rückschau zu deuten und in der neuen Situation nach Ostern zu vergegenwärtigen. Die kerygmatische Theologie auf protestantischer Seite, vor allem R. Bultmann, hat daraus den Schluß gezogen, der Glaube sei am irdischen Jesus überhaupt nicht interessiert, ihm komme es nur auf den erhöhten, im verkündigten Wort wirksam gegenwärtigen Herrn an[26].

Seit die Schüler Bultmanns die Frage nach dem historischen Jesus neu stellten, ist diese These heute ziemlich allgemein aufgegeben[27]. Man weiß wieder: Der Glaube würde zum bloßen Mythos, hätte er keinen Anhalt am irdischen Jesus. Gott wirkt ja auch und gerade in Jesus Christus auf eine menschlich und geschichtlich vermittelte Weise. In Jesu Menschheit begegnet uns die Menschenfreundlichkeit Gottes; sie ist das Sakrament unseres Heils. Nimmt man diese Heilsbedeutung der Menschheit Jesu ernst, dann kommt der historischen Rückfrage nach der Botschaft, dem Wirken, Auftreten und dem Selbstanspruch Jesu nicht nur historische, sondern auch theologische Bedeutung zu. Eine heutige Christologie „von unten" kann also nicht an den Ergebnissen der historisch-kritischen Bibelarbeit vorbeigehen. Sie darf diese nicht nur als Bestätigung heranziehen, sondern muß ihr eine konstitutive Bedeutung im Rahmen der theologischen Glaubensbegründung zuerkennen – so mühsam und so schwierig dies oft sein mag! Dieses Unternehmen ist jedoch längst nicht so aussichtslos, wie es

---

[26] Vgl. *R. Bultmann,* Das Verhältnis der urchristlichen Christusbotschaft zum historischen Jesus, in: Exegetica. Aufsätze zur Erforschung des NT (Tübingen 1967) 445–470.
[27] Man denke an die durch *E. Käsemann, E. Fuchs, G. Bornkamm, H. Conzelmann, H. Braun, J. M. Robinson* u.a. aufgeworfene Frage nach dem historischen Jesus.

manchmal scheint. Im Gegenteil, in der katholischen und protestantischen Exegese hat sich – trotz der immer möglichen verschiedenen Beurteilung der Authentizität einzelner Worte und Taten
Jesu – inzwischen ein ziemlich breiter Konsens herausgebildet, der
als Grundlage für die systematische Theologie insgesamt völlig
ausreicht. Von der wissenschaftlich betriebenen Exegese her gesehen ist zu Resignation und Skepsis kein Anlaß[28]. Das Pamphlet
von R. Augstein „Menschensohn"[29] ist von der wissenschaftlichen
Kritik entsprechend als das herausgestellt worden, was es in Wirklichkeit ist: ein tendenziöses Machwerk.

Dieser neue Konsens auf der exegetisch-historischen Ebene hat
inzwischen zu einem Frontenwechsel in der systematischen Theologie geführt. Es ist zu einer Wende gekommen von einer extremen Kerygmatheologie zu einer ebenso extremen Theologie des
Lebens Jesu. Zählte vor einiger Zeit nur der erhöhte, im Kerygma
präsente Herr, so jetzt nur noch der irdische Jesus. Die Auferstehung Jesu wird in den theologisch einigermaßen ernst zu nehmenden Entwürfen zwar nicht einfach geleugnet. Sie wird jedoch oft
nur noch als Bestätigung Gottes für den irdischen Jesus betrachtet.
Sie besagt dann, daß Jesus irdischer Botschaft, seinem irdischen
Auftreten, Leben und Sterben endgültige Bedeutung und bleibende Normativität zukommt.

Hier liegt das Grundproblem der Christologie von E. Schillebeeckx. E. Schillebeeckx versteht die Christologie als Theologie
des Lebens Jesu, als narrative Vergegenwärtigung dessen, was in
Jesu irdischem Leben in Erscheinung getreten ist[30]. Die späteren

---

[28] So *G. Bornkamm,* Jesus von Nazareth (Stuttgart 1956) 21.
[29] *R. Augstein,* Jesus Menschensohn (München – Gütersloh – Wien 1972).
[30] *E. Schillebeeckx,* a.a.O. 37–41. Es ist freilich nicht leicht, das vielschichtige
Werk von Schillebeeckx gerecht zu beurteilen. Was unsere Frage angeht, so stellt
Schillebeeckx in einem späteren Kapitel die Bedeutung von Ostern nachhaltig heraus (vgl. 571ff), freilich nicht ohne schwer auszugleichende Spannungen zu seinen
früheren Aussagen und zum Gesamtansatz des Buches. Die Schwierigkeit einer
gerechten Beurteilung wird von vielen Rezensenten herausgestellt. Vgl.
K. H. Neufeld, Spuren von Jesus?, E. Schillebeeckx' „Geschichte von einem
Lebenden", in: Stimmen der Zeit 101 (1976) 689–702, bes. Anm. 5–7.

christologischen Bekenntnisse sind demgegenüber nur Reflexionen zweiten oder gar dritten Grades [31]. In dieser an liberal-protestantische Entwürfe des letzten Jahrhunderts erinnernden Konzeption wird der Stellenwert der Auferstehung für den Ansatz der Christologie verkannt. Es wird verkannt, daß die Auferweckung eine neue, ja die eschatologisch-endgültige Machttat Gottes an Jesus ist und daß sie als solche eine neue Wirklichkeit setzt, durch die der irdische Jesus so bestätigt wird, daß sein irdisches Auftreten in überbietender Weise erfüllt und seine Person und sein Werk im Heiligen Geist in neuer Weise in der Kirche vergegenwärtigt wird. Diese neue Gegenwart geschieht im Kerygma, im Bekenntnis und damit auch im Dogma, das deshalb nicht nur eine second-order-Aussage, sondern einen ursprünglichen Ausdruck des Christusglaubens darstellt. Wird die Auferstehung aber nur noch in ihrer formal-legitimierenden Bedeutung gesehen, wird sie auch inhaltlich entleert. Die Auferstehung besagt dann einfach: Jesus lebt. Das leere Grab als reales Zeichen für diesen Glauben und die Erscheinungen des Auferstandenen als Begründung dieses Glaubens werden ausgeschaltet. Wenn aber unsere Glaubensaussagen in keiner Weise mehr unsere normale Erfahrungswirklichkeit berühren, dann werden sie spiritualisiert; sie sind dann in der Konsequenz von einem ideologischen Überbau nicht mehr zu unterscheiden. Die geradezu emphatische verbale Behauptung der Auferstehung geht dann in eins mit der weitgehenden Entleerung ihres Realitätsgehaltes.

Das bedeutet: Sosehr die Christologie Anhalt braucht und gewissermaßen *ein* Kriterium hat am irdischen Leben Jesu, so wenig kann sie reduziert werden auf eine Theologie des irdischen Jesus, für das die Auferstehung nur noch die formale Legitimation darstellt. Wo diese Schwerpunktverlagerung vorgenommen wird, wird dem biblischen Christusglauben das Herz herausgeschnitten. Seine Mitte ist nämlich das Bekenntnis zur Heilsbedeutung des Kreuzes, zur Auferweckung Jesu wie zu seiner wirksamen Gegen-

---

[31] A.a.O. 485, 499, 579, 593, 596.

wart im Heiligen Geist. Die Christologie kann deshalb nur aus der wechselseitigen Entsprechung (Analogie) des irdischen Jesus und des erhöhten Christus entfaltet werden[32]. Kreuz und Auferstehung sind in ihrer Einheit und Unterscheidung die Mitte der Christologie.

Diese etwas langen grundsätzlichen Ausführungen waren in der gegenwärtigen Situation notwendig, um Ort und Stellenwert unserer eigenen historischen Rückfrage nach der menschlichen Gestalt Jesu zu verdeutlichen. Wir nehmen jetzt den Faden wieder auf und wenden uns der Frage zu, in welcher Weise der Mensch Jesus in einer Christologie ,,von unten", die die Ergebnisse der gegenwärtigen Exegese ernst nimmt, Ursakrament Gottes und des Menschen sein kann.

Traditionellerweise geht man von einzelnen Christustiteln aus, also von der Feststellung, Jesus habe beansprucht, der Messias (Christus), der Sohn Gottes, der Knecht Gottes u. a. zu sein. Dieser Ausgangspunkt bei einzelnen Christustiteln ist in der gegenwärtigen exegetischen Situation sehr schwierig, wenn nicht unmöglich. Die meisten Exegeten sind der Meinung, diese Christustitel seien nicht Aussagen des irdischen Jesus selbst, sondern Glaubensbekenntnisse der nachösterlichen Kirche. Diese Feststellung hat schon viel Unruhe verursacht. Zu Unrecht! Die moderne Exegese hat nämlich nicht nur die bisherige direkte Christologie des irdischen Jesus problematisch gemacht, sie hat zugleich eine im Grunde viel eindrucksvollere indirekte Christologie des irdischen Jesus eröffnet. Damit ist gemeint: Der Anspruch Jesu geht aus seiner ganzen Art, zu lehren, zu wirken, sich zu verhalten, indirekt hervor[33].

Aus den verschiedenen Möglichkeiten, diese indirekte Christologie aufzuweisen, wählen wir hier allein eine aus. Wir gehen aus

---

[32] Vgl. *B. Klappert*, Die Auferstehung des Gekreuzigten. Der Ansatz der Christologie K. Barths im Zusammenhang der Christologie der Gegenwart (Neukirchen 1971).
[33] Diese indirekte Christologie wird von allen o. Anm. 27 genannten Autoren vertreten.

von dem, was die Mitte und das eigentliche Geheimnis des Lebens Jesu ausmacht, von seinem Verhältnis zu „seinem Vater"[34]. Es kann kaum bestritten werden, daß Jesus Gott als „Abba" anredete und daß diese Gottesanrede gegenüber dem Alten Testament und dem Judentum ein Novum darstellt. Dabei fällt auf, daß Jesus diese Anrede in einem exklusiven Sinn gebraucht hat. Nie schließt er sich mit seinen Jüngern in dieser Anrede zusammen. Immer heißt es entweder „mein Vater" oder „euer Vater". Daraus folgt: Auch wenn Jesus für sich den Titel Sohn oder Gottessohn nicht gebraucht hat, so ist sein Verhältnis zum Vater doch das des einen und des einzigen Sohnes, der uns erst zu Söhnen Gottes macht. Dieses Verhältnis des einen Sohnes zu seinem Vater wird in der Schrift beschrieben als gegenseitige Erkenntnis (vgl. Mt 11,27). Dieses wechselseitige Erkennen ist kein bloß intellektueller Vorgang, sondern das viel umfassendere Geschehen eines gegenseitigen personalen Verbundenseins in der Liebe. In diesem Verhältnis des Gehorsams und der Liebe ist Jesus radikale Herkünftigkeit vom Vater und radikales Übereignetsein an ihn. In diesem Gehorsam ist er nichts aus sich, aber alles aus Gott und für Gott. So ist er ganz Hohl- und Leerform für Gott; gerade in seinem Gehorsam ist er Dasein von Gottes sich selbst mitteilender Liebe. Diese radikale Hinwendung Jesu zum Vater setzt aber die vorgängige Zuwendung des Vaters, die Selbstmitteilung Gottes an Jesus voraus, eine Selbstmitteilung, die nicht irgendwie äußerlich zum Sein Jesu hinzukommt, sondern Jesus in seinem ganzen Sein konstituiert und dieses Sein Jesu als reine Antwort, als reine Relationalität vom Vater her und zum Vater hin bestimmt.

Dieses Sein Jesu vom Vater her und zum Vater hin ruht aber nicht in sich. Jesus ist in seiner ganzen Person das Dasein der Liebe Gottes für die andern, Epiphanie, Sakrament der Liebe Gottes für uns. Sein Sein begründet seine Sendung und seine Heilsbedeu-

---

[34] Vgl. vor allem *G. Schrenk – G. Bertram*, Art. πατήρ, in: ThW V, 946–1017; *J. Jeremias*, Abba, in: *ders.*, Abba. Studien zur neutestamentlichen Theologie und Zeitgeschichte (Göttingen 1966) 15–67.

tung. Wesen und Funktion lassen sich hier gar nicht trennen, sie bedingen sich gegenseitig. In Kreuz und Auferstehung Jesu kommt deshalb nicht nur Jesu Einheit mit dem Vater zu ihrem Höhepunkt und zu ihrer Vollendung. Durch Kreuz, Auferstehung und Geistsendung wird die Relation zwischen Jesus und seinem Vater sozusagen offen und frei, um alle, die an Jesus Christus glauben und sich auf seinen Sohnesgehorsam und seinen Sohnesdienst einlassen, in seine Sohnschaft einzubeziehen, sie zu Söhnen Gottes zu machen, die im Geist ebenfalls ,,Abba'' sagen dürfen und alle anderen als Brüder annehmen sollen.

Aus der gedrängten Darstellung dessen, was die Mitte und was das eigentliche Geheimnis des Lebens, Sterbens und der Auferweckung Jesu ausmacht, ergibt sich: Die ganze nachösterliche Sohneschristologie ist der Sache nach nichts anderes als eine gewissenhafte Auslegung des Sohnesgehorsams Jesu, eine Explikation von Jesu Relation zu seinem Vater. Denn in der wechselseitigen Relation des irdischen Jesus zu seinem Vater kommt in eschatologisch-endgültiger Weise Gott selbst zur Geltung: der Gehorsam Jesu und sein verzehrender Dienst bis in den Tod sind also die konkrete Offenbarungsgestalt Gottes in der Geschichte. In Jesu irdischem Verhältnis zu seinem Vater und in unserer Teilhabe daran im Heiligen Geist wird das ewige Wesen Gottes offenbar. Hier wird endgültig offenbar, daß Gott derjenige ist, der von Ewigkeit her in der Relation von Vater, Sohn und Geist ist. So steht das spätere christologische Dogma in einer tiefen sachlichen Kontinuität mit dem, was die Mitte und das Geheimnis des Lebens Jesu ausmacht.

In dieser Sicht der Dinge konvergieren heute ein großer Teil der christologischen Neuentwürfe. Von katholischer Seite sind in erster Linie H. U. von Balthasar und K. Rahner zu nennen, von protestantischer Seite W. Pannenberg; von diesen sind in verschiedener Weise D. Wiederkehr, E. Schillebeeckx, W. Kasper u. a. abhängig. Bei dieser bemerkenswerten Konvergenz darf aber auch ein anderes nicht übersehen werden. Der Ansatz bei der Abba-Erfahrung Jesu bedeutet nicht nur eine Rechtfertigung des klassischen christologischen Dogmas, sondern in einem gewissen Sinn zugleich eine Korrektur und eine Weiterführung der traditionellen Christologie „von oben". Was die Schrift als personales Verhältnis Jesu zu seinem Vater beschreibt, das wurde in der späteren Tradition zwar mit Recht ontologisch expliziert; dabei wurden die ontologischen Aussagen immer mehr verselbständigt. An die Stelle der personalen Relation zwischen Jesus und seinem Vater trat immer mehr das Verhältnis von göttlicher und menschlicher Natur. Diese abstrakte Fragestellung führte in viele kaum lösbare Aporien. Schlimmer als die theologischen Aporien war, daß das Christusgeheimnis durch die abstrakt-spekulative Fragestellung dem existentiellen Glaubensvollzug immer mehr entfremdet wurde; aus dem Heilsgeheimnis drohte ein Denkgeheimnis zu werden, das für den persönlichen Glauben des Christen mehr oder weniger belanglos zu sein schien und zunehmend nicht mehr verstanden wurde.

Die neue Christologie „von unten" geht nicht mehr von dem Verhältnis von zwei Naturen aus, sie geht vielmehr aus von der personalen Relation Jesu zu seinem Vater und versteht die spätere Zwei-Naturen-Lehre als deren begriffliche Interpretation. Sie kann damit einerseits die sachliche Gültigkeit und bleibende Verbindlichkeit dieser Interpretation aufweisen und deren Aporien überwinden. Sie kann damit aber auch das Geheimnis Jesu Christi dem gläubigen Verstehen wieder ursprünglicher zugänglich machen. Unser Glaube an Jesus Christus wird wieder neu verstehbar nicht als bloßes Fürwahrhalten, sondern als Eingelassenwerden in Jesu innerste Haltung, seinen Gehorsam gegenüber seinem Vater und seinen Dienst für die Menschen. Die Christologie vermeidet damit den fatalen Eindruck, bloße Spekulation zu sein; sie wird zur Begründung der christlichen Ethik und Spiritualität. Es wird zugleich deutlich, in welcher Weise wir an der Tradition des Christusglaubens festzuhalten haben: Nicht indem wir sie wie eine tote Münze weitergeben, sondern indem wir sie sowohl von ihren Ursprüngen wie von den heutigen Fragen her tiefer verstehen und als lebendige Tradition begreifen und weiterbezeugen. Das führt uns zum letzten Problemkreis unserer Überlegungen, zur Frage, wie wir die christologische Tradition heute verantwortlich auslegen können.

4. Christologie in einer geschichtlichen Perspektive

Wir haben im letzten Abschnitt herauszustellen versucht, wie in Jesus Christus in eschatologisch-endgültiger Weise das Wesen Gottes und das Wesen des Menschen erschlossen wird. Weil Jesus Christus die eschatologisch-endgültige Offenbarung Gottes wie des Menschen ist, beansprucht seine einmalige Geschichte universale Geltung. Um dieses universalen Anspruchs seiner einmaligen Geschichte willen muß die Kirche seine Geschichte immer wieder neu erzählen und vergegenwärtigen. Um der Universalität des Anspruchs Jesu willen kann diese Vergegenwärtigung nicht eine bloße Wiederholung des ursprünglichen biblischen Zeugnisses sein. Die ursprüngliche Tradition kann nur auf dem Weg der lebendigen Interpretation bewahrt werden. Bloße Repetition wäre dagegen in Wirklichkeit eine Depravation; aus dem Evangelium würde ein totalitäres Gesetz, aus dem Christentum eine neue Form des Rabbinismus. Die Vergegenwärtigung Jesu Christi schließt deshalb ein ständiges aggiornamento ein; sie ist nur in einer geschichtlichen Weise möglich.

Diese Einsicht in die Geschichtlichkeit der christlichen Botschaft wirft ein neues Licht sowohl auf die dogmengeschichtliche Entwicklung als auch auf unsere heutige Aufgabe. Wir wenden uns zunächst der Bewertung der Dogmengeschichte zu. Bekanntlich hat um die Jahrhundertwende der liberale Dogmengeschichtler A. von Harnack die altkirchliche Dogmenentwicklung als Hellenisierung des biblischen Christentums bezeichnet[35]. Das Dogma ist ihm ein Werk des griechischen Geistes auf dem Boden

---

[35] Vgl. *A. von Harnack*, Lehrbuch der Dogmengeschichte, Bd. I (Freiburg – Leipzig ⁵1931) 19f.

des Evangeliums. Diese These kann im Licht der heutigen Forschung in dieser undifferenzierten Weise unmöglich länger aufrechterhalten werden. Vor allem A. Grillmeier hat in mühevoller historischer Detailarbeit aufgezeigt, daß die Väter von Nikaia und Chalkedon, wenn sie Begriffe der griechischen Philosophie, wie „Wesen", „Natur", „Hypostase" u. a., gebrauchten, nicht „aristotelice", sondern „piscatorie", d. h. pastoral und kerygmatisch, gedacht haben[36]. Sie haben sich der philosophischen Sprache nur bedient, um die überlieferte Glaubenslehre und -praxis gegenüber häretischen Verfälschungen klar und eindeutig zum Ausdruck zu bringen. Sie haben sich der Begrifflichkeit der hellenistischen Philosophie bedient, um die christliche Botschaft in ihrer Situation verständlich aussagen zu können. Sie haben diese Begrifflichkeit aber zugleich an der Bibel und an der älteren kirchlichen Tradition gemessen, um von dort her deren innere Logik aufzusprengen. Die Hellenisierung von Nikaia und Chalkedon ist zugleich eine Enthellenisierung des Christentums gegenüber dessen akuter hellenistischer Überfremdung durch die Irrlehren des Arius und Eutyches. Was heute manchmal an dogmengeschichtlicher Kritik an den Konzilien von Nikaia, Konstantinopel, Ephesus und Chalkedon vorgebracht wird, fällt in seiner Undifferenziertheit hinter den Stand der Forschung zurück[37] und verrät im Grunde ein statisches, ungeschichtliches Verständnis des Christentums, das davon ausgeht, dieses könne auf dem doch auch geschichtlich bedingten Stand der biblischen Sprechweise stehenbleiben.

Die durch die dogmengeschichtliche Forschung eröffnete tiefere Einsicht in die Geschichtlichkeit des Glaubens stellt uns nun aber vor neue Aufgaben: Wir müssen uns in unserer veränderten geschichtlichen Situation die altkirchlichen Dogmen neu

---

[36] *A. Grillmeier*, „Piscatorie" – „Aristotelice". Zur Bedeutung der Formel in den seit Chalkedon getrennten Kirchen, in: *ders.*, Mit ihm und in ihm, 283–300.

[37] Vgl. *A. Grillmeier*, Jesus von Nazaret – im Schatten des Gottessohnes?, in: Diskussion über H. Küngs „Christ sein" (Mainz 1976) 60–82; *ders.*, Zur Einzigartigkeit Jesu Christi, in: ThPh 51 (1976) 196–243.

aneignen; wir dürfen die Christologie „von unten" nicht nur biblisch entfalten, sondern müssen sie auch spekulativ „auf den Begriff" bringen. Wir müssen in unserer Situation etwas Ähnliches versuchen, wie es die Kirche im 4. und 5. Jahrhundert getan hat. Dieser Aufgabe ist vor allem B. Welte in einigen sehr anregenden Beiträgen nachgegangen[38]. Welte geht aus von einem doppelten epochalen geschichtlichen Umbruch. Zunächst beschreibt er den epochalen Unterschied zwischen der biblischen Christologie, die das Wesen Jesu Christi bezeugt, indem sie seine Geschichte erzählt, und der dogmatischen Christologie, die das Christusbekenntnis nicht wie die Bibel mit ereignishaften Kategorien deutet, sondern mit Begriffen wie ousia (Wesen), physis (Natur), hypostasis (Selbstand). Diesen Begriffen liegt eine ganz bestimmte Denkform zugrunde, die man als metaphysisch bezeichnet. Das metaphysische Denken ist dadurch charakterisiert, daß es nach dem beständigen, umschreibbaren und deshalb definierbaren Was-Bestand, dem Wesen einer Sache, fragt. Auch wenn die altkirchlichen Konzilien selbst kein unmittelbares metaphysisches Interesse hatten, kann man doch nicht bestreiten, daß im Gefolge von Nikaia und Chalkedon die Metaphysik Einzug hielt in die Theologie. Dieses metaphysische Wesensdenken ist jedoch heute an sein Ende gekommen. Damit stehen wir vor dem zweiten epochalen Umbruch. Die Rede vom Ende der Metaphysik ist vieldeutig. Sie meint bei B. Welte das Ende einer bestimmten Metaphysik, nämlich der Metaphysik, die Sein als Wesen-Sein und nicht als Geschehen und Ereignis deutet. Ähnlich sieht das Vaticanum II unsere Epoche in einem Übergang von einer mehr statischen Sicht der Ordnung der Gesamtwirklichkeit zu einem mehr evolutiven, dynamischen und geschichtlichen Denken[39]. Die Geschichte ist deshalb heute unser größtes Problem[40].

---

[38] Vgl. o. Anm. 2.
[39] Vaticanum II, Pastoralkonstitution „Gaudium et Spes", Art. 5.
[40] Vgl. *G. Krüger,* Freiheit und Weltverantwortung. Aufsätze zur Philosophie der Geschichte (Freiburg i. Br. 1958) 97.

Welte will in dieser nachmetaphysischen Situation die christologischen Dogmen nicht einfach über Bord werfen, sondern sie „verwinden", d. h. sie unter Bewahrung ihrer echten Substanz in eine neue Ebene des Verständnisses wenden. Er bestreitet also nicht ihre inhaltliche Kontinuität mit dem Neuen Testament. Ihm geht es vor allem um die Denkform, in der diese Inhalte gedacht werden. Er intendiert eine Rückübersetzung der metaphysischen Wesensaussagen auf die Ebene der biblischen Ereignisaussagen. Die Bibel verkündigt Jesus Christus ja, indem sie seine Geschichte erzählt; im Erzählen seiner Geschichte stellt sich heraus, wer er ist. Seine Geschichte ist seine Wesensgeschichte[41]. Dieses geschichtliche Reden von Jesus Christus liegt uns heute wesentlich näher als das metaphysische Sprechen. Als Grundproblem einer Christologie „von unten" stellt sich jetzt die Frage: Wie können wir eine geschichtliche Christologie konzipieren, und wie können wir in eine solche geschichtlich konzipierte Christologie das Sachanliegen der metaphysisch bestimmten klassischen Christologie einbringen?

Wenn wir die Frage so stellen, wird deutlich: Es geht bei der heutigen Christologie „von unten" um weit mehr als um ein innertheologisches oder gar um ein rein akademisches Phänomen. Die gegenwärtige christologische Wende steht im Zusammenhang eines umfassenderen kulturellen Umbruchs. Die abendländische Synthese von Christentum und Griechentum ist irgendwie an ihr Ende gekommen. Wir können auch so sagen: Das Ende des konstantinischen Zeitalters wirkt sich heute nicht nur kirchenpolitisch, sondern auch dogmatisch aus. Diese Krise ist zugleich ein Kairos. Sie ermöglicht dem Christentum nicht nur eine neue, uni-

---

[41] Vgl. *H. Schlier*, Die Anfänge des christologischen Credo, in: Zur Frühgeschichte der Christologie, a. a. O., 13–59, bes. 47. Hier liegt das Berechtigte im Ansatz der narrativen Christologie bzw. Theologie von *J. B. Metz*. Vgl. *J. B. Metz*, Erlösung und Emanzipation, in: Erlösung und Emanzipation, a. a. O., 120–140; *ders.*, Kleine Apologie des Erzählens, in: Concilium 9 (1973) 334–341. Siehe dazu auch *W. Kasper*, Systematisch-theologische Neuansätze, in: Theologische Quartalschrift 156 (1976), bes. 57–61.

versalere Ausprägung, sie macht es nicht nur (im ursprünglichen Sinn des Wortes) katholischer, sondern auch origineller im Sinn von ursprünglicher; sie ermöglicht eine Rückbesinnung auf den Ursprung und eine Erneuerung aus der Kraft dieses Ursprungs. Mit dieser gewaltigen Aufgabe stehen wir gegenwärtig erst am Anfang. Keine der eingangs genannten Christologien kann beanspruchen, das Problem schon gelöst zu haben. Vermutlich ist eine solche Lösung so wie damals auch heute nicht ohne schwere Auseinandersetzungen möglich. Wir beschränken uns im folgenden auf die geraffte Darstellung von zwei Lösungsversuchen und beschließen dann unseren Überblick mit einem Ausblick auf einen eigenen möglichen Lösungsansatz.

Wir beginnen mit dem Versuch, den H. Küng vorgelegt hat. Bereits in seinem Hegelbuch hat er die traditionelle, seiner Meinung nach bei Hegel aufgipfelnde Wesenschristologie einer ausführlichen Kritik unterzogen[42]. Sein neuestes Buch „Christ sein" will deshalb den Neuansatz einer metadogmatischen, geschichtlich orientierten Christologie von unten, d. h. einer Christologie vom konkreten Menschen Jesu her, wagen[43]. H. Küng charakterisiert Jesu Verhältnis zu Gott mit einer Vielzahl von Begriffen und Bildern, die die Bedeutung Jesu Christi für heute besser verständlich machen als die traditionellen Formeln. Er nennt Jesus: Beauftragter, Bevollmächtigter, Anwalt, Sprecher, Sachwalter, Botschafter, Treuhänder, Vertrauter, Freund, Repräsentant, Platzhalter, Stellvertreter Gottes. H. Küng will damit sowohl die wahre Gottheit wie die wahre Menschheit Jesu wahren[44]. Unbezweifelbar hat er mit diesem Versuch vielen Menschen einen neuen Zugang zu Jesus Christus erschlossen. Das soll man dankbar anerkennen. Trotzdem entbehrt dieser Versuch nicht einer gewissen Zweideutigkeit. Die traditionellen Präexistenzaussagen und – eng

---

[42] *H. Küng,* Menschwerdung Gottes. Eine Einführung in Hegels theologisches Denken als Prolegomena zu einer künftigen Christologie (Freiburg – Basel – Wien 1970) bes. 522 ff.

[43] Vgl. *H. Küng,* Christ sein, 125.

[44] A. a. O. 427, 439 f.

damit verbunden – die traditionelle Trinitätslehre werden zwar nirgends direkt geleugnet. Aber es wird auch vermieden, sie unzweideutig positiv zu lehren. Von der menschgewordenen Person des ewigen Logos ist nirgends die Rede. Diese Unentschiedenheit bringt die Rede von der wahren Gottheit und Menschheit ins Zwielicht einer in ihren ontologischen Voraussetzungen nicht ganz geklärten Neuinterpretation. Küng interpretiert nämlich die traditionelle Wesenschristologie funktional: Der wahre Mensch Jesu ist für uns im Glauben des einen wahren Gottes wirkliche Offenbarung[45]. In der Person Jesu begegnet Gott, manifestiert sich Gott für den, der glaubt. Das kann man so und so verstehen. Eindeutigkeit wäre nur möglich durch eine klare Entscheidung zwischen einem unitarischen und einem trinitarischen Gottesverständnis. Doch diese Entscheidung bleibt letztlich offen. In der dadurch bedingten Vieldeutigkeit und Offenheit ist es letztlich begründet, daß Küngs „Christ sein" die unterschiedlichsten Reaktionen hervorgerufen hat, von begeisterter Zustimmung bis zu vernichtender Kritik.

Das Grundproblem, vor das uns dieser Neuentwurf stellt, ist das Verhältnis zwischen den traditionellen Wesensaussagen und dem hier intendierten geschichtlich-funktionalen Denken in der Christologie. Ist Jesus Christus der Sohn Gottes, oder bedeutet er nur Gottes Dasein für uns? Was heißt dann aber „Bedeutung", „Funktion"?[46] Will man den Anforderungen nicht nur des Glaubens, sondern auch des Denkens gerecht werden, muß man sagen:

---

[45] A.a.O. 434.

[46] Die Begriffe Funktion und funktional werden in der gegenwärtigen Theologie sehr oft gebraucht; eine Begriffserklärung dieser ursprünglich mathematischen, in der philosophischen Tradition dann stark neukantianisch geprägten sowie soziologisch bedeutsamen Begriffe findet jedoch kaum statt. Vgl. *H. G. Steiner* u. a., Art. Funktion, in: Historisches Wörterbuch der Philosophie II, hrsg. v. *J. Ritter* (Darmstadt 1972) 1138–1143; *Chr. Thiel,* Art. Funktion, in: Handbuch philosophischer Grundbegriffe I (München 1973) 510–519. Die theologische Diskussion müßte bei der Bedeutung des „pro me" und „pro nobis" einsetzen, das für die Christologie insgesamt konstitutiv ist, ohne indes daraus ein Prinzip einer neukantianischen Reduktion zu machen. Vgl. *H. J. Iwand,* Wider den Mißbrauch des „pro me" als methodisches Prinzip in der Theologie, in: EvTh 14 (1954) 120–125.

Auch eine Funktion *ist* „etwas"; ihr kommt Sein zu. Wäre sie in keiner Weise mehr im Sein begründet, dann wäre sie nichts. Die Heilsbedeutung Jesu für uns im Glauben wäre dann eine reine Projektion unserer Heils- und Erlösungssehnsucht. Alles am Christentum würde sich dann auflösen in eine große Fiktion, in eine neue Form des Doketismus und der Gnosis. Alles hängt deshalb daran, daß wir bekennen: Jesus Christus *ist* wahrer Gott, in ihm ist Gott selbst eingegangen in unser menschliches Fleisch und Blut, denn nur Gott selbst kann uns erlösen aus der Endlichkeit und Todesverfallenheit unseres Menschseins. Gerade die ontologisch klingenden Aussagen haben also eine soteriologische Sinnspitze, gerade sie sind in einem recht verstandenen Sinn funktional.

Es ist deshalb sowohl philosophisch wie erst recht theologisch unhaltbar, die alte ontologische Christologie und eine neue funktional-geschichtliche Christologie gegeneinander auszuspielen. Es kommt vielmehr darauf an, die Wirklichkeit der Geschichte auf ihren ontologischen Grund hin zu bedenken, näherhin eine Ontologie zu entwerfen, die sich nicht wie die traditionelle Metaphysik im Horizont der physis, sondern der Geschichte und des Ereignisses bewegt, also Metaphysik in Metahistorik[47] zu transformieren. Theologisch genauer gesagt: Es gilt, die Geschichte Jesu auf ihren ontologischen Grund in Trinität hin zu bedenken und eine trinitarische Ontologie zu entwerfen[48].

Ein Stück weit in diese Richtung führt ein zweiter bedeutender Entwurf einer geschichtlich orientierten Christologie „von unten", wie er in den jüngeren Äußerungen von P. Schoonenberg vorliegt[49]. Schoonenberg will von der konkreten Geschichte Jesu ausgehen; nur in ihr kann sich uns Gottes Wesen erschließen. Er will dabei wie viele protestantische und katholische Theologen der

---

[47] Vgl. *M. Müller*, Existenzphilosophie im geistigen Leben der Gegenwart (Heidelberg ³1964) 250 ff.
[48] Vgl. *K. Hemmerle*, Thesen zu einer trinitarischen Ontologie (Einsiedeln 1976).
[49] Vgl. o. Anm. 7.

Gegenwart den naturhaft-statischen Gottesbegriff der Tradition überwinden und Gott als Gott der Geschichte denken. Dieser Problemstellung kann man nur zustimmen. Anders ist es mit der Lösung, die Schoonenberg diesem Problem gibt. Sie läuft nämlich darauf hinaus, daß Gott erst durch Jesus Christus trinitarisch wird, während er in sich höchstens in einem modalen Sinn als trinitarisch bezeichnet werden kann. Dies ist, wie Schillebeeckx mit Recht sagt, ein unvollziehbarer Gedanke[50]. Der eschatologische Charakter der Christus-Offenbarung verlangt vielmehr zu sagen: In Jesus Christus offenbart sich Gott endgültig als der, der er ist; er offenbart sich als derjenige, der in sich trinitarisch ist, der in sich Leben und Geschehen ist. Nur weil Gott in sich Leben und Geschehen ist, kann er sich in der Geschichte als der lebendige Gott der Geschichte offenbaren. Darum gibt es keine heilsgeschichtliche Trinität ohne immanente Trinität. Die immanente Trinität ist die transzendentaltheologische Voraussetzung des heilsgeschichtlichen Wirkens Gottes.

Freilich fängt mit dieser Kritik das Problem erst an. Die Frage ist nämlich, was die Geschichte, besonders die Geschichte Jesu für Gott bedeutet. Inwiefern kann es für Gott etwas Neues in der Geschichte geben? Dies sind Fragen, die in der gegenwärtigen Theologie keineswegs schon hinreichend beantwortet sind. Hier ist noch viel Arbeit zu leisten, um eine Christologie in geschichtlicher Perspektive zu entwerfen. Weithin fehlen noch die angemessenen philosophischen Kategorien, um dieses Problem zu lösen. Eine kritisch vollzogene Rezeption der Philosophie des deutschen Idealismus, besonders der von Hegel entwickelte Begriff der Person, könnte ein wichtiger Schritt auf diesem Weg sein. Denn Person besagt nach Hegel Relation der Liebe. Das Wesen der Person besteht darin, daß sie sich eben dadurch selbst findet, daß sie sich an andere verliert und verschwendet[51]. Gerade im Sich-Einlassen

---

[50] *E. Schillebeeckx,* a.a.O. 593.
[51] Vgl. *G. W. F. Hegel,* Vorlesungen über die Philosophie der Religion II/2, ed. G. Lasson (Hamburg 1929) 60f, 71f, 75, 80.

auf das je Neue geschichtlicher Begegnung ist die Person sie selbst.
Zu dieser Freiheit in der Liebe kommt sie aber nur, wenn sie diese
von anderen erfährt. Nur wenn sie als Person von anderen angenommen wird, wird sie in ihre Freiheit freigesetzt. Person „gibt"
es konkret nur in Interpersonalität, die Einheit und Vielheit umgreift; die Person hat ihr Sein in ihrer Relation zu anderen und
damit auch in der Geschichte. In der Geschichte erfährt die Person
aber auch ihre Bedrohung. Sie wird nicht nur in der Geschichte,
sie vergeht auch in und mit der Geschichte. Heil in der Geschichte
ist nur möglich, wenn der Person in der Geschichte absolute Annahme, absolute Liebe begegnet, die stärker ist als der Tod. Dies
ereignet sich in Jesus Christus, der sich in seinem Verhältnis zum
Vater auf einmalige, absolute und endgültige Weise angenommen
erfährt, eine Annahme, die sich in Kreuz und Auferstehung be-
währt und in die wir durch die Sendung des Geistes einbezogen
werden. In diesem Sinn ist Jesus Christus der neue Mensch, der
uns das Menschsein in neuer Weise ermöglicht.

Auf diese Weise erschließt uns Jesus Christus Gott auf eine un-
erwartet neue Weise als Gott der Menschen und der Geschichte,
dessen Sein im Werden ist[52]. Gottes Sein ist im Werden, meint etwas anderes als einen werdenden Gott. Ein werdender Gott, also
ein Gott, der erst im Verlauf einer Geschichte zu sich selbst kommt,
ist ein Ungedanke. Gott kann nicht werden. Das ewige Sein Gottes, wie es in Jesus Christus offenbar wird, ist dennoch nicht starre
Unbeweglichkeit, sondern reines Leben, das Leben einer sich
selbst mitteilenden Liebe, die in ihrer Überfülle überschäumt und
darin die Möglichkeit hat, sich an das andere seiner, an die Welt
zu entäußern, um eben in dieser radikalen Selbstentäußerung bis
in den Tod seine Herrlichkeit zu offenbaren. Das aber meinen wir,
wenn wir sagen: Gott ist von Ewigkeit her Vater, der sich im Sohn
selbst mitteilt und im Geist die Freiheit, den inneren Überfluß die-

---

[52] Vgl. *W. Maas,* Unveränderlichkeit Gottes. Zum Verhältnis von Griechisch-
philosophischer und christlicher Gotteslehre (München – Paderborn – Wien
1974).

ser Liebe hat, so daß er sich in der Zeit im Geist der Schöpfung mitteilen kann, um seine Kreatur aus ihrem Harren und Seufzen zur Freiheit der Söhne Gottes zu befreien. Jesus Christus aber ist in einmaliger Weise der Sohn, in dem und durch den wir zu Söhnen berufen werden. In ihm wird offenbar, daß in Gott höchstmögliche Einheit zugleich größtmögliche Freiheit und Eigenständigkeit besagt. So ist die Trinität die Grammatik der Selbstmitteilung Gottes in der Geschichte. Sie ist eben keine reine Spekulation. Im Gegenteil: Die Aussage, daß Gott reine Freiheit in der sich selbst entäußernden Liebe ist, besagt ja gerade, daß Freiheit, die sich in der Liebe entäußert, der letzte und tiefste Sinn der Welt ist. Durch Jesus Christus und sein Verhältnis zum Vater wird dieser tiefste Sinn in einer einzigartigen und unüberbietbaren Weise offenbar. In Jesus Christus und seinem Verhältnis zum Vater wird uns deshalb das Grundmodell unseres Wirklichkeitsverständnisses geschenkt. Indem wir uns im Glauben auf Jesus Christus einlassen, werden auch wir zu Söhnen Gottes, wird uns im Geist die christliche Freiheit zuteil, die sich auswirkt im Dienst einer sich selbst entäußernden Liebe. Nachfolge Jesu und trinitarisches Bekenntnis gehören also zusammen. Dies wird nirgends so deutlich wie bei der Taufe, wo wir im Namen des Vaters, des Sohnes und des Geistes Jesus Christus gleichgestaltet und zu einem Leben aus dem Geist berufen werden.

Am Schluß unseres Durchgangs durch die wichtigsten Tendenzen der jüngsten Christologie können wir die These aufstellen, die als Frage bereits am Anfang angeklungen ist: Eine legitime Christologie „von unten" setzt eine eindeutige Christologie „von oben" voraus; auch eine geschichtlich orientierte Theologie bedarf einer ontologischen Fundierung; eine Christologie „von unten" muß, wenn sie konsequent sein will, zu trinitarischen Aussagen durchstoßen. Was die Ansätze einer Christologie „von unten" erbringen, ist zunächst eine konkrete Hinführung zur klassischen Christologie. Ausgehend von den Erfahrungen unseres Menschseins, der konkreten Gestalt des Lebens Jesu und der heutigen philosophischen Neuorientierung geht uns dabei in der sichtbaren Gestalt Jesu das unsichtbare Wesen Gottes auf. Es geht in diesen Neuansätzen also um eine fundamentaltheologische Grundlegung der kirchlichen Christologie. Es geht in der Christologie „von unten" aber nicht nur um eine Rechtfertigung, sondern auch um eine sachgemäße Weiterführung der bisherigen Christologie. In der sichtbaren Gestalt Jesu leuchtet uns das unsichtbare Wesen Gottes wieder in ursprünglicher Weise als Gott der Geschichte auf. Indem wir von der Geschichte Jesu als der sakramentalen Gestalt der Selbstoffenbarung Gottes ausgehen, kommen wir dazu, Gott selbst als Geschehen sich selbst mitteilender Liebe zu denken, was letztlich nur trinitarisch möglich ist.

Die neuen Fragen in der gegenwärtigen Christologie mögen manchen verunsichern. Sie bergen aber auch die Chance, uns den Glauben an Jesus Christus neu und tiefer anzueignen. Am Ende stellen uns alle diese vielen Fragen immer wieder vor die eine Frage, auf deren Beantwortung in unserem Leben alles ankommt: Wohin sollen wir sonst gehen? Wo sind sonst solche Worte des Lebens? Denn Größeres, Tieferes und Umfassenderes, als uns hier gesagt wird, kann uns nicht gesagt werden, kann es nicht geben. Die Einheit von Gott und Mensch in Jesus Christus ist als das maximum contractum (Nikolaus von Cues) und das universale concretum, das, worüber hinaus nichts Größeres gedacht, ja sie ist größer als alles, was gedacht werden kann (Anselm von Canterbury): die Fülle der Zeit.

V

Jesus Christus und die Theologie

Von Bernhard Welte

Wir wollen im folgenden über Jesus Christus und die Theologie nachdenken. Darüber nachdenken heißt: einerseits an die lebendige geschichtliche Gestalt Jesu denken, einschließlich ihrer unvergleichlichen Wirkungsgeschichte, andererseits an die Theorie mit ihren Denkformen und Kategorien, mit denen im Laufe der Geschichte des Christentums versucht wurde, die Gestalt und das Geheimnis Jesu zu fassen und zu interpretieren. Die geschichtliche Gestalt einerseits und die Theorie der Theologie andererseits gehören ohne Zweifel zusammen, denn es gibt eigentlich keine geschichtliche Gestalt ohne ihre wenigstens anfängliche Interpretation. Aber gleichzeitig besteht eine Spannung zwischen der konkreten geschichtlichen Gestalt und der Abstraktion der Theorie.

Wollen wir sinngemäß über dieses spannungsreiche Zusammen von Gestalt und Theorie, von Jesus und der Theologie nachdenken, dann müssen wir auf die wichtigsten Momente der Geschichte dieses Verhältnisses achten, und wir müssen versuchen, diese Geschichte zu verstehen und zu deuten und daraus Folgerungen zu ziehen für die gegenwärtige Aufgabe der Theologie. Dies soll im folgenden wenigstens andeutungsweise geschehen.

1.

Die Schriften des Neuen Testamentes sprechen auf vielfältige Weise von Jesus. Diese Schriften scheinen dabei keinem bestimmten System zu folgen, es erscheinen vielmehr vielfältige Theologien bzw. Christologien im Ansatz.

Aber von früh an beobachten wir, daß sich bevorzugte Weisen des Sprechens von Jesus ausbilden. Vor allem wird zunächst von ihm erzählt. Die Erzählungen erzählen naturgemäß eine Geschichte. Es bilden sich auch offenbar früh schon Titel für Jesus aus. Die Titel, vor allem Christos – Messias, Yios toy theoy – Sohn Gottes und Kyrios – Herr, bezeichnen ihn vor allem als den von Gott autorisierten Heilbringer, wenn auch in unterschiedlichen Tonarten. Diese Titel weisen auf Jesus im Hinblick auf die Heilsfunktion, die er in seiner Geschichte ausübt.

An wichtigen Stellen, sowohl der Evangelien wie der paulinischen Briefe und der übrigen Schriften des Neuen Testamentes wird das, was die Schriftsteller dieser Schriften von Jesus sagen wollen, in kurzen und prägnanten Formeln zusammengezogen, welche als die Anfänge des christlichen Glaubenssymbols betrachtet werden können. Mit ihnen entsteht eine neue Stufe anfänglicher Christologie. Röm 10,9 f lesen wir z. B.: „Wenn du mit deinem Munde bekennst: Jesus der Herr, und mit deinem Herzen glaubst: Daß Gott ihn von den Toten erweckt hat, wirst du gerettet werden." An dieser wie an vielen vergleichbaren Stellen betrifft die Aussage wiederum eine Geschichte als entscheidendes Heilsereignis, die Geschichte nämlich des Getöteten, der von Gott von den Toten erweckt wurde; und es wird im Blick auf diese Geschichte ein Titel genannt, der sich auf dasselbe Heilsereignis bezieht: Jesus der Herr.

Im Umkreis dieser und vieler ähnlicher Aussagen wird also von Jesus als einer Geschichte, die sich ereignet hat, gesprochen. Dies scheint bei aller Freiheit und Sorglosigkeit des Redens doch der grundlegende Zug zu sein, der sich in der Heiligen Schrift bemerkbar macht.

Gewiß gibt es auch einige Äußerungen über Jesus, die zu dieser Kategorie des einmaligen geschichtlichen Ereignisses nicht ganz passen wollen. Dazu gehören insbesondere die theos-Prädikationen am Anfang und am Ende des Johannesevangeliums, von de-

152

nen Karl Lehmann in seinem Vortrag gehandelt hat. Aber auch
sie sind deutlich auf die Geschichte Jesu bezogen. Und so scheint
der Zug des geschichtlichen Ereignisses doch der überwiegende
Grundzug des biblischen Redens von Jesus zu sein.

2.

Doch macht sich schon bald und nicht zufällig eine andere Weise
bemerkbar, nach Jesus zu fragen und gemäß diesem neuen Fragen
von Jesus zu reden. Es stellt sich bald ein Wandel des Redens im
ganzen ein. Sofern man diesen Wandel im weiteren Horizont des
geschichtlichen Geschehens bedenkt, dann darf man vielleicht sagen: Es scheint, daß das Christentum schon sehr früh in seiner
Geschichte in einen großen epochalen Wandel hineingenommen
wurde, der für sehr lange sein weiteres Denken, ja sein weiteres
Schicksal bestimmt hat. Vielleicht wurde das Christentum schon
in einen solchen Wandel hineingeboren. Das schwebende Sich-
Vermischen aramäisch-semitischer und griechisch-hellenistischer
Sprach- und Denkformen in den biblischen Schriften macht diesen
im vollen Gang befindlichen Wandel am deutlichsten bemerkbar.

Der epochale Wandel weist seinerseits wieder eine bestimmte
Richtung auf. Darum heben sich aus der Vielgestaltigkeit der anfänglichen Weisen von Jesus zu reden, bald ganz bestimmte Weisen mehr hervor, während andere weniger beachtet in anderen
Texten gleichsam zurückbleiben. Dieser epochale Veränderungs-
prozeß setzt früh ein, und er bleibt lange im Gange.

Blicken wir in der Geschichte um einige Jahrhunderte weiter
voraus. Dann sehen wir es deutlich. Der Prozeß, von dem wir reden, kommt innerhalb der Kirche zu einem für lange hin gültigen
Abschluß mit dem Konzil von Nicäa 325 und seinen Folgekonzilien bis zu dem von Chalkedon 451.

Was geschah auf diesen Konzilien hinsichtlich des theologischen Redens von Jesus? Jesus wurde als homooysios to patri bekannt, also als der, der gleichen Wesens ist mit dem Vater. Es
ist offenbar vor allem im Blick auf die alexandrinische mittelplato-

nische Philosophie und die aus ihr erwachsenen Theologumena, zu denen auch Arius und seine Theologie gehörten, die Leitformel oysia – Wesen gebraucht worden, und es ging darum, mit Hilfe dieses Begriffes, der sich so in der Bibel nicht findet, die biblische Botschaft von Jesus und innerhalb ihrer das Verhältnis Jesu zum Vater korrekt und verbindlich auszusagen, nämlich als ein Verhältnis der Homooysie, der Wesenseinheit [1].

Dieser Ansatz wurde sowohl in Konstantinopel 381 wie in Ephesus 431 weiter ausgearbeitet unter Beibehaltung des Leitbegriffs oysia, und er erlangte eine gewisse Vollendung 451 in Chalkedon, wo erstmalig von zwei Naturen die Rede ist und so die Formel von Nicäa aufgenommen und ergänzt wird. Es ist sehr charakteristisch, daß in Chalkedon die Formel homooysios eine ganze Reihe anderer Begriffe, also eine ganze Begriffsgruppe, nach sich zieht. Dazu gehören Physis – Natura und Hypostasis – Subsistentia, ferner Prosopon – Persona. Außerdem ist charakteristisch, daß neben dem Wort theos auch das abstrakte Wort theiotes – Gottheit erscheint und neben dem Wort anthropos das abstrakte Wort anthropotes – Menschheit.

Was ist hier geschehen? Hier wurde unter Führung eines bestimmten Zuges der griechischen Philosophie und einer ihr entnommenen Begrifflichkeit eine Formel für das Verständnis Jesu entwickelt, die einen älteren beweglicheren und geschichtsnäheren Typus des Denkens über Jesus ablöste und die eine neue große Epoche des christlichen Glaubens prägte. Hier wurde für $1\frac{1}{2}$ Jahrtausende und mehr der Theologie der Weg gewiesen und einer weittragenden Epoche die Heilsbedeutung Jesu angesagt. In diesem Sinn war es eine epochale Entscheidung.

Die geschichtliche Bedeutung dieser Entscheidung geht daraus hervor, daß sie zeitlich ungefähr zusammenfällt mit dem Aufsteigen des Christentums zur Weltreligion im spätantiken Römischen

---

[1] Vgl. *F. Ricken.* Das Homousios von Nicäa als Krisis des altchristlichen Platonismus, in: Zur Frühgeschichte der Christologie, hrsg. von *B. Welte* (Freiburg i. Br. 1970) 74–99.

Imperium. Dies macht deutlich, daß zu der genannten Begriffsgruppe auch eine ganze geschichtliche Welt mit ihren Zielen und
Kräften und Schicksalen gehört. Man darf vermuten, daß der zeitlichen Koinzidenz eine sachliche Übereinstimmung zugrunde liegt.

Das Christentum hat offenbar begonnen, mit diesen Begriffen
sich offiziell in jener Begriffssprache auszudrücken, die auch die
Begriffssprache der führenden Schichten der großen spätantiken
Welt waren. Es war in diese neue Welt eingetreten und hatte es
schnell gelernt, in deren Sprache die Botschaft von Jesus anzusagen.

Das besonders Erstaunliche im weiteren geschichtlichen Verlauf ist es, daß diese Begriffssprache nicht nur die Spätantike be-
herrschte, sondern weit über diese hinaus vor allem auch das Mittelalter stärkstens bestimmte. Im Mittelalter waren ja neue Völker
führend geworden in Europa, aber auch auf sie hat gerade diese
Begrifflichkeit den weitreichendsten Eindruck gemacht und hat
erstaunliche religiöse Gestaltungskräfte entbunden. So erscheint
im Mittelalter die alte metaphysische Theologie von Jesus in
neuen Farben und Lichtern, aber es ist im Grunde doch gerade
diese alte Theologie, und sie will es auch ausdrücklich sein. Heute
noch bewundern wir die großartigen religiösen und näherhin christologischen Dokumente, die uns das Mittelalter hinterlassen hat.
Sie entspringen aus jener Interpretation des Christus, die wir in
Nicäa und Chalkedon beobachten konnten.

Die hier geprägte Weise, von Jesus Christus zu reden und zu
denken, ging auch noch über das Mittelalter hinaus weiter bis in
das 19., ja bis in unser 20. Jahrhundert, wenn auch vom späten
19. Jahrhundert an Kräfte aufzutreten beginnen, die das alte Erbe
von Nicäa in neue Fragen stellten.

3.

Was bedeutete das Homoousios von Nicäa und die entsprechenden Formeln seiner Folgekonzilien der Sache nach? Mit Oysia war
in der Christologie ein Begriff führend geworden, der antworten
konnte auf die Frage, *was* Jesus war. Dies war eine Frage nach

dem dauernden Was-Bestand. Von Aristoteles bis Kant blieb für Oysia – substantia dieser zeitliche Sinn des dauernden Bestehens maßgebend. Nach dem dauernd Bestehenden war gefragt und im Hinblick auf diese Frage geantwortet worden. Damit hing zugleich ein Abstraktionsvorgang zusammen. So sprach Chalkedon, wie wir gesehen haben, in den entscheidenden Formeln zwar von Gott, aber dann besonders von der Gottheit – theiotes, und es sprach auch vom Menschen, aber besonders von seiner Menschheit – anthropotes.

Mit dieser abstrakten Begrifflichkeit wurde auch vom Geschehen und von der Geschichte Jesu und von der Geschichte Gottes in Jesus abstrahiert. Zwar wurden die Geschehnisse dieser Geschichte: die Verkündigung Jesu und das Kreuz und die Erhöhung nicht geleugnet, im Gegenteil. Aber die Physis, die Hypostasis, die Oysia, die göttliche und die menschliche Wesenheit und deren Verbindung wurden doch als eine Sache für sich betrachtet, so daß man also daran denken konnte und dann auch mehr als 1000 Jahre daran gedacht hat, ohne unmittelbar im Zusammenhang damit an jene Geschehnisse zu denken oder denken zu müssen.

Man kann sagen: Die abendländische Metaphysik war in der Theologie und näherhin in der Christologie zur Herrschaft gekommen. Und mit ihr eine Auslegung der Person Jesu, die das statische Element in ihm betonte und von da aus das Wesen mehr als die Geschichte in den Blick nahm.

Man muß sehen, daß dieser Vorgang überaus fruchtbar war. Und wenn irgend etwas, so darf dieser Vorgang um dieser Fruchtbarkeit willen als providentiell bezeichnet werden. Jesus mußte in dieser Weise angesehen werden für die große Epoche, die diesem Denken konform war. Freilich können wir heute doch auch sagen, daß diese Formel einseitig war.

4.

Diese Einseitigkeit wird schon früh in merkwürdigen Zeichen sichtbar. Wir nennen zwei dieser Zeichen.

Das eine Zeichen liegt in der Entwicklung des Systems der christlichen Feste, die im wesentlichen in der Spätantike erfolgt ist. Bei diesem System ist es am meisten merkwürdig, daß es sich um zwei Festkreise handelt, einen, der um Ostern zentriert ist, und einen zweiten, der um Weihnachten zentriert ist. Die Weihnachtsfeiern sind deutlich jüngeren Ursprungs, sie sind nicht vor dem vierten Jahrhundert greifbar, dem Jahrhundert von Nicäa. Die Osterfeiern gehören zum ältesten christlichen Kultgut mit seinem ehrwürdigen jüdischen Wurzelgrund.

Diese beiden Festsysteme sind auch hinsichtlich ihres religiösen Gehaltes durchaus verschieden. Die Osterfeiern feiern das ,,Gestorben und Auferstanden'', das, was auch die Texte der biblischen Bücher vor allem feiern, das, worin sich die Geschichte Jesu schließlich konzentriert. Und sie feiern damit die sakramentale und kultische Teilnahme der Gemeinde an diesen Osterereignissen, ihr Mitsterben und Mitauferstehen.

Die Weihnachtsfeiern scheinen eher die Inkarnation zu feiern und darum jenem theologischen Denken zuzugehören, das in Nicäa zur Vorherrschaft kam. Entsprechend ist es für die Weihnachtsfeiern schwerer, sich auf bestimmte biblische Texte zu stützen, die Geburtserzählungen sind ja in der alten Tradition der Weihnachtsfeste nicht absolut konstitutiv für diese Feiern. Die Fundierung des Festgedankens in der Schrift ist nicht so eindeutig wie bei Ostern. Auch hört man bis ins Mittelalter nichts von einer sakramentalen und kultischen Teilnahme etwa an der Geburt Jesu.

Und was ist dies schließlich für eine merkwürdige Konkurrenz zu Ostern, die hier entstanden war! Was für ein merkwürdiges Auseinandertreten der jährlichen christlichen Feiern in zwei Systeme, die nicht von gleicher Art sind! Das großartige, aber einseitige theologische Denken über Jesus den Christus, das in Nicäa zur Herrschaft gekommen war, bildet sich in dem Vorgang ab, in dem ein zweites Festsystem, das um Weihnachten zentrierte, neben das erste tritt. Der Weihnachtskreis wird präsentiert durch das neue Denken, das durch einen epochalen Wandel vom älteren österlichen Kreise geschieden ist. Das neue System konnte das ältere nicht in sich aufnehmen und ließ es also unverbunden neben sich stehen.

Ein anderes Zeichen der hier entstandenen Spannung entwikkelte sich in der Hauptsache im christlichen Mittelalter. Es ist das Auseinandertreten der beiden dogmatischen Traktate der Christologie im engeren Sinn und der Soteriologie. Wenn man die entsprechenden Teile im dritten Teil der Theologischen Summe des Thomas von Aquin sorgfältig durchsieht, dann erkennt man deutlich das Auseinandertreten dieser beiden Gedankengruppen, auch wenn die Titel noch nicht in der Weise vorkommen. Man darf fragen: Warum treten die dogmatischen Aussagen über Jesus jetzt in zwei Traktate auseinander? Im ersten Traktat werden die Prädikate und die dazugehörigen Fragen behandelt, die man schon in den Texten der altchristlichen Konzilien antreffen kann. Die Gleichwesentlichkeit mit dem Vater, die zwei Naturen, die hypostatische Union und vieles, was dazu gehört. Im zweiten Traktat, der später Soteriologie genannt wurde, wird davon gesprochen, was der Tod Jesu, die Auferstehung, die Geistsendung heilsgeschichtlich bedeuten. Der letztere Traktat steht deutlich dem biblischen Text näher, aber man sieht auch, daß der Schwerpunkt des spekulativen Interesses offensichtlich bei dem ersten metaphysischen Traktat liegt.

Die Dogmatik und in ihr die Christologie begann also in zwei ungleiche Teile auseinanderzutreten. Dies hat die Geschichte des theologischen Redens über Jesus bis heute bestimmt.

Wiederum finden wir, daß die alte epochale Differenz sich geltend macht. Sie produziert eine Spannung und ein Ungleichgewicht in der Behandlung ver verschiedenen anstehenden Fragen.

In diesen beiden Feldern des Redens über Jesus, dem Felde der christlichen Feste und Feiern und dem Felde der theologischen Systematik, erscheinen also jeweils zwei Weisen solchen Redens und Feierns. Die eine ist die ältere, fundamentalere, wohl auch umfassendere, die andere ist die jüngere, metaphysischere, einseitigere, die jedoch in der ganzen Epoche der abendländischen Metaphysik als aktueller sich erweist, als interessanter, ja als religiös besonders fruchtbar.

5.

Welches aber ist die *heutige* Situation und vielleicht die heutige Aufgabe? Was haben wir für heute und für morgen von Jesus zu denken, welche Kategorien zu gebrauchen im Sprechen von Jesus?

Die Zeit der Metaphysik scheint vorüber zu sein. Nach Hegel, dem vielleicht letzten großen Metaphysiker kamen die Antimetaphysiker Kierkegaard, Nietzsche und schließlich Heidegger. Ganz zu schweigen davon, daß alles positivistische und neopositivistische und neorationalistische Denken, das heute weithin die Welt beherrscht, mit der Metaphysik nichts anfangen kann, und auch alles marxistische Denken steht der Metaphysik offenbar fern.

Sofern es aber richtig ist, daß mit dem Titel Metaphysik eine ganze große und unermeßlich fruchtbare Epoche unserer Geschichte bezeichnet werden kann, dann darf man glauben, daß mit den Zeichen des Endes der Metaphysik sich eine neue epochale Wende von großem Ausmaße anzeigt, in der wir mitten inne stehen. Sie hat vermutlich sogar noch größere Dimensionen als das, was man bisher an epochalen Umschlägen erleben und registrieren konnte.

Die neue Welt, die durch diesen Umschlag heraufgeführt wird, läßt sich freilich noch nicht eindeutig definieren. Aber einige Momente des aufsteigenden epochalen Neulandes sind schon zutage getreten. Dazu gehört vor allem ein neues Verständnis der Geschichte. Es hat sich philosophisch artikuliert bei Droysen und Dilthey, und es erscheint charakteristisch, daß diese philosophische Artikulation begleitet ist von einer reichen positiven historischen Forschung im einzelnen. Innerhalb der Theologie ist die neue historische Orientierung am meisten durch die historisch-kritische Erforschung des biblischen Textes hervorgetreten. Es ist offensichtlich, daß mit dieser Forschung eine neue Epoche in der Theologie eingetreten ist, neue Fragen haben sich erhoben, und auch die klassische Christologie ist von da aus neu in Frage gestellt worden. Es ist eine große Differenz aufgebrochen zwischen der historischen Exegese auf der einen Seite und der Dogmatik auf der anderen Seite im Rahmen der Theologie, und diese Differenz hat sich auch im gelebten Glaubensbewußtsein des Kirchenvolkes aufgetan. Diese Differenz ist das vielleicht am meisten charakteristische und am meisten problematische der neueren theologischen Situation. Hier also am meisten scheint sich das Neuland einer neuen Epoche der Theologie und auch des Selbstverständnisses des Christentums im ganzen vorzubereiten.

Dies ist auch nicht verwunderlich. Denn wenn das bisherige theologische Denken über Jesus so eng mit der abendländischen Metaphysik verknüpft war, dann muß mit dem, was Heidegger die ,,Verwindung der Metaphysik"[2] nannte, auch eine theologische Verwindung der Christologie eintreten oder doch jedenfalls ein neues Fragen und neue Weisen des Denkens im Bezug auf Jesus.

6.

Ich erlaube mir dazu einen Vorschlag zu machen. Er ist als Vorschlag nicht durchaus abgesichert. Aber es scheint mir nicht Weniges für ihn zu sprechen.

Wie wäre es nämlich, wenn wir statt der Kategorie Oysia – Substantia die Kategorie *Ereignis* führend sein ließen im theologischen Denken über Jesus? Ein Ereignis besteht nicht, sondern es geschieht. Indem es geschieht, bildet es Geschichte, und es ist selbst Geschichte. Als Kategorie für die theoretische Deutung einer ge-

---

[2] Vgl. *M. Heidegger,* Überwindung der Metaphysik, in: Vorträge und Aufsätze (Pfullingen 1954) 71 ff; und: Die onto-Theologische Verfassung der Metaphysik, in: Identität und Differenz (Pfullingen 1957) 37 ff.

schichtlichen Person hebt die Kategorie Ereignis auf das bewegte Geschehen der Person inmitten ihrer Umwelt ab und nicht auf das statische Bestehen wie Oysia.

Diese Kategorie hat auch den Vorzug, daß sich auf sie auch die metaphysischen Aussagen von Nicäa und von Chalkedon gleichsam projizieren und abbilden lassen. Man bräuchte also, wenn man diese Kategorie annehmen will, deswegen nicht die alten Bekenntnisformeln als Torheit zu erklären und einfach abzuwerfen. Sie suchen ja doch in ihrer Sprache das Göttliche ganz fest zu machen in der Person Jesu und das Menschliche desgleichen. Das entsprach durchaus der Weisung, wie wir sie von den Schriften der Bibel her haben. Aber über die Art und Weise, wie das Göttliche festgemacht werden sollte in Jesus, haben die Konzilien über ihre allgemeinen Formulierungen hinaus nichts bestimmt. Sie haben keine Dogmen gemacht über Denkformen und Kategorien, vielmehr über die Sache Jesu.

Darum bleibt man immer noch in der Grundintention der Konzilien, nämlich die Bibel auszulegen und die Sache Jesu angemessen auszusagen, wenn man über die Denkformen der Konzilien hinaus etwa denkt: Der Mensch Jesus ereignete sich, er äußerte das Unvergleichliche seines Selbst und seines Geistes in Worten und Taten und Schicksalen, er betraf dadurch auf mannigfaltige Weise die, die auf ihn hörten, und er rief in den so Betroffenen wiederum ein Echo hervor. Alles dies kann man das Ereignis Jesu oder das Geschehen der Geschichte Jesu nennen. In diesem Ereignis oder dieser Geschichte ereignete sich ein einzigartiger und ganzer Mensch, und es ereignete sich in demselben und einen Ereignis zugleich der ganze und einzigartige Gott. Er sprach sich auf neue Weise den Menschen zu, richtend und erlösend, in diesem Ereignis oder in dieser Geschichte Jesu. Versucht man nach diesem begrifflichen Entwurf zu denken, dann hat man also wiederum die Einheit des Göttlichen und des Menschlichen, auf die es den alten Konzilien ankam, aber nicht mehr in der Weise einer statischen Wesenheit, vielmehr in der Weise eines bewegten Geschehens. Man hat damit die biblische Grundintention der alten

Bekenntnisformeln gewahrt, ja neu gewonnen, aber man hat die Weise und Form des Denkens geändert.

Dieser Ansatz, wenn man ihn durchdenkt, hat auch noch eine Reihe weiterer Vorzüge.

Einmal scheint er der umfassendere Ansatz zu sein. Denn auch das, was man in Jesus als das Statische und darum statisch Aussagbare empfinden kann, ist damit umfaßt. Denn die Geschichte der Person Jesu umfaßt, wie die Geschichte jeder geschichtlichen Person, auch das Beständige, das Sich-Durchhaltende des personalen Lebens. Nicht aber umfaßt umgekehrt der statische Begriff die Geschichte.

Eben darum kann man offenbar die statisch-metaphysische Konzeption in der dynamisch-geschichtlichen aufheben, nicht aber kann man umgekehrt das Geschichtliche im statisch-metaphysischen aufheben. Darum bleibt es, wo es daneben auftritt, als ein Sonderbereich neben jenem liegen, sobald die statisch-metaphysische Konzeption sich in Lehre und Feier zu großer Wirkung erhebt. Dies haben wir ja an unseren Beispielen gesehen.

Der ereignishafte Ansatz des theologischen Verständnisses Jesu hat außerdem den Vorteil, daß er die Dualismen und Spaltungen wieder versöhnen und sogar vereinen kann, die wir in der Folge des metaphysischen Ansatzes auftreten sahen.

Da ist einmal das gefährliche Auseinanderklaffen von Exegese und Dogmatik, die Spannung, die wir als die wichtigste und folgenreichste in der neueren Theologie erkennen. Was die Exegese mit ihrem kritisch geschärften Instrumentarium aus den Texten der Bibel erhebt, scheint die Aussagen, jedenfalls die traditionellen Aussagen der Dogmatik, nicht nur an vielen Stellen nicht zu bestätigen, vielmehr sie oft auch in Frage zu stellen. Faßt man aber Jesu Anspruch dynamisch als Geschehen, indem sich Gottes Nähe ereignete und zusprach, dann bleibt man viel elastischer und auch viel näher an den Kategorien und Denkweisen, die aus alter jüdisch-alttestamentlicher Wurzel den Text der Bibel durchstimmen. So braucht dann vielleicht doch nicht mehr so schnell der Dogmatiker von der Bibel zu abstrahieren oder umgekehrt der

Exeget von der Dogmatik, und die spannungsreiche Versöhnung gelingt vielleicht leichter.

Die andere Dialektik, die von diesem Ansatz aus überwunden werden könnte, wäre die zwischen Christologie und Soteriologie im Inneren der christlichen Dogmatik. Die scheinbar zeitlose überlieferte Christologie mit ihrer Naturenlehre bekäme die Dimension der geschichtlichen Zeit zurück, denn der Gott, der sich in Jesus offenbarend ereignete, wäre von vornherein nicht eine abstrakte Gottheit – Theiotes –, vielmehr der die Vergebung der Sünden und die Auferweckung der Toten geschichtlich wirkende Gott Jesu Christi. Man hätte es also nur mit einer Sache zu tun, wenn man von der Einheit des Menschen Jesus mit Gott redete und wenn man von den Heilstaten Gottes redete, die sich in Jesus offenbart und ereignet haben. Es wären keine zwei Traktate mehr notwendig, sondern nur einer.

Vielleicht könnten wir von hier aus auch mit der merkwürdigen Zweiheit des christlichen Festkreises besser zurechtkommen.

Daß das österliche Kultgeschehen die entscheidende Mitte der jährlichen Feiern der Kirche darstellt, ist unbestritten. Was dagegen an Weihnachten eigentlich gefeiert wird, scheint in mancher Hinsicht unklar zu sein, namentlich dann, wenn wir die verschiedenen alten Perikopen zu den Weihnachts- und Epiphaniefesten mit bedenken. Auch ist es kein Geheimnis, daß gerade die Weihnachtsfeste für viele Christen ein gewisses geistliches Unbehagen mit sich führen. Aber diese Schwierigkeit kann vielleicht überwunden werden, wenn wir den angedeuteten Ansatz durchführen und ernst nehmen. Dann nämlich wäre das Licht von Weihnachten kein anderes als das Licht von Ostern, es würde nur dasselbe in anderer Beleuchtung noch einmal zeigen, was ja sinnvoll sein kann. Das fleischgewordene Wort Gottes ist ja nach dem Johannesprolog erschienen nicht nur in der Geburt, vielmehr im ganzen Leben, im ganzen Sterben, in der ganzen Erhöhung, im ganzen Ereignis Jesu. In dem also, was wir an Ostern feiern. Nur leuchtet dieses Licht an Weihnachten in einer anderen Farbe. Deren geschichtliche Herkunft mag sekundär sein. Aber ihr Leuchten kann doch schön und echt sein und braucht nicht dem österlichen Lichte zu widersprechen, es kann sich von innen her vielmehr mit diesem verbinden.

So könnte ich mir am ehesten vorstellen, daß Jesus über die Schwelle des epochalen Umbruchs ins neu sich bildende Zeitalter eingehen könnte als ganz geschichtlicher Mensch, aber nicht ohne das Licht und den Trost Gottes, der von ihm her über aller menschlichen Geschichte leuchtet. So wäre wohl am ehesten zu denken, daß die Theologie ihrerseits den lebendigen Jesus auf diesem Weg begleiten und sein Ereignis für die Menschen dieser Zeit auslegen könnte.

Das Verhältnis der Theologie zu Jesus Christus, von dem hier zu reden war, wird vielleicht immer voller Spannung sein. Aber es scheint doch ein Weg denkbar, auf dem der Dialog des lebendigen Jesus mit der Theorie der Theologie und der Dialog der Theologie mit den Geistern und Strömungen der Zeit fruchtbar werden könnte, so daß aus ihm etwas von der Fülle des sich schenkenden Geistes Gottes und Jesu ausgehen könnte.

So darf man hoffen, daß nach vielen Seiten etwas Gutes davon ausgehen könnte, daß wir in der Theologie andere und womöglich lebendigere und angemessenere Kategorien als bisher gebrauchen, um auf das immer wieder neue und eine Geheimnis Jesu aufmerksam zu machen.

VI

Der Helfer und die Hilfe

Plädoyer für eine
Christologie ‚von innen‘

Von Eugen Biser

In Logion 13 des gnostischen Thomas-Evangeliums, einer Variante der von den Synoptikern überlieferten Frage von Caesarea-Philippi (Mk 8,27ff parr), fordert Jesus die Jünger auf: „Vergleicht mich, und sagt mir, wem ich gleiche!"

In dem Bericht über die einzelnen Reaktionen geht der apokryphe Text eigene, von den Synoptikern stark abweichende Wege:

„Simon Petrus sprach zu ihm: du gleichst einem gerechten Engel. Mattäus sagte zu ihm: du gleichst einem weisen (philosophos), verständigen Menschen. Thomas sagte zu ihm: Meister, mein Mund wird es keinesfalls über sich bringen, daß ich sage, wem du gleichst. Da sprach Jesus: Ich bin nicht dein Meister, da du getrunken und dich an der sprudelnden Quelle berauscht hast, die ich ausgemessen habe" (82,30 – 83,7).

Im Fortgang des Textes weiß das Logion noch zu berichten, daß Jesus Thomas, offensichtlich zu Entlohnung für seine Antwort, beiseite nimmt, um ihm ‚drei Worte‘ – seinen dreifach umschriebenen Geheimnisnamen – mitzuteilen, dessen Kenntnis ihn als den gnostisch Eingeweihten, den Geheimnisträger und Tradenten der ‚geheimen Worte Jesu, des Lebendigen‘ (Logion 1) bestätigt[1].

Der Text stellt nicht nur die von der kanonischen Überlieferung her gewohnte Abfolge um; er nimmt der Szene auch die von Martin Buber herausgestellte biographische Dramatik[2], die Jesus

---

[1] *R. M. Grant – D. N. Freedman,* Geheime Worte Jesu. Das Thomas-Evangelium (Frankfurt a. M. 1960) 127f.

[2] *M. Buber,* Zwei Glaubensweisen (Zürich 1950) 28ff.

aus der Tiefe existentieller Verunsicherung nach dem Sinn seiner Sendung fragen und in der Antwort des Petrus die bestätigende Himmelsstimme vernehmen läßt[3]. Doch gerade so, in diesem weltanschaulich bedingten Profilverlust, wird er zum Spiegel einer andern Dramatik, die im Unterschied zur (innern) Biographie die (äußere) Wirkungsgeschichte Jesu betrifft. Denn in dem gnostischen Petrusbekenntnis läßt sich unschwer das Echo einer frühen ‚Engelschristologie' – für Martin Werner der Ausgangspunkt des christologischen Dogmas überhaupt[4] – erkennen, während der von Mattäus gezogene ‚Vergleich' an die von der altchristlichen Sarkophagplastik her bekannte Darstellung Jesu als ‚Lehrer' und an die Deutung seiner Botschaft als ‚wahre Philosophie' bei einer Reihe von Kirchenvätern erinnert[5].

1. Die konkurrierenden Jesusbilder

Unschwer ließe sich die Serie dieser – unzulänglichen – Auffassungen bis in die Gegenwart hinein durchziehen. Dem ‚Engelfürsten' und ‚Weisheitslehrer' würde sich dann bruchlos der ‚Pantokrator' der byzantinischen Frömmigkeit, der ‚beau Dieu' der von den gotischen Kathedralen dokumentierten Christologie anschließen, dem der ‚Herzog' des ‚Heliand' voranging und der ‚Schmerzensmann' der devotio moderna folgte. Aus dem weiteren Verlauf der „wechselnden Bilder" (Bornkamm) sind zu nennen: das ‚maximum concretum' des Nikolaus von Kues, der ‚bittersüße' Christus des Thomas Münzer, der ‚Seelenfreund' des Pietismus, das Tugendvorbild der Aufklärung, das religiöse Genie der Romantik, der Anwalt der Unterdrückten des christlichen Sozialismus, der religiöse Reformer der liberalen Theologie, Nietzsches

[3] Dazu die auf *Buber* aufbauenden Ausführungen meines Jesusbuchs ‚Der Helfer' (München 1973) 89–92.
[4] *M. Werner*, Die Entstehung des christlichen Dogmas (Stuttgart 1959) 74–100.
[5] So vor allem bei *Justin* und *Klemens von Alexandrien*.

Botschafter eines ‚Gesamt-Verklärungs-Gefühls aller Dinge'[6] bis hin zum sozialrevolutionären, gesellschaftskritischen und anti-kirchlich-antireligiösen Jesus der sozialkritisch gestimmten Theo-logie und Antitheologie unsrer Tage.

Dazu kommt, wie im Sinn von Albert Schweitzer – und gerade auch im Blick auf heutige Jesusbücher wie die von Carmichael, Augstein und Lehmann – hinzuzufügen ist[7], der durch Liebe und Haß bedingte Unterschied –„Denn auch mit Haß kann man Le-ben-Jesu schreiben; und die großartigsten sind mit Haß geschrie-ben: das des Reimarus, des Wolfenbüttler Fragmentisten, und das von David Friedrich Strauß –"[8], der Unterschied, in den die von kontroversen ‚christlichen' Standpunkten aus verfaßte Jesus-Li-teratur durch Monographien ‚für Atheisten' und Juden trat[9], und schließlich, um noch auf eine neuerdings vielfach vermerkte bin-nentheologische Differenzierung hinzuweisen, der Unterschied zwischen einer (existenzanalytischen) Christologie ‚von unten' und einer ‚von oben' herabsteigenden Explikation des Christus-dogmas, zu schweigen von dem Aufkommen ausgesprochen ‚rückschlägiger' Jesusbilder, in denen von der dogmengeschichtli-chen Entwicklung längst überholte Deuteformen unversehens wiederaufleben[10].

Auf dem zerklüfteten Boden dieser divergierenden, oft sogar widerstreitenden Formen von Vorverständnis entsteht tatsächlich

---

[6] Der Antichrist, § 34.

[7] *J. Carmichael,* Leben und Tod des Jesus von Nazareth (Originaltitel: The Death of Jesus) (München 1965); *R. Augstein,* Jesus – Menschensohn (München – Gütersloh – Wien 1972); *J. Lehmann,* Jesus-Report. Protokoll einer Verfälschung (Düsseldorf – Wien 1970).

[8] *A. Schweitzer,* Geschichte der Leben-Jesu-Forschung (München – Hamburg 1966) 48.

[9] *M. Machovec,* Jesus für Atheisten (Stuttgart 1972). Ferner *Sch. Ben-Chorin,* Bruder Jesus. Der Nazarener in jüdischer Sicht (München 1967) und *D. Flusser,* Jesus in Selbstzeugnissen und Bilddokumenten (Hamburg 1968).

[10] Auf die Erscheinungsformen eines ‚modernen Arianismus' verwies erstmals der russische Religionsphilosoph *Sergej Bulgakow* in seinem gleichnamigen Aufsatz: *L. A. Zander,* Vom Geheimnis des Guten. Eine Dostojewskij-Interpretation (Stuttgart 1956) 159.

jene kaleidoskopartige Häufung von Christusbildern, auf die Karl
Adam mit der ironischen Bemerkung hinwies:

„Hier schreitet Christus in der Toga des Rationalisten, des bie-
deren Aufklärers einher. Dort seufzt und schluchzt er wie Goethes
Werther. Hier ist er der strenge Sittenprediger und der Verkünder
des Kategorischen Imperativs, dort trägt er die Jakobinermütze.
Oder er ist gar der einsame Träumer, der unverstanden durch die
Welt geht und unverstanden stirbt."[11]

Die Frage ist nur, ob sich, mit dem Eingangszitat gesprochen,
in der bunten Reihe dieser Bilder eines findet, in dem sich der
Dargestellte so wie in der Äußerung des Thomas wiedererkennt:
erkannt in seiner Sendung, anerkannt in seinem Wesenswillen,
beantwortet in seiner Sinnerwartung. Wen aus der langen Reihe
der Schar der Darsteller und Interpreten wird er beiseite nehmen,
um ihn in seiner Aussage zu bestätigen und ihn noch tiefer in sein
Geheimnis zu ziehen? Wird er sich auf seinem Gang durch die
ihm geltende Bildergalerie irgendwo wiedererkennen oder wird
er sich davon ebenso abwenden wie von den Zerrbildern, die ihm
in Gestalt des ‚Engelfürsten' und des ‚Philosophen' entgegenge-
halten wurden?

2. Der ‚instrumentelle Unglaube'

Sieht man von den ‚mit Haß' geschriebenen Jesusbüchern in Vergangenheit und Gegenwart einmal ab, so bleibt eine unüberschau-
bar große Anzahl von Darstellungen, die ihre Existenz, wenn
schon nicht dem Glauben und der Liebe, so doch echter Betrof-
fenheit durch die Gestalt Jesu verdanken. Gemessen an der
Positivität des Grundverhältnisses und der Summe des gedanklich
und literarisch Geleisteten, ist das Ergebnis jedoch überraschend
gering. Kaum eines der oft mit großem Aufwand erstellten Werke,

---

[11] *K. Adam,* Der Christus des Glaubens (Düsseldorf 1954) 19.

das ein Jahrzehnt überdauerte, und dies in auffälligem Gegensatz zu Handreichungen für das spirituelle Leben wie der ‚Imitatio Christi‘ oder der ‚Philothea‘, die bis zur Stunde noch nicht wirklich ‚überlebt‘ sind.

Von dieser Regel machen noch nicht einmal die enthusiastisch aufgenommenen Jesusbücher der Vorkriegszeit – Karl Adams ‚Jesus Christus‘ (von 1933)[12] und Romano Guardinis ‚Der Herr‘ (von 1937) – eine Ausnahme. Noch vor einem halben Lebensalter Marksteine der Glaubensgeschichte, sind sie heute noch nicht einmal einer literarischen Wiederbelebung fähig. Man bringt diese auffällige Kurzlebigkeit meist mit dem rapiden Methodenfortschritt im Bereich der Bibelexegese und insbesondere mit dem breiträumigen Einbruch der historisch-kritischen Denkweise in das katholische Schriftverständnis in Zusammenhang, wodurch den davon noch nicht berührten Werken gegenüber eine Art Bewußtseinsschwelle aufgeworfen worden sei. Tatsächlich kann man sich des Eindrucks nicht erwehren, daß sich die genannten Erfolgsbücher ihre Wirkung zu einem nicht unbeträchtlichen Teil dadurch sicherten, daß sie, streckenweise sogar mit einem schlechten intellektuellen Gewissen, über die Einreden und Forderungen der Methodendiskussion hinweggingen, die vernehmlich genug vor dem Portal ihres ‚Sakralbaus‘ ausgetragen wurde[13].

Wie aber stand es um die Methode, die das Portal bald danach doch aufsprengte und seitdem ein fast unbestrittenes Hausrecht in dem ihr vordem streng verschlossenen Sakralraum beansprucht? Waren es neben der Angst nicht noch andere Gründe,

---

[12] Als „letzte Jesus-Darstellung katholischer Provenienz in deutscher Sprache, die einen wissenschaftlichen Charakter für sich beanspruchte", den unterschiedlichen Stellenwert der biblischen Texte jedoch noch nicht berücksichtigte, bezeichnet *Adolf Kolping* das aus einer Vorlesungsreihe der Salzburger Hochschulwochen (von 1931) hervorgegangene Buch: Katholische Theologie gestern und heute (Bremen 1964) 118.

[13] In aller Behutsamkeit deutet das auch *Kolping* an, wenn er von *Karl Adam* bemerkt, daß er „die Schriftstellen noch flächig nebeneinander" gelesen und mit der Mehrheit der damaligen katholischen Theologen die unterschiedlichen Aussageebenen ‚harmonisiert‘ habe: ebd.

die ihr so lange den Einzug in die kirchengebundene Christologie verwehrten? Und worauf bezog sich die von ihr zweifellos ausgelöste Angst: nur auf die analytische Schärfe ihres Verfahrens oder auf den von ihrer Anwendung befürchteten Kahlschlag? Oder stand im Hintergrund nicht noch etwas anderes, wenn zunächst auch nur dunkel Gefühltes? Etwas nach Art des ‚Argwohns‘, der – nach Nietzsche – eine besonders feine Witterung für Fremdstrukturen entwickelt? Worauf sich dieser Argwohn richtet, kann ein (von Adam angeführtes) Möhler-Wort verdeutlichen, das wie aus einer Vorahnung der durch den Einbruch des historisch-kritischen Denkens heraufgeführten Krise gesprochen ist: „Ohne die Schrift wäre uns die eigentümliche Form der Reden Jesu vorenthalten. Wir wüßten nicht, wie der Sohn Gottes sprach, und ich meine, leben möchte ich nicht mehr, wenn ich ihn nicht mehr reden hörte."[14]

Im Blick auf das – als unwiderruflich hingenommene – Ergebnis des historisch-kritischen Verfahrens, das kaum mehr als eine Handvoll authentischer Herrenworte übrigläßt, hätte sich Möhler damit buchstäblich das Todesurteil gesprochen. Wenn sich hinter seinem Votum mehr als ein nur nostalgisches Verlangen, möglicherweise sogar ein christliches Lebensinteresse verbirgt, heißt das, daß die historisch-kritische Methode den Glauben zumindest potentiell in eine tödliche Krise stürzt. Dann aber liegt es in seinem Lebensinteresse, sie ihrerseits kritisch zu durchleuchten und nach ihren unreflektierten Voraussetzungen zu befragen[15].

In der wissenschaftstheoretischen Diskussion der Nachkriegszeit bürgerte sich mehr und mehr das Wort vom ‚methodologischen Atheismus‘ der modernen Wissenschaften ein, wobei vor allem an die ohne die ‚Hypothese Gott‘ operierenden Naturwissenschaften gedacht war. Das schließt den Gedanken ein, daß die weltanschaulichen Vorentscheidungen nicht erst bei der Argu-

---

[14] *J. A. Möhler,* Die Einheit in der Kirche, § 16 (Ausgabe *Geiselmann* [Darmstadt 1957] 54), zitiert bei *K. Adam,* Der Christus des Glaubens, 16.

[15] Zum Folgenden *G. Maier,* Das Ende der historisch-kritischen Methode (Wuppertal 1975).

mentation, sondern schon bei der Methodenwahl fallen, weil die Methoden selbst in weltanschaulicher Hinsicht nicht wertneutral sind. Als Organisationsformen und kognitive Strategien des Denkens gilt von ihnen Ähnliches, wie es Walter F. Otto gegen den ‚ungerichteten' Logosbegriff Heideggers geltend machte: sie ‚versammeln' das Denken unter - bestimmte selektive Gesichtspunkte[16]. Mit diesen fallen dann notwendig auch die weltanschaulichen Vorentscheidungen, die im methodologischen Instrumentarium selbst nicht aufscheinen, wohl aber in den Ergebnissen des von ihm organisierten Denkens.

Das soll nicht heißen, daß auf dem ‚kalten Weg' der Methoden atheistische Prämissen in das theologische Denken eingeschleust worden seien; wohl aber, daß die Methoden, und gälten sie als so sakrosankt wie die historisch-kritische, nach den von ihnen ausgehenden Denkinklinationen und Denkhemmungen befragt werden müssen. Denn es könnte durchaus sein, daß die mit ihnen erzielten Resultate dem spirituellen Sinn deshalb so unerträglich erscheinen, weil sie die Denkbewegung gerade dort zum Erliegen bringen, wo, spirituell gesehen, die entscheidenden Quellen fließen. Und das läuft natürlich auf den Vorwurf einer methodologischen Behinderung des Glaubens oder, direkt gesprochen, eines ‚instrumentellen Unglaubens' hinaus. Wenn das zutrifft, kann von der historisch-kritischen Methode immer nur mit dem ‚Vorbehalt' Gebrauch gemacht werden: „Ich glaube, hilf meinem Unglauben!" (Mk 9, 24.) Ist er angebracht, und wenn er es ist, warum?

3. Die Konkurrenz der Methoden

Ihren Siegeszug verdankt die historisch-kritische Methode fraglos der Tatsache, daß sie als operationale Synthese der beiden Denkrichtungen zu gelten hat, aus denen das neuzeitliche Bewußtsein

---

[16] Nach *H. Urs von Balthasar*, Das Ganze im Fragment. Aspekte der Geschichtstheologie (Einsiedeln 1965) 19, Anm. 1.

hervorging[17]. In ihr verbündete sich die kritische Vernunft dadurch mit der historischen, daß das Wahrheitskonzept der einen – der moderne ‚kosmos noetos' der universellen Nachprüfbarkeit – mit dem Verifikationsgrund der andern – dem ganz gewiß von den Menschen gemachten und darum unbezweifelbaren ‚mondo civile'[18] – zur Deckung kommt.

Damit schöpft die historisch-kritische Denkweise die kognitiven Möglichkeiten des neuzeitlichen Bewußtseins in einer Weise aus, die ihr den Anschein der Nichthinterfragbarkeit und, Hand in Hand damit, den Nimbus der Unumgänglichkeit und Unwiderstehlichkeit verleiht. Daher der Eindruck, nicht mehr hinter sie zurückgehen zu können, der sich bei Ernst Troeltsch zu dem Gefühl verdichtet, „nicht mehr ohne und gegen diese Methode denken" zu können[19].

Daß es sich dennoch um eine fatale, zentrale Glaubensinteressen frustrierende Denklenkung handelt, ist um so schwerer zu ersehen, als der Glaube selbst kritisch und in seinem Kern, mit Karl Lehmann gesprochen, historisch ist[20]. Was sich dem Glaubensinteresse widersetzt, sind somit nicht die Tendenzen der Methode als vielmehr die mit ihr verbundenen Fixierungen. Wider Erwarten wirkt sich dabei die historische Komponente verhängnisvoller aus als die kritische. Denn der Methodenzwang läßt nur die historischen

[17] Dazu *H. Zimmermann,* Neutestamentliche Methodenlehre. Darstellung der historisch-kritischen Methode (Stuttgart 1967) mit einigen methodenkritischen Hinweisen im Nachwort (258ff); ferner *K. Lehmann,* Der hermeneutische Horizont der historisch-kritischen Exegese, in: Einführung in die Methoden der biblischen Exegese, hrsg. von *Josef Schreiner* (Würzburg 1971) 40–80; *ders.,* Über das Verhältnis der Exegese als historischer Wissenschaft zum dogmatischen Verstehen, in: Jesus und der Menschensohn, hrsg. von *R. Pesch, R. Schnackenburg* in Zusammenarbeit mit *O. A. Kaiser* (Freiburg i. Br. 1976).
[18] *K. Löwith,* Vicos Grundsatz: verum et factum convertuntur. Seine theologische Prämisse und deren säkulare Konsequenzen (Sitzungsbericht der Heidelberger Akademie der Wissenschaften), Heidelberg 1968.
[19] *E. Troeltsch,* Über historische und dogmatische Methode in der Theologie, in: Gesammelte Schriften II (Aalen 1962) 735.
[20] Zum einen mein Beitrag Glaube und Kritik. Eine gegenseitige Herausforderung, in: Münchener Theologische Zeitschrift 26 (1975) 268–293, zum andern *K. Lehmann,* Der hermeneutische Horizont der historisch-kritischen Exegese, 45f.

Weil das den Christenglauben konstituierende Wort nicht nur in seinem historischen Ereignetsein erkannt, sondern in seinem allzeit aktuellen Zugesprochensein verstanden sein will, müßte, gegen den Totalitätsanspruch der historisch-kritischen Methode, die hermeneutische auf den Plan treten, weil nur sie diesem Interesse genügt.

4. *Die Einheit von Wort und Botschaft*

Mit einer bloß intentionalen Anwesenheit ist dem gläubigen Interesse freilich nicht gedient. Es erginge ihm sonst wie Faust, der beim Versuch, die hinschwindende Gestalt Helenas festzuhalten, nur Kleid und Schleier zu fassen bekommt [27]. Das heißt, in den Klartext der Methodenproblematik übersetzt, daß das Interesse des Wortes weiter reicht als die Kompetenz der hermeneutischen Methode. Von ihm gilt, wie der Eingangssatz des Johannesprologs nach Art eines Schlüsselworts bestätigt, die provokant-programmatische These Marshall McLuhans „das Medium ist die Botschaft" [28]. Und das besagt, als mitteilendes Wort bringt es die wortgestaltige Selbstmitteilung Gottes – und damit sich selbst – zur Sprache [29]. Vor jedem andern Inhalt hat es somit ‚sich' zu sagen – sich zumal in jener Tiefe, die durch das menschgewordene Gotteswort ausgemessen wird.

Vor dieser Tatsache wird die immer mehr in Mode kommende Unterscheidung von Aszendenz- und Deszendenz-Christologie, so viel sie zur Klärung der Strukturfrage beitragen mag, hinfällig. Das über Gelingen oder Mißlingen entscheidende Einstiegs- und

---

[27] „Durch Fausts Wesen ist auch hier das Verweilen unmöglich … Die Schönheit ist ein Gut, keine Form seines Lebens": *F. Gundolf,* Goethe (Berlin 1916) 771.
[28] *M. McLuhan,* Magische Kanäle (Originaltitel: Understanding Media) (Frankfurt a. M. 1970).
[29] Dazu die Ausführungen in meiner Schrift ‚Gott verstehen', (München 1971) 131 f.

‚Anfangsproblem der Christologie' (Marxsen) entscheidet sich nicht an der Frage, ob von der menschlichen Selbstverwirklichung Jesu oder aber von seinem göttlichen Selbst-Sein her gedacht werden muß, sondern letztlich nur an der Weise seiner Selbstzuwendung, weil er in der Vollständigkeit seiner Realität nur so gegeben ist, wie er sich selber gibt. Insofern bleiben die Kategorien des Vorfindlichen, wie sie die auf das Feld der geschichtlichen Fakten abgestimmte historisch-kritische Methode gebraucht, um die entscheidende Strecke hinter ihm zurück. Zwar ist ihr darin die hermeneutische überlegen. Doch wird auch sie der ‚Sache Jesu' nur teilweise gerecht, da sie um die vollen Konsequenzen ihrer Selbstgewährung weder weiß noch wissen kann.

Wo diese Methoden an ihre Grenzen stoßen, hilft der – medientheoretische – Satz weiter, daß hier, bei der Kunde von Jesus und seiner Bedeutung für die Menschheit, das Wort (als solches schon) die Botschaft ist. Indem der Satz den Unterschied von Inhalt und Mitteilung für aufgehoben erklärt, will er nicht etwa die Rolle der vermittelnden Strukturen herabsetzen, sondern umgekehrt so nachdrücklich wie nur möglich auf die Selbstvermittlung des Inhalts hinweisen. Bei aller Strukturähnlichkeit liegen die Akzente doch verschieden. Von den modernen Massenmedien ist im Sinn des medienkritischen Ausgangssatzes zu sagen, daß sie aufgrund ihrer übermächtigen Eigenstruktur ihre manipulatorische ‚Botschaft' ausrichten, gleichgültig, welche Inhalte sie jeweils vermitteln. In der Verkündigung Jesu wird der Botschafter des Gottesreichs umgekehrt zum Maß und Strukturgesetz der Verkündigung. Weil er, mit der paulinischen Christologie gesprochen, die auf einem Menschenantlitz tagende Gotteshelle und in diesem Sinn das ‚Bild des unsichtbaren Gottes' ist (2. Kor 4, 4 ff; 1 Kor 1, 15), redet er von dem, was ihm näher als alles geht, vom Gottesreich also, in Bildern und Gleichnissen. Sie ‚sind', was er zu sagen hat. Sie enthalten als Medium die ganze von ihm vertretene Sache.

Um sich davon zu überzeugen, muß man nur den viel zu wenig beachteten Widerspruch bedenken, in dem sich die Reich-Gottes-Verkündigung Jesu latent bewegt. Auf der einen Seite spricht

er das ihm aufgetragene ‚Wort vom Reich‘ mit solchem Nachdruck, daß man den Eindruck gewinnt, als stehe und falle seine
Sendung mit ihm. Auf der anderen Seite zeigt er sich auf eine fast
befremdliche Weise unbekümmert um Sinn und Inhalt des Gesagten. Fast sieht man sich im Blick auf seine kerygmatische Praxis
zu der Annahme veranlaßt, daß er die Inhaltsfrage bewußt offen-
läßt. Und dies sogar angesichts der naheliegenden Gefahr, daß
die offenstehende Lücke einen Anreiz zu Fehlbesetzungen ideo-
logisch-politischer Art bietet.

Von den möglichen Erklärungen dieser Diskrepanz behilft sich
die offenkundig schlechteste mit der Ausrede, daß Jesus den Inhalt als bereits bekannt voraussetzen konnte. Nichts entspräche
seinem integralen Lebens- und Redestil weniger als dies. Zu modern ist demgegenüber die Vermutung, er habe mit dem Ver-
schweigen des Inhalts diesen den Hörern seiner Botschaft ‚zuge-
spielt‘, etwa im Sinn des von Alexander Rüstow erarbeiteten
Übersetzungsvorschlags, der das Lukas-Wort von dem Reich ‚inmitten von euch‘ (17, 21) appellativ verstehen will, so daß es besagt: „es ist an euch“, „euch in die Hand gelegt“ [30]. Wenn man
sich aber weder auf die eine noch auf die andere Weise behelfen
kann, bleibt nur die Schlußfolgerung, daß sich Jesus deswegen
über die Inhaltlichkeit des Gottesreichs ausschweigt, weil durch
seine gleichnishafte Proklamation ‚schon alles gesagt ist‘.

Das kann nur so verstanden werden, daß die Reich-Gottes-
Botschaft darauf ausgeht (um nicht zu sagen: darin besteht), die
Welt des Hörers in ein Gleichnis zu verwandeln, und das heißt,
ihren semantischen Kontext zu lockern, so daß sie auf neue Weise,
gedanklich und praktisch, artikuliert werden kann. Weil sie primär
eine Botschaft an und für den Menschen ist, gilt das zunächst für
den Sozialkontext, also an dem seit grauer Vorzeit eingespielten
Regelsystem der zwischenmenschlichen Beziehungen, um das es

---

[30] *A. Rüstow*, ΕΝΤΟΣ ΥΜΙΝ ΕΣΤΙΝ, Zur Deutung von Lukas 17, 20–21, in:
Zeitschrift für die neutestamentliche Wissenschaft 51 (1960) 197–224; dazu kritisch *A. Strobel* in: Zeitschrift für Theologie und Kirche 58 (1961) 26–29.

nach dem Urteil Jesu besonders schlimm bestellt ist, mittelbar dann aber auch für den Kosmos insgesamt. Was im Kontrast zu dieser Welt, die ‚im argen liegt', entstehen soll, ist jenes neue Zueinander von Menschen und Dingen, das sich der Großtat Gottes verdankt, durch die das ‚Joch der Todesfurcht' abgenommen und die von ihm Verspannten zu wahrer Mitmenschlichkeit und Mitdinglichkeit freigegeben sind. Wenn es dazu kommen soll, muß zuerst die gewohnte Beziehungsnorm suspendiert und der Freiraum für neue Formen der Zuwendung und Gemeinschaft geschaffen werden. Das aber kann nicht wirksamer geschehen als durch die gleichnishafte Verkündigung des Gottesreichs, die schon durch die Form ihres Sagens das mit ihr Gesagte ins Werk setzt und insofern schon als Form der Inhalt oder, mit McLuhan gesprochen, schon als Medium die Botschaft ist.

5. Der Anfang der Christologie

Auf sprachtheoretischer Ebene löst sich das Anfangsproblem der Christologie somit im Sinne des johanneischen Schlüsselsatzes: „Im Anfang war das Wort" (Joh 1, 1), sofern sich darin zum einen die ‚Urerfahrung' der Jüngergemeinde niederschlug, in Jesus von Gott ‚angesprochen' worden zu sein, und sofern darin zum andern der Botschafter dieser göttlichen Anrede zu ihrem Inhalt erklärt wird. Am Anfang aller Christologie müßte demnach der Gedanke stehen, daß Gott in Jesus sein Schweigen – zumal auch das ihm durch seine philosophisch-begriffliche Nennung auferlegte – brach und daß er der teils aufhorchenden, teils unansprechbaren Welt dabei – sich selber zusprach, sich in der Einheit von Sagen und Aussage, von Sinn und Mitteilung[31].

---

[31] Auf einige dieser Probleme ging ich in der bereits erwähnten Schrift ‚Gott verstehen' (von 1971) ein. Die damaligen Ausführungen müßten vor allem durch systemkritische Erwägungen ergänzt werden, die sich zentral auf die Frage der Durchlässigkeit des theologischen Aufbaus zu beziehen und auf den Abbau jener Binnenstrukturen hinzuwirken hätten, die sich dem freien Durchgang des Offen-

Wie schon diese Wendungen zeigen, stellen sich diesem ‚Informationsprozeß' nirgendwo größere Sprachbarrieren in den Weg als hier, an seinem Ausgangspunkt. Nicht umsonst bildet gerade der Ausgangspunkt eine Konfliktstelle erster Ordnung, an der sich ebenso religionsphilosophische und apologetische Kontroversen entzündeten. Denn es muß hier ebenso nach dem Wesen und der Erkennbarkeit von Offenbarung wie nach den Bedingungen und Horizonten ihrer Verstehbarkeit gefragt werden, von den Problemen ihrer theologischen und kerygmatischen Umsetzung ganz zu schweigen [32]. Und da sich nach der einleitenden Bemerkung des Thomas von Aquin in seinem Traktat ‚De ente et essentia' ein kleiner Irrtum am Anfang zu einem riesengroßen am Ende auszuwachsen pflegt, kommt es entscheidend auf eine möglichst sorgfältige Erörterung dieser Anfangsprobleme an.

Der Ausgangspunkt ist aber nicht nur die Stelle der größten Komplikation und Problemanhäufung, sondern auch die der größten Vereinfachung. Kompliziert stellt er sich nur in theoretischer Hinsicht dar, weil hier die göttliche Selbstzusage unvermeidlich mit dem System weltbezogener Denk- und Orientierungsformen in Konflikt gerät. Um so einleuchtender ist sie, wie Pascal erfuhr und klar zu machen suchte, den ‚Augen des Herzens', und das besagt, dem sehend gewordenen Selbstsein des Menschen [33]. Als theorie- und praxisbezogene Interpretation der

---

barungsworts zu seinem menschlichen Rezipienten entgegenstellen. Diese Überlegungen müßten sich alsdann fortsetzen in die Erörterung der Frage nach der optimalen Form der Verkündigung, die, formal gesprochen, dann erreicht wäre, wenn im Wort des Predigers und Lehrers ein Maximum von dem enthalten wäre, was die Selbstaussage Gottes in Sein und Wort Jesu ausmacht.

[32] Daß Gott in Jesus „sein Schweigen brach", ist eine auf *Ignatius von Antiochien* (Magn. 8, 2) zurückgehende Wendung, die ungeachtet ihrer (von *Wolfhart Pannenberg,* Offenbarung als Geschichte [Göttingen 1965] 14f, hervorgehobenen) gnostischen Einfärbung als eine dem christlichen Offenbarungsverständnis zutiefst konforme Aussage zu gelten hat.

[33] In Frgm. 753 heißt es von Jesus, der weder Erfindungen gemacht noch Herrschaft ausgeübt hat, wohl aber demütig, geduldig und heilig war: ‚heilig vor Gott, furchtbar den bösen Geistern'.

Heilsbotschaft wird die Theologie, bei allem Interesse am Menschen, freilich nie auf die Theorie verzichten und demgemäß auch nie unter den dadurch bedingten Komplikationsgrad herabgehen können. Aufgrund ihrer Dienstfunktion gegenüber Mensch und Kirche wird sie jedoch ebensowenig ein selbstherrliches Auswuchern des Theoretischen hinnehmen dürfen. Dem kann sie nicht nachhaltiger als durch ständige Besinnung auf den Elementarakt der Heilszuwendung entgegenwirken. Doch worin besteht dieser?

6. *Die unterscheidende Selbstgewährung*

Die Antwort auf diese Frage ist wiederum am besten über das eingangs angeführte Logion des Thomas-Evangeliums zu gewinnen. Dort war die Aufforderung „Vergleicht mich, und sagt mir, wem ich gleiche!" gerade nicht zu dem Ziel an die Jünger ergangen, das Gemeinsame zwischen Jesus und andern Wohltätern der Menschheit hervorzuheben, sondern in der Absicht, seine Unvergleichbarkeit herauszustellen. Das hat nur der heimliche Mitwisser und Eingeweihte unter den Angesprochenen, Thomas, begriffen, während die beiden ungenügenden Antworten das Spezifische an Jesus noch ganz im Feld menschlicher Größe suchen: der Vergleich mit einem ‚gerechten Engel' unter den Entwürfen einer gerechteren Lebensordnung, die Bezeichnung als ‚verständiger Mensch' unter den Bemühungen um eine gültigere Daseinsdeutung. Indessen lehrte das Kommen und Gehen der ‚Jesusbilder' nicht zuletzt auch der jüngsten, die ihn zum ‚Sozialrevolutionär' oder gar, in extremer Antithese dazu, zum ‚Superstar' zu stempeln suchten, daß alle Vergleiche, und wären sie noch so hoch gegriffen, im Falle Jesu zu nichts führen[34].

---

[34] Dazu das Eingangskapitel von *E. Schweizer,* Jesus Christus im vielfältigen Zeugnis des Neuen Testaments (München–Hamburg 1968), über Jesus als ‚Mann, der alle Schemen sprengt'.

Zwar ‚gab' auch er jeweils etwas von der Art der Leistungen, mit denen die wahrhaft Großen der Geschichte die Menschheit beschenkten. Auch seine Botschaft erschließt ein neues, wenn auch keineswegs philosophisches Daseinsverständnis. Auch ihm geht es um die Optimierung der menschlichen Sittlichkeit. Und er will aus ganzer Seele eine neue, auf Demut anstatt auf Gewalt gegründete Sozialordnung. Aber er ist, im Sinn der abgewiesenen ‚Vergleiche' gesprochen, weder Lehrer noch Gesetzgeber und schon gar nicht der Sozialrevolutionär oder das Menschheitsidol der jüngsten Deutungen. Von ihnen unterscheidet er sich so radikal wie seine Gabe von dem, was sie zum Wohl der Menschheit beitrugen. Denn er gab, was keiner vor und außer ihm zu geben vermochte: Sich selbst in der Radikalität einer Hingabe, die ihn gleichsam aus der Verankerung seiner Individualität riß und zur Gabe ‚für die vielen' werden ließ; sich selbst in der Spontaneität einer Hingabe, die ihn das Selbstsein nicht in Akten der Abscheidung, sondern der Übereignung finden hieß: in einem zuständlich gewordenen, zur Lebensform verfaßten ‚Pro nobis'.

Im Blick auf die origenistische Rede von Jesus als der autobasileía und autosophía hieße das genauer noch: Er gab in allen seinen Lehren, Weisungen und Hilfen sich selbst – sich als den Inbegriff des Gottesreichs, sich als das Antlitz seiner Wahrheit, sich als die Sinnmitte seines Friedens, sich als die Norm seiner Weisungen, sich als die Gewähr seiner Verheißungen, sich als die Tür zu der von ihm eröffneten Zukunft. Darum geht es umgekehrt in seinem gesamten Vermächtnis, dem verbalen ebenso wie in dem sozialen und sakramentalen, um ihn in der Bedeutungsvielfalt seiner Selbstgewährung[35], die belehrt und erzieht, fordert und gebietet, heilt und tröstet und in alledem doch nur das übereignet, was er in und mit sich selber gibt. So berechtigt es daher ist, von der

---

[35] Im Blick auf das von *Gregor von Nyssa* ausgedeutete Wort von der ‚vielgestaltigen Gottesweisheit' (Eph 3, 10) könnte man im Sinn der aristotelischen Transzendentalienlehre geradezu von einer ‚vielfachen Selbstauslegung' dieser Gewährung reden: *H. Urs von Balthasar*, Gregor von Nyssa. Der versiegelte Quell (Salzburg 1939) 98–105.

‚Sache' Jesu zu reden, hat man damit doch nichts gesagt, solange man diese Sache nicht in der Einheit mit seinem Selbstsein denkt. Die Sache Jesu kann nur im Präsens verhandelt werden. Die Bedingung dieses Präsens aber ist die Realpräsenz Jesu in ihr.

7. Die Einheit von Helfer und Hilfe

Von Origenes abgesehen, hat niemand diese entscheidend-unterscheidende Identität klarer erfaßt und in ihrer Bedeutung besser begriffen als Kierkegaard, vermutlich deshalb, weil er deutlicher als alle andern den Glauben an Jesus an die Bedingung der Gleichzeitigkeit mit ihm geknüpft sah. Betroffen von Lessings Klage über den „breiten garstigen Graben" des durch religiösen Geist- und Kraftverlust verschärften Zeitenabstands, über den er trotz aller Bemühung nicht hinwegkommen könne[36], ging Kierkegaard mit aller Energie darauf aus, den Brückenschlag doch noch zu bewerkstelligen. Die spekulative Lösung, die er zunächst, in den ‚Philosophischen Brocken' (von 1844) mit dem Hinweis auf den ‚Gott in Knechtsgestalt' gegeben hatte, vor dem der Unterschied zwischen dem Schüler erster und zweiter Hand, also zwischen dem Augenzeugen und dem (nachgeborenen) Rezipienten seines Zeugnisses, hinfällig werde[37], konnte ihm auf die Dauer nicht genügen. Sie war zwar ‚geistvoll', aber ‚kraftlos'. Und auf einen ‚Krafterweis' kam es an, wenn die erzielte Gleichzeitigkeit die intentionale überbieten sollte, die, wie die Analyse des Verstehensaktes zeigt, schon durch den (vergegenwärtigenden) Grundakt der Interpretation erreicht wird[38].

Deshalb griff Kierkegaard in der letzten umfangreichen Arbeit aus seiner Feder, der ‚Einübung im Christentum' (von 1850), das

---

[36] Über den Beweis des Geistes und der Kraft (von 1777).
[37] Näheres in meiner Schrift ‚Glaubensverständnis. Grundriß einer hermeneutischen Fundamentaltheologie' (Freiburg i. Br. 1975) 28 ff.
[38] Dazu nochmals das S. 9f Gesagte.

Thema nochmals auf und jetzt am Leitfaden der Großen Einladung Jesu an die Bedrückten und Bedrängten aller Zeiten und damit am Leitfaden jenes Herrenworts, dessen Authentizität ihm zweifelhaft ist und das ihm doch als dasjenige gilt, das Jesus wie kein anderes aus der Seele gesprochen ist, in dem er ist, was er sagt: wesenhaftes Gotteswort, leibhaftige Selbstmitteilung Gottes[39]. Für die ‚Einübung ins Christentum‘, wie der Titel bisweilen auch übersetzt wird, genügt nach dieser Sicht einer letzten Einfachheit und Vereinfachung somit nur eine ‚systematische‘, und das besagt in diesem Zusammenhang: alle Möglichkeiten verstehender Aneignung erschöpfende ‚Einfühlung‘ in Laut und Geist dieses einen Herrenworts. Denn in seinem Wortlaut ist – dieser exzessiven Deutung zufolge – der Herzschlag der ‚bis zum Äußersten‘ gehenden Liebe vernehmbar, einer Liebe, die der Bitte zuvorkommt, weil sie in erster Linie den in ihrem Lebensleid Verstummenden gilt, und die von keinem je wieder abläßt, dessen sie sich einmal angenommen hatte, einer Liebe, die sich, unmittelbar wie sie ist, in der Unmittelbarkeit der Herzenssprache bekundet, so daß man nur dem Zug ihrer Worte zu folgen braucht, um dorthin zu gelangen, wohin sie führt und trägt. Das statuiert für Kierkegaard den einzigartigen Fall letzter Einfachheit, wo die Deutung nicht zur Aussage hinzukommt, weil der Sagende sein eigener Deuter ist und das Gesagte deshalb unmittelbar zu Herzen geht:

„Er folgt dem Trieb seines Herzens, indem er das Wort sagt, und sein Herz folgt dem Wort. Folgst du nun dem Wort, so folgt es dir zurück in dein Herz; das ist eine ganz selbstverständliche Folge. Eins folgt aus dem andern. Wenn du doch nur der Einladung folgtest!"[40]

---

[39] Insofern kommt *Kierkegaard* hier dem im Vorangehenden entwickelten Gedanken der Einheit von Wort und Botschaft nahe (S. 10 f).

[40] Die verstehende Rezeption erscheint hier in vollkommener Spiegelbildlichkeit zur Offenbarungsaussage, so daß jener Kreislauf entsteht, den *Nikolaus von Kues* als Grundstruktur aller Theologie erkannt hat (De docta ignorantia I, 10 sowie Idiota de sapientia I, fol. 79 v).

Auch diese wahrhaft ‚zu Herzen gehende' Einfachheit hat ihren Preis. Anstelle der hermeneutischen Duplizität von Aussage und Deutung stellt sich eine ganz andere, ungleich irritierendere, ein: die Duplizität des Ärgernisses. Schon vor aller Berücksichtigung ihrer erschreckenden Konsequenzen – das Jüngerschicksal der Ausnahme und Vereinsamung – wirkt die Liebe, wie sie sich in der Großen Einladung bekundet, abschreckend: schreckenerregend gerade in ihrem Übermaß und in ihrer Intimität. Wo ein Sturm der Bedrückten und Bedrängten auf das einzigartige Hilfsangebot des Helfers hätte einsetzen müssen, bietet sich das radikal entgegengesetzte Bild: die panische Flucht der Eingeladenen, ganz so, als ob sie nicht gerufen, sondern unbarmherzig abgewiesen und zurückgestoßen worden seien.

Das Anstößige besteht darin, daß die Einladung bedingungslos ergeht und uneingeschränkt gilt. Sie kennt nicht den Wechsel von Systole und Diastole, nicht die Atemwende von bedrängender Über-Nähe und schonender Freigabe, nicht das ablassende ‚Geht nun wieder!' nach dem einladenden ‚Kommt her!' Die sich in ihr bekundende Liebe bindet sich an kein Bedürfnis und keine Regel; sie läßt nicht nur von keinem wieder ab, dessen sie sich einmal annahm; nein, sie wendet sich ihm auch so total und vorbehaltlos zu, als gebe es für sie in aller Welt nur ihn! So gerät sie, je länger desto mehr in den Anschein einer niederdrückenden Übermacht, vor der man um sein Innerstes und Eigenstes, die Freiheit der Selbstbestimmung und des Selbstseins, bangen muß und deren man sich, angesichts ihrer Totalität, höchstens durch die Flucht erwehren kann[41]!

Auf seinem Fluchtweg gewinnt das Ärgernis jene Distanz, die

---

[41] Es fällt auf, daß *Kierkegaard* hier, bei der Explikation des Gegenmotivs, im Unterschied zu dem ‚monokausalen' Verfahren, das er bei der Begründung seiner ‚These' anwandte, auf eine ganze Reihe von Schriftstellen zurückgreift. Tatsächlich läßt sich sein Begriff des Ärgernisses nicht nur biblisch belegen; vielmehr verhilft er auch umgekehrt zu einem neuen Verständnis biblischer Aussagen und Szenen, wie das mein Jesusbuch ‚Der Helfer' für die Dornenkrönung und Verhöhnung Jesu nachzuweisen suchte (201ff).

es, bei aller Blickverengung, sein ‚Wovor' noch klarer als selbst
die gläubige Einwilligung erkennen läßt. Was es fürchtet, ist der
‚Sinn- und Seinsdruck', der durch die Anwesenheit des Gebers
in der Gabe, mit Kierkegaard gesprochen, durch die Einheit von
Helfer und Hilfe, entsteht. Diese Furcht, die im Grund um den
Bestand des ganzen kategorialen Ordnungssystems bangt, ist nur
zu begreiflich. Denn dort, wo der Helfer die Hilfe und diese nicht
eine von ihm unterschiedene Setzung ist, wo also die Hilfe in der
Selbstgewährung des Helfers besteht, kommen die gewohnten
Denk- und Verhaltensweisen ins Wanken. Schon das wäre für das
durchschnittliche Empfinden kaum zu ertragen. Im Einzelfall
bricht aber das ganze System der vermittelnden Ordnungsformen
unter dem entstandenen Druck lautlos in sich zusammen. Das
scheint alles ins Chaos zu stürzen.

Von ‚Chaos' kann aber höchstens wie am Schöpfungsmorgen
die Rede sein. Denn aus dem schreckenerregenden Zusammen-
bruch erhebt sich, sanft und mächtig wie ein Sonnenaufgang, die
Urgestalt jener ‚neuen Schöpfung' (2 Kor 4, 4), von welcher Paulus im Bewußtsein seiner mystischen Lebenseinheit mit Christus
spricht. Von Kierkegaards Begriff des ‚Ärgernisses' wird in diesem
Zusammenhang nur soviel zu behalten sein, daß es eines expliziten
Bewußtseins des eingetretenen Umbruchs bedarf, wenn er wirklich – existentiell und spekulativ – zum Tragen kommen soll.
Wenn irgendwo, ist hier, wie die ‚Einübung' unterstreicht, eine
Scheidewegsituation gegeben[42]. Und sie nennt als die anstehenden Alternativen Leben und Tod, Unschuld und Sünde, Ruhe und
Irrsal, Friede und Verlorenheit. Mit mindestens ebensoviel Recht
hätte sie das Pascalsche Begriffspaar Integration und Zerstreuung
anführen können[43], das noch in Heideggers Analyse der Alltäg-
lichkeit und seinem vielgeschmähten Kontrastbegriff dazu, der

---

[42] Einübung im Christentum I, 1, § 2.
[43] Zwar fehlt bei *Pascal* der positive Gegenbegriff; doch ist die Explikation des
Daseins in der ‚Zerstreuung' und Selbstentfremdung nur unter seiner Voraussetzung möglich und sinnvoll. Dazu *E. Wasmuth*, Der unbekannte Pascal (Regensburg 1962) 203–228.

‚Eigentlichkeit'[44], nachklingt[45]. In diesen Spannungsfeldern muß
die Entscheidung fallen. Denn nur Entscheidung schafft Bewußtsein. Und nur im Bewußtsein einer letzten lebenbestimmenden
Entscheidung kann das aufgenommen werden, was durch die
Selbstgewährung des Helfers gegeben ist.

8. Die Frage der Anknüpfung

Das Problem mußte bis in diese Konsequenzen durchgezogen
werden, weil sich jetzt erst zeigt, warum sich die Einladung gerade
an die Bedrückten und Bedrängten wendet und wo die mit ihr
zugesprochene Hilfe in ihrem offensichtlich gestörten Lebensge-
füge einsetzt. Die Frage der Anknüpfung aber muß geklärt werden, weil nur so die mit der Hilfe intendierte Lebensform dargestellt werden kann. Und eine Kenntnis der Lebensform ist nötig,
weil sich der Neuansatz nur über sie für die theologische Spekulation geltend machen läßt.

Zwar beklagt sich Kierkegaard über die Unbestimmtheit, in der
die Große Einladung Jesu die Adressaten ihres Zuspruchs be-
läßt[46], doch gibt er in der Folge selbst eine Charakteristik, die
deswegen für sich selber spricht, weil sie aus der innersten Krisen-
erfahrung des Menschseins gesprochen ist und diese sich zudem
in aller Form auf das rettende Hilfsangebot bezieht:

„Wenn du dir bewußt bist, ein Sünder zu sein, wird er dich nicht
danach fragen, das geknickte Rohr nicht zerbrechen, sondern dich

---

44 Dazu die §§ 27 (Das alltägliche Selbstsein und das Man), 35 (Das Gerede),
36 (Die Neugier), 27 (Die Zweideutigkeit) und 62 (Das existenziell eigentliche
Ganzsein können des Daseins als vorlaufende Entschlossenheit) aus *Heideggers*
‚Sein und Zeit' (von 1927).
45 *Th. W. Adorno,* Jargon der Eigentlichkeit (Frankfurt a.M. 1964). Dazu die
Ausführungen meiner Schrift ‚Gott verstehen', 91–98.
46 In den einleitenden Erwägungen fragt *Kierkegaard:* „Was heißt aber mühselig
und beladen sein? Warum erklärt er es nicht genauer, damit man bestimmt wissen
könne, was er meint? Warum ist er so wortkarg?"

aufrichten, wenn du nur dich ihm anschließt. Er wird dich auch nicht durch den Gegensatz bloßstellen, indem er dich mit sich konfrontiert, so daß deine Sünde noch schrecklicher erscheint. Nein, er wird dir bei sich ein Versteck bieten, und wenn du erst einmal in ihm geborgen bist, wird er auch deine Sünde verbergen. Denn er ist ein Freund der Sünder"[47].

Unschwer ist unter der Hülle von biblischer Metapher (Mt 12, 20)[48] und reformatorischem Heilsverständnis (im Sinn der lutherschen Imputationstheorie) die Signatur jenes Notstands zu erkennen, der mit wachsendem Problembewußtsein wechselweise als ‚Selbstentfremdung' und als ‚Identitätskrise' bezeichnet wurde[49]. Anstatt den davon Betroffenen durch die Gegenüberstellung mit seiner Herrlichkeit bloßzustellen, nimmt ihn Jesus in diese auf, um ihn dadurch – mehr noch als vor der göttlichen Gerechtigkeit – vor seiner eigenen Hinfälligkeit zu schützen.

Zarter und zugleich treffender kann der ‚Einsatz' der vom Impuls der Selbstzuwendung Jesu getragenen Hilfe schwerlich umschrieben werden. Seine Hilfe setzt dort ein, wo es mit der für den Existenzakt benötigten Kraft des Menschen zu Ende geht, wo er sich von der ihm mit seinem Dasein zugemuteten Lebenslast überfordert sieht, unfähig zur ‚Annahme seiner selbst' (Guardini) und seines Schicksals[50]. Diesem Niedergebrochenen und halb

---

[47] Gegen Ende der S. 19, Anm. 1 mitgeteilten Stelle.

[48] Das Bild von der Schonung des geknickten Rohrs ist aus Jes 42, 3 entnommen. Das Gegenbild von den Hirten, die „das Zerschlagene nicht suchen und das Zerbrochene nicht heilen', entwirft Sach 11, 16.

[49] Die eine Bezeichnung geht auf *Marxens* Kritik der spätkapitalistischen Produktionsverhältnisse und ihrer Rückwirkungen auf den Menschen, die andere auf *Kleists* unablässige Denunzierung der menschlichen Unfähigkeit zu voller Selbstidentifikation zurück.

[50] Die Schwierigkeit, die dem heutigen Menschen mit der ‚Annahme seiner selbst' erwächst, geht ursächlich darauf zurück, daß ihm die Einsetzung ins Dasein problematisch geworden ist, so daß er sein Leben als ein Lebenmüssen, ja geradezu als eine Zumutung empfindet. Auch dem hat *Kierkegaard* wohl als erster Ausdruck gegeben, als er in seiner ‚Wiederholung' (von 1843) dem ‚stummen Mitwisser' die Frage stellte: „Wer bin ich? Wie kam ich in die Welt; warum wurde ich nicht gefragt, warum nicht mit Sitte und Brauch bekannt gemacht, sondern in Reih und

schon Zerbrechenden bietet sich der Helfer als Stütze an. Aber er gibt ihm nicht Halt nach Art einer sachlichen Befestigung, eines ‚Impulses' etwa oder eines ‚Auftriebs', sondern dadurch, daß er sich mit dem Gebeugten zusammenschließt, um mit ihm zusammen die über seine Kräfte gehende Lebenslast zu tragen. Deshalb hat die in der Einladung verheißene ‚Ruhe', wie Kierkegaard mit drastischer Deutlichkeit sagt, auch nichts mit dem im Tod erlangten Ende aller Konflikte und Ängste, nichts mit ‚Grabesruhe', zu tun. Sie ist vielmehr Ruhe im Sinn jener ‚Beruhigung', die der Beter der Psalmen empfindet, wenn er sich unter den Flügeln und dem Schild Jahwes geborgen und auf ihn als seinen Felsen und seine Burg gegründet weiß.

Selbstverständlich behalten auch die Sachstrukturen ihr Recht, da sich das Personale stets aus der Verwandlung von Vorpersonalem, in Akten der Durchgeistigung, Aneignung und Identifikation, ereignet. Nicht umsonst spricht das Schlüsselwort im gleichen Atemzug mit dem Appell an die Bedrückten und Bedrängten von dem ‚Joch', das der Helfer den in die Lebensgemeinschaft mit Eingetretenen aufbürdet. Das mit seiner Anwesenheit in der von ihm gewährten Hilfe statuierte Prinzip – dieses mystisch-operationale Identitätsprinzip – besteht somit nicht in der Verneinung, sondern in der Aufhebung der gewohnten Vermittlungsstrukturen. Wie hinter einem Schirm bleibt der Helfer zunächst hinter dem verborgen, was sich im Anschein von kategorialen ‚Zuwendungen' darstellt und in einem metaphysisch-dogmatischen Sinn auch tatsächlich ‚helfende Gnaden-Gabe' ist. Doch lebt das herausgestellte Prinzip davon, daß es immer wieder aus dieser Verborgenheit hervortritt und die vermeintlichen Sachgestalten als die Zeichen und Bekundungen seiner Anwesenheit erweist. Und darin beweist es umgekehrt seinen Charakter als Lebens-Prinzip.

Glied gestellt, als wäre ich von einem Seelenverkäufer gekauft worden? Wie wurde ich Interessent in der großen Unternehmung, die man Wirklichkeit nennt? Warum soll ich überhaupt Interessent sein? Ist das keine freie Sache?"

9. Die Lebens-Gemeinschaft

Daß es bei der Zweiheit nicht bleibt, sondern die Erfahrung des Unterschieds immerfort in die der unmittelbaren Einheit und einigenden Unmittelbarkeit aufgehoben wird, ist nicht nur die Folge der Selbstgewährung des Gebers in der von ihm gewährten Gabe, sondern ebenso auch des elementaren Verlangens dessen, der sich von der Identitätskrise betroffen, um nicht zu sagen zerrissen fühlt. Ihm ist, wie die Begriffsgeschichte der weltbezogenen Deutung des Menschseins in Gestalt des Mikrokosmosgedankens lehrt, im Grund mit keiner Gabe gedient, und wäre sie so groß wie die ganze Welt, sondern nur mit der Präsenz eines Helfers, der unterstützend in seinen Existenzakt eingeht und ihn, mit dem komplementären Bild Kierkegaards gesprochen, in die Obhut seines (integralen) Selbstseins nimmt. Weil die Hilfe so, als Behebung eines elementaren Notstands, erfahren wird, setzt sie sich spontan in einen Lebensakt und durch diesen in eine Lebensform um – bevor sie in ihrer Funktion als Denkform zum Tragen kommt. Weil sie dabei Erfahrungen eines neuen Selbstseins auslöst, stellt sich zuvor noch die Frage nach der Art dieser Erfahrung, die Frage also, wie sie zu Bewußtsein kommt.

Die Frage ist um so vordringlicher, als das Schlüsselwort selbst bei der Zusicherung stehenbleibt und der beredteste Rezipient, Paulus, nicht über eine ‚formalmystische‘ Verhältnisbestimmung hinausgeht: Nicht mehr ich – Er in mir. Das wirkt wie eine bewußte Verheimlichung gerade des entscheidenden Vorgangs. Zusammengenommen mit Hinweisen der Paulusbriefe und der mystischen Tradition, bleibt das Zeugnis aber doch nicht ganz so stumm, wie es den Anschein hat, obwohl es in dem, was es verschweigt, auch auf diesem Weg nicht zum Reden zu bringen ist. Immerhin lassen sich zwei Momente verdeutlichen, die für den verstehenden Nachvollzug gleich wichtig sind und die sich näherhin als die der Stabilisierung und Zuneigung bestimmen lassen. Das erste ergibt sich schon daraus, daß die normierenden und stabilisierenden Faktoren, die mit der Einschmelzung des Katego-

rialsystems in die Präsenzerfahrung fortfallen, auch nach dem
Durchbruch in diese nicht völlig fehlen dürfen, so daß für sie vom
Personalen her Ersatz geschaffen werden muß. Vor allem aber
bedarf es der Stabilisierung im Blick auf die Verfassung des
Adressaten der Einladung, dem sie Hilfe gerade in seiner Gebro-
chenheit zusichert. Das zweite Moment bildet als das der Zueignung den Kern des Vorgangs.

Von einem Stabilisierungserlebnis kann schon im Zusammenhang mit Augustins Ostia-Vision gesprochen werden[51]. Schon der
mystische Aufschwung, der als progressive Überschreitung aller
Seinsbereiche beschrieben wird, führt zu der, wenn auch nur
flüchtigen Berührung des Ewig-Unverbrüchlichen in Gestalt der
,über allem weilenden ewigen Weisheit'. In dieselbe Richtung geht
vor allem aber die auf das Erlebnis zurückblickende Wendung von
den ,Erstlingen des Geistes'[52], die ,festgebunden' (religatas) in
jener Region des Wandellosen verblieben seien. Über die Jahrhunderte hinweg berührt sich Augustinus darin mit der Schilde-
rung der nächtlichen Ekstase, in der Dostojewskij Aljoscha, die
erklärte Zentralgestalt seines Romans ,Die Brüder Karamasow',
die entscheidende Prägung seines Wesens zuteil werden läßt. Ihm
widerfährt, was in den Belehrungen seines Seelenführers, des
Starzen Sossima, die ,Berührung mit andern Welten' heißt:

„Ihm war, als träfen von all diesen zahllosen Welten Gottes unsichtbare Fäden in ihm zusammen, und seine ganze Seele erbebte
in der ,Angrenzung an andere Welten' ... Und mit jedem Augen-
blick fühlte er immer deutlicher, wie etwas Festes und Unerschüt-
terliches in seine Seele einzog."[53]

Gleichwohl handelt es sich um eine Fühlung, die zuletzt auf etwas Personales geht. „Jemand suchte meine Seele heim in jener

[51] Dazu *P. Henry,* La vision d'Ostie. Sa place dans la Vie et l'Œuvre de Saint
Augustin (von 1938), in: Zum Augustinus-Gespräch der Gegenwart, hrsg. von
C. Andresen (Darmstadt 1962) 271–346; ferner die Ausführungen meiner Theologischen Sprachtheorie und Hermeneutik, 381 f.
[52] *Augustinus* verdeutlicht die nachwirkende Weisheitsfühlung mit der schwer
deutbaren Geist-Metapher aus Röm 8,23.
[53] Die Brüder Karamasow VII, 4: Die Hochzeit zu Kana.

Stunde", versichert Aljoscha später, im Rückblick auf sein Erlebnis[54].

Zum Kern des Vorgangs, in dem es um die ‚Zueignung' des Helfers geht, die zugleich seine Selbstgewährung und Hilfe ist, führt jedoch erst eine Stelle aus der Meditation ‚Vom Sehen Gottes' (De visione Dei) des Nikolaus von Kues und auch sie eher mittelbar als unmittelbar. Nach einer ganzen Sequenz von Fragen, mit denen sich der Meditierende buchstäblich zum ‚Ort' der göttlichen Selbstgewährung ‚durchfragte', heißt es dort:

„Und da ich in schweigende Betrachtung versinke, antwortest du mir, Herr, aus der Tiefe meines Herzens: ‚Sei bei dir, dann bin auch ich bei dir' (sis tu tuus, et ego ero tuus)."[55]

Ohne die Überlagerung durch das Interesse des frühneuzeitlichen Subjektivismus hätte der Zuspruch wohl umgekehrt – und bibelnäher – gelautet; etwa: „Übergib dich mir, dann kommst du auch zu dir!"

Doch wie sich die Wahrnehmung der überkategorialen Selbstgewährung Jesu auch immer artikuliert; sie muß auf jeden Fall zu Bewußtsein gebracht werden, wenn die paulinische Formel nicht unerreichbares Privileg eines Auserwählten bleiben, sondern zum Grundriß einer allgemein zugänglichen Lebensform werden soll. Mit ihrer kognitiven Erschließung ist damit auch schon der Anfang gemacht. Entscheidend ist dabei daran gelegen, daß die Hilfe – im Sinn der Cusanusstelle – mit dem menschlichen Existenzakt verknüpft und als die Bedingung der ‚Aneignung seiner selbst' angenommen wird. Das kommt dem Ansinnen auf Abkehr von dem ‚angestammten' Modus der Selbstverwirklichung gleich, der die Konsolidierung des Selbst durch Akte der Abscheidung und Distanzierung betreibt – und dies in diametralem Unterschied zu Jesus, der seine einzigartige Individualität gerade

---

[54] Vorgebildet ist diese sowohl strukturelle als auch personale Momente verschmelzende Erfahrung in der Philipperstelle, nach welcher der Friede Gottes „Herzen und Gedanken in Christus" bewahrt (4,7). Näheres dazu in meinem Friedensbuch ‚Der Sinn des Friedens' (München 1960) 116–136.

[55] De visione Dei. c. 7 (fol. 102r).

umgekehrt, durch Selbstentäußerung und Selbsthingabe erlangt. Er ist auf die freieste und konzentrierteste Weise er selbst, indem er sich dem Willen Gottes unterwirft und stellvertretend auf die andern und ihre Bedürfnisse eingeht. Niemand wird es ihm darin je gleichtun können. Das Menschenmögliche ist aber schon dann getan, wenn sich die im Interesse des Selbstseins verriegelte Herzenstür ihm öffnet und wenn der Öffnende von seinem Eintritt das erhofft, was er sich sonst von der Verschlossenheit seiner selbst erwartete. Dann wird er, wie das Verheißungswort der Apokalypse sagt, bei ihm einkehren, um das Mahl der Lebensgemeinschaft mit ihm zu halten (3, 20).

10. Das christologische Prinzip

Wie das johanneische Begriffspaar ,Geist und Leben' unterstreicht, ist im Christentum der Geist die Lichtung des Lebens und dieses die Konkretisierung des Geistes. Für die theologische Theorienbildung heißt das, daß das Prinzip der Spekulation kein anderes sein kann als das der existentiellen Verwirklichung, bildhaft gesprochen, daß Jesus durch die gleiche Tür in das sein Geheimnis umkreisende Denken eintreten will wie in die sich ihm erschließende Lebenswirklichkeit. Voraussetzung dieser Übertragung ist nur ein Akt der Verallgemeinerung. Denn dem Universalitätsanspruch des Denkens ist erst dann Genüge geschehen, wenn gezeigt werden konnte, daß die skizzierte Lebensform allen offensteht und damit ihrerseits von universaler Bedeutung ist.

Der Beweis kann, ganz im Sinn heutiger Argumentation, am überzeugendsten durch den Rückbezug der Großen Einladung auf die genuine Botschaft Jesu, die Proklamation des in und mit ihm anbrechenden Gottesreichs, erbracht werden. Wie ihr Zusammenhang mit der ,johanneischen Stelle bei den Synoptikern' (Mt 11, 25 ff; Lk 10, 21 f) [56] erkennen läßt, hält sie inhaltlich wie stili-

---

[56] Der johanneische Anklang ergibt sich durch einen Vergleich mit Joh 10, 15; 1, 18 und 3, 35.

stisch die Mitte zwischen der (synoptischen) Reich-Gottes-Verkündigung und den (johanneischen) Ich-bin-Aussagen, die durch
diese ‚Vermittlung' mit jener in eine zunächst ganz unerwartete,
bei näherem Zusehen aber sachlich motivierte Beziehung treten.
Die Selbsterschließung Jesu unter den ‚Wort-Zeichen' Brot, Was-
ser, Licht, Weg, Tür, Hirt, Weinstock, Wahrheit, Auferstehung
und Leben erweist sich dann nämlich als das zur Selbst-Zusage ge-
wandelte Gegenstück zum Sach-Begriff des Gottesreichs, der dadurch seinerseits in seiner personalen Grundstruktur ersichtlich
wird.

Was besagt also ‚Reich Gottes' im Sprachgebrauch Jesu? Wie
im Fall des Menschensohn-Titels begnügt er sich auch hier nicht
mit der Übernahme einer der alttestamentlichen Überlieferung
entstammenden Vokabel. Vielmehr füllt er das übernommene
Sprachgefäß mit dem Inhalt seines eigenen Seins, so daß es – wie
der Hoheitstitel – zum Medium seiner Selbstdarstellung und
Selbstmitteilung wird. Nur so ist die ‚geheime Identität' zu verstehen, in der sich Jesus fortwährend zu dem von ihm verkündeten
‚Reich' bewegt[57]; nur so erklärt es sich, daß er sich dafür mit dem
Aufgebot seiner ganzen Kreativität und Energie verwendet, ganz
so, als gehe es dabei um ihn selbst. Wie schon die Vätertheologie
wußte, hat diese Redewendung im buchstäblichen Wortsinn recht.
In der ‚Sache' des Gottesreichs geht es tatsächlich um Jesus selbst.
Sie steht und fällt mit ihm. In seinem Wort bricht sie an; im helfen-
den Zugriff seiner Hände gewinnt sie Gestalt; sie ‚naht' in der
Weise seines Kommens und ‚ist da', so wie er ‚inmitten' der in seinem Namen Versammelten ist. Darum steht er zum Gottesreich
in einem noch engeren Wechselbezug, als dies die Mikrokosmos-
tradition vom Verhältnis Welt und Mensch wahrhaben wollte.
Er ist das Reich in Person, die personale Real-Präsenz des Reiches
und dieses die menschheitliche Vollgestalt Jesu, seine soziale
Selbstauslegung, das zur Sozialgestalt verfaßte ‚Pro nobis'.

---

[57] Dazu die von tiefen Einsichten in den Sachverhalt gekennzeichneten Ausführungen bei *M. Machovec*, Jesus für Atheisten (Stuttgart 1972) 81–145 und
W. Kasper, Jesus der Christus (Mainz 1974) 117–122.

In diesem Kontext gesehen, gewinnt die Große Einladung einen neuen Stellenwert, durch den sie aufs engste an die Reich-Gottes-Botschaft Jesu heranrückt. Wenn das Reich, mit der ersten Seligpreisung der Bergpredigt gesprochen, vor allem den ‚Armen‘ zugedacht ist, besagt die Einladung an die Bedrückten und Bedrängten nun nichts mehr außer und neben der Zentralverkündigung Jesu. Sie setzt innerhalb dieser nur einen besonderen Akzent, wie er sich aus der besonderen Verfassung der Erstberufenen ergibt. Weil sie sich, modern ausgedrückt, im Zustand der Selbstentfremdung befinden, muß ihnen erst dazu verholfen werden, auf die an sie ergangene Berufung ‚eingehen‘ zu können. Das geschieht, bezeichnend für das biblische Heilsverständnis, dadurch, daß das Gottesreich aus seiner Sachgestalt ‚herausgeht‘ und sein Innerstes nach außen kehrt. Dahin ist die Große Einladung zu verstehen. Sie bedeutet nichts außer und neben der Reich-Gottes-Verkündigung, sondern diese selbst, jedoch in ihrer zugleich intimsten und manifestesten Form. Mit seinem Appell ‚Her zu mir!‘ bekennt sich Jesus als derjenige, der ununterscheidbar, bis zur vollen Personal-Union, mit der Sache des Gottesreichs verschmolz, so daß er mit ihr gesucht und gefunden, mit ihr dann aber auch im negativen Fall verkannt und verfehlt wird.

Wie dem kaum noch hinzugefügt zu werden braucht, besteht darin – und in nichts anderem – das erfragte Prinzip der Christologie. Auch sie verfehlt den ihr von ihrer Thematik her zugewiesenen Sinn, solange sie bei Sachbestimmungen stehenbleibt, und sie erreicht ihn in dem Maß, wie sie die Sachgestalten als Äußerungen und Hilfeleistungen des Helfers glaubhaft und einsichtig macht.

11. ‚Der Unvergleichliche‘

Auf das theologische Methodenproblem zurückgespiegelt, verlangt dieses Prinzip eine Lösung, die sich an der johanneischen Selbstbezeichnung Jesu als ‚Weg‘ zum Vater (Joh 14,6) orientiert. Dem bis in sein Wahrheitsverständnis hinein weltorientierten – und personfernen – Denken abendländischer Provenienz ist damit eine Aufgabe von einer fast unerschwinglichen Größe gestellt, bei deren Lösung auch Anleihen bei fremden Traditionen kaum etwas eintragen. Im Grunde helfen dabei nur Selbsterfahrungen weiter, wie sie die durch Jesus eröffnete Lebensform in Aussicht stellt. Auch deshalb geht hier die Lebenspraxis der Theorie voran. Außerdem stellt sich im Zusammenhang damit ein Kommunikationsproblem von erheblichem Gewicht. Denn je weiter die Christologie auf dem Weg des personbezogenen und damit sachüberschreitenden Redens vorankäme, desto mehr müßte sie fürchten, nicht nur die Fühlung mit den vergegenständlichenden Aussagen und Formeln der eigenen Geschichte zu verlieren, sondern auch den Kontakt mit der bis auf wenige Ausnahmen gegenstands- und strukturbestimmten Denkwelt der Gegenwart. Angesichts dieser zweifach komplizierten Sachlage besagt es schon viel, wenn eine Spur in Gestalt von ersten Hinweisen auf das neue und im Grunde doch uranfänglich alte Prinzip ausfindig gemacht werden kann. Im weiten Feld der heutigen Jesusliteratur führt diese Spurensuche wenigstens an einigen Stellen zum Ziel.

Es ist das bleibende Verdienst von Milan Machoveč, hierin mit seinem ,für Atheisten' verfaßten Jesusbuch (von 1972) einen unübersehbaren Anfang gemacht zu haben [58] – offensichtlich gerade dafür sensibilisiert durch politische Leiderfahrungen, die für ihn nach Ausweis des Eingangskapitels nur noch im Geist der Kreuzesnachfolge Jesu zu ertragen waren [59]. Von daher steht er – bei aller ,ideologischen' Distanz – von vornherein jenseits der vergegenständlichenden Sehweise, auch wenn dies nie in betonter Abgrenzung von ihr zum Ausdruck kommt. Nach seinem Verständnis gewann Jesus wie kein anderer Macht über die Seelen, weil er war, was er lehrte, weil er die mit seiner Reich-Gottes-Botschaft ange-

---

[58] Dazu *W. Dantine,* Jesus von Nazareth in der gegenwärtigen Diskussion. Gütersloh 1974, 42–50, wo die „enge Verbindung von ,Wort' und ,Werk' Jesu" als Angelpunkt der von *Machoveč* gebotenen Deutung bezeichnet wird (48).
[59] Jesus für Atheisten, 23 ff.

sagte Zukunft lebte und „mit seinem ganzen Wesen verkörperte". Denn, so begründet er seine These: „Auf Menschen kann nur ein Mensch wirken, mit der ganzheitlichen Kraft seines Geistes und seines Handelns. Der Gedanke allein, das Programm, die ‚Lehre' wirkt nur, soweit die Menschen bei jenem mitreißenden einzelnen eine überzeugende Harmonie von Gedanken und Persönlichkeit erleben, wenn also der ‚Verkünder des Gedankens' selbst Vorbild seiner Verwirklichung ist. Die ‚Lehre' Jesu ... setzte die Welt in Brand nicht wegen irgendeiner offenkundigen Überlegenheit des theoretischen Programms, sondern vor allem, weil er selbst identisch mit diesem Programm war ..."[60]

Wie eine Präzisierung dieses Ansatzes nimmt es sich aus, wenn Walter Kasper, gestützt auf eine von Heinz Schürmann aufgegriffene Kontroversaussage[61], in seiner Christologie (von 1974) von Jesu Verhältnis zum Gottesreich und seinem Kommen erklärt: „Bei Jesus von Nazareth lassen sich seine Person und seine ‚Sache' nicht trennen; er ist seine Sache in Person. Er ist die konkrete Verwirklichung und die personale Gestalt des Kommens der Herrschaft Gottes. Deshalb enthält die gesamte Verkündigung Jesu von der kommenden Herrschaft Gottes, enthalten sein Auftreten und Wirken eine implizierte beziehungsweise indirekte Christologie, die nach Ostern ins explizite und direkte Bekenntnis gefaßt wurde."[62]

An der abschließend registrierten Tatsache ist nicht zu zweifeln:

---

[60] A.a.O., 93. Die Stelle erinnert an eine dem vorkonziliaren Reflexionsstand vorausgreifende Aussage *Romano Guardinis*, der die Frage nach dem ‚Wesen des Christentums' mit der Antwort korrigiert: „Es gibt keine abstrakte Bestimmung dieses Wesens. Es gibt keine Lehre, kein Grundgefüge sittlicher Werte, keine religiöse Haltung und Lebensordnung, die von der Person Christi abgelöst, und von denen dann gesagt werden könnte, sie seien das Christliche. Das Christliche ist *Er selbst": Das Wesen des Christentums, Würzburg 1953, 81.
[61] *W. Kasper*, Die Sache Jesu. Recht und Grenzen eines Interpretationsversuchs, in: Herder-Korrespondenz 26 (1972) 185–189, zitiert bei *H. Schürmann*, Jesu ureigener Tod, Freiburg i.Br. 1975, 58.
[62] Jesus der Christus, 218.

die Verkündigung Jesu wurde in die Lehre umgesetzt, durch die er, der Verkünder, zum Gegenstand der Verkündigung wurde. Auch läßt sich die Legitimität dieses Vorgangs nicht bestreiten. Die Frage ist nur, ob dies auch wirklich mit Hilfe des einleitend formulierten Prinzips geschah.

Der starke Pendelausschlag der gesamten neueren Christologie in Richtung auf das ,vere homo' läßt das Gegenteil vermuten. Was der religiöse Sinn vermißt, ist nämlich nicht so sehr die integrale Menschlichkeit Jesu, auf die im Grunde sämtliche Neuansätze[63], angefangen von der devotio moderna des Spätmittelalters bis hin zur Jesusfrömmigkeit des Pietismus und der Jesus-people hinarbeiteten, als vielmehr die lebendige Präsenz des dogmatisch Umschriebenen und spekulativ Gedeuteten. Die Situation erinnert unmittelbar an das Wort der Emmaus-Jünger, daß am Ostermorgen einige von den Ihren zwar alles so, wie die Frauen berichteten, angetroffen, ,ihn selbst' aber nicht gefunden hätten (Lk 24,24). Zwar entsprechen die Lehraussagen genau den grundlegenden Glaubenszeugnissen. Ihn selbst, seine atmende Gegenwart, seine erfüllende, friedenbringende Selbstgewährung, findet man jedoch nicht in ihnen.

Dabei fehlt es keineswegs an Handreichungen für eine konstruktive Revision des kategorialen Apparats. Schon während der Inkubationszeit hatte Hans Urs von Balthasar in der ersten Skizze seiner Geschichtstheologie (von 1950) eine Bresche geschlagen, indem er dem mittelalterlichen Universalienstreit, in dem sich unterschwellig auch etwas von der christologischen Grundproblematik entlud, die christliche Lösung oder, besser gesagt, die Lösung in Jesus Christus entgegenstellte. In ihm „ist der Logos nicht mehr das die Geschichte regierende und ihren Sinn stiftende Reich der Ideen, Geltungen und Gesetze, sondern selber Geschichte". Es gibt keinen Sinn ,vor' ihm oder ,über' ihm. Er selbst ist der Weg und die Wahrheit und in beidem der Sinn. Nicht ein System von

---

[63] Sie verhalten sich insgesamt reaktiv zu dem nie voll überwundenen Monophysitismus und seinem Einfluß auf die Spiritualität und Volksfrömmigkeit.

vorgegebenen Normen, sondern die Fakten seines geschichtlichen Lebens selbst „sind das Gültige"[64]. Und Balthasar bot in der endgültigen Ausführung seiner Programmskizze, ‚Das Ganze im Fragment' betitelt (von 1963), überdies eine differenzierte Explikation der zum Sinngrund allen Seins und Geschehens erhobenen ‚res' der geschichtlichen Existenz Jesu Christi, indem er die einzelnen Stadien dieser Geschichte nach den durch sie jeweils eröffneten Perspektiven des Sinnganzen befragt[65].

Ähnlich kann auch von der ontologischen Transzendentalienlehre her argumentiert werden, seitdem Vico, wie Karl Löwith zeigte, den klassischen Grundsatz von der Vertauschbarkeit von Wahrheit (verum) und Sein (ens) durch die Formel ‚verum et factum convertuntur' ersetzte[66]. Unter ‚factum' verstand Vico den „ganz gewiß von den Menschen gemachten" mondo civile, also die aus der Gesamtheit geschichtlicher Ereignungen und Taten hervorgegangene Menschenwelt. Nichts hindert, diesen Ansatz auf jenes heilsgeschichtliche Zentralereignis zu beziehen, das der Schlüsselsatz des Johannesprologs ‚Et verbum caro factum est' (Joh 1, 14) umschreibt und damit auf das ‚Faktum' des menschgewordenen Wortes[67]. Mit ihm ist von Gott her das Faktum gesetzt, das nicht nur die Bedingung universaler Erkennbarkeit erfüllt, sondern den Inbegriff des Wahren bildet und das deshalb alles, auch das von der ‚Finsternis' Verdunkelte, in seinen sinnstiftenden Lichtkreis zieht. In ihm wird darum alles auf eine neue, nicht so sehr ‚lösende' als vielmehr ‚erlösende' Weise denkbar, vorausgesetzt, daß es gelingt, es im Feld der innerweltlichen Denkformen und Sinnentwürfe zur Geltung zu bringen.

Ein dritter – prinzipientheoretischer – Weg könnte über Nietzsches Versuch führen, das statische Identitätsprinzip der traditio-

---

[64] Theologie der Geschichte (Einsiedeln 1950) 7.
[65] Das Ganze im Fragment. Aspekte der Geschichtstheologie (Einsiedeln 1963) 264–350.
[66] *K. Löwith,* Vicos Grundsatz: verum et factum convertuntur (Sitzungsbericht der Heidelberger Akademie der Wissenschaften) (Heidelberg 1968).
[67] Näheres im dritten Kapitel meiner Schrift ‚Glaubensvollzug' (Einsiedeln 1967) 53–82.

nellen Ontologie durch ein zyklisch-dynamisches in Gestalt der ‚Ewigen Wiederkunft des Gleichen' zu ersetzen[68]. Gemeinsam wäre der christlichen Entsprechung dazu der Gedanke einer vermittelten Identität, jedoch einer personal vermittelten, bei der die Lebensgeschichte Jesu an die Stelle des grenzenlosen Kreislaufs träte. Damit wäre zugleich ein neuer Gewißheitsweg gewonnen, im Unterschied zum kartesianischen jedoch ein Weg dialogisch-responsorischer Art. Denn die Selbstgewißheit entspränge dem Bewußtsein, im Existenzakt von der – mit dem Helfer identischen – Hilfe gestützt und dadurch in seine eigene Selbstverwirklichung einbezogen zu sein[69].

In alledem geht es nicht nur, oder richtiger gesagt, nicht erst um den Abbau der aus Sachkategorien gefügten Mauer und um die dadurch ermöglichte Einstimmung des Denkens auf die transkategoriale Selbstgewährung Jesu, mit der seine Sache, und stünde sie so fest wie das Gefüge der Hierarchie oder der Theologie, steht und fällt. Es geht zuvor um die Herzensfühlung seiner Präsenz, weil jeder Denkschritt auf sie hin erst durch solche Erfahrungen glaubhaft und vollziehbar wird. Und hier, bei dem Versuch, seine hilfreiche Präsenz oder, was dasselbe besagt, seine Präsenz als Helfer dem Herzen fühlbar zu machen[70], sind die ungleich größeren Hemmnisse zu überwinden. Hier handelt es sich nicht nur darum, eine in langer Arbeit und Gewöhnung aufgeschichtete ‚Denkmauer' zu durchbrechen, sondern um die ungleich schwierigere Aufgabe, sich dem ‚Kulturdruck' entgegenzustellen, der zur Ausbildung des uns geläufigen Stils von Selbstverwirklichung führte. Oder nun radikaler gesprochen: Es geht um die Suspen-

---

[68] Dazu die Ausführungen meines Nietzschebuchs ‚Gott ist tot' – Nietzsches Destruktion des christlichen Bewußtseins (München 1962) 226f.

[69] Zur Explikation dieses Ansatzes könnten die Bemerkungen *Klaus Hemmerles* zur ‚anderen' Logik der Theologie verhelfen: Theologie als Nachfolge (Freiburg i. Br. 1975) 63–99.

[70] Nach Lage der Dinge könnte das nur auf dem Weg eines empirie-vermittelnden Redens erreicht werden, wie ich es in den sprachtheoretischen Hinweisen meiner fundamentaltheologischen Grundriß-Skizze ‚Glaubensverständnis' (97–106) zu charakterisieren suchte.

dierung des Individuationsprinzips, auf das sich unsre im labilen Gleichgewicht von Individuum und Kollektiv befindliche Gesellschaftsordnung aufbaut.

Es wäre töricht, an diese Pfeiler und den von ihnen getragenen ‚Schlaf der Welt' auch nur zu rühren, wenn Jesus sie nicht im Prinzip bereits beiseite geschoben und – sich an ihren Platz gestellt hätte. Aber gerade dies ist Sinn und Ziel der von ihm gebotenen Hilfe. Es gäbe diese Hilfe nicht, wenn wir sie nicht bräuchten. Indem er sie uns gewährt, lehrt er uns, von unsern Möglichkeiten einen größeren als nur den durchschnittlichen Gebrauch zu machen. Indem wir sie annehmen, beginnen wir so groß von uns zu denken wie er. Christologie, wie sie heute zur Debatte steht, ist die Einübung dieses Denkens. Sie hat schon viel erreicht, wenn sie Jesus als ‚Lebenden' erweist [71] und sich in den Dienst seiner ‚Vergegenwärtigung' stellt [72]. Zuletzt geht es bei der Deutung seines Geheimnisses aber nicht nur um sein Leben, sondern um sein Leben in uns [73].

---

[71] So der Untertitel des Jesusbuchs von *E. Schillebeeckx,* ‚Jesus. Die Geschichte von einem Lebenden' (Originaltitel: Jezus, het verhaal van een levende) (Freiburg i. Br. ⁴1976).

[72] So der Untertitel meines Jesusbuchs ‚Der Helfer. Eine Vergegenwärtigung Jesu'.

[73] Bezeichnend für die angesprochene Schwierigkeit ist die Kritik, die den skizzierten Ansatz unter ‚Drogenverdacht' (im Sinn der marxschen Opiumthese) stellte. Ich akzeptiere (eine analoge Reaktion *Bultmanns* wiederholend) den Gedanken, sofern damit, wohlwollend interpretiert, noch deutlicher als durch die theoretische Explikation die bewußtseinsverändernde Intimität, um nicht zu sagen, die mystische Komponente des Modells zum Ausdruck gebracht und gleichzeitig der Zusammenhang mit dem therapeutischen Interesse jeder integralen Theologie unterstrichen wird: *H. G. Koch,* Wer ist Jesus Christus? in: Herder-Korrespondenz 30 (1976) 154–157.